언어와 문화

언어와 문화

엄해영 · 원진숙 · 이재승 · 이병규
이향근 · 김도남 · 손희연

(주)박이정

편저자

엄해영　서울교육대학교 국어교육과 교수, 문학박사

원진숙　서울교육대학교 국어교육과 교수, 문학박사

이재승　서울교육대학교 국어교육과 교수, 교육학박사

이병규　서울교육대학교 국어교육과 부교수, 문학박사

이향근　서울교육대학교 국어교육과 조교수, 교육학박사

김도남　서울교육대학교 국어교육과 조교수, 교육학박사

손희연　서울교육대학교 국어교육과 조교수, 언어학박사

표지 그림

한태상　서울교육대학교 미술교육과 교수
　　　　(작품명 : 자 · 모음 series 08 - X)

머리말

이 책은 국어의 말과 글 그리고 문화가 드러내는 고유한 현상과 본래적 가치를 다루는 대학의 강의를 위해 만든 교재이다. 따라서 한 학기 강좌를 통해 국어의 말과 글, 문화의 핵심에 쉽고 빠르게 접근할 수 있도록 구성하였다. 책의 전체 내용은 두 개의 큰 내용 줄기를 뼈대로 하는데, '국어생활'에 대한 것(국어생활의 관찰과 이해)과 '국문학'에 대한 것(문학의 산책)이 그것이다. 관련 분야인 국어학 및 국문학 전공자나 비전공자 모두에게 유용한 한국어와 한국 문화에 대한 교양적 탐색을 지향하는 내용들로 채우고자 하였다.

책의 전반부를 구성하는 '국어생활의 관찰과 이해'는 말과 글 그리고 문화가 어우러져 구성되는 국어생활의 기본 개념과 고유한 현상을 소개하는 내용을 담고 있다. 개별 언어의 하나로서 국어, 즉 한국어를 이해하고 관찰하기 위해 필요한 기본적인 개념과 현상들을 총 여섯 가지의 주제를 통해 다룰 수 있도록 하였다. 국어에 대한 언어학적인 이해, 사회언어학적인 관찰, 규범적인 측면들을 살피는 것에서 나아가 남북한 언어, 다문화사회, 한국어 교육, 한국어 세계화 등의 문제를 차례로 이해할 수 있도록 하고 있다.

이어서 나오는 '문학의 산책'은 국어문화의 심미적 총체로서 '국문학'에 대한 이론적 논의를 개괄하고 주요한 작품들을 소개하고 있다. 문학은 한 나라의 말과 글이 귀결되는 대표적인 문화유산이다. 이러한 문화유산의 결정체인 문학 작품들 가운데 대표적인 것들을 살피는 것으로 우리 민족의 문화적 특성을 이해할 수 있도록 하였다. 여기서는 우리 문학사의 사적 전개 흐름에 맞게 편집하되, 다양한 장르를 소개할 수 있도록 하였다.

본문의 주제들을 가르치고 배우는 데에 있어 '국어생활'과 '국문학'의 두 내용 줄기는 순서에 상관없이 활용될 수 있으며, 경우에 따라서는 어느 한 부분에 좀 더 집중하여 강의가 운영될 수도 있을 것이다. 또한 문학 작품을 다루는 데에 있어서도 필요에 따라 묶어 보거나 생략하여 볼 수 있다. 한 학기 동안 다룰 수 있는 주제들을 선정한 것이지만, 상황과 필요에 따라 주제들을 가감하여 운영할 필요가 있을 것이다.

끝으로 이 책에 글을 싣도록 게재 허락을 해 주신 여러 저자들에게 고마움을 전한다. 또한 어려운 출판 여건 속에서도 이 책의 출판을 흔쾌히 맡아 주신 도서출판 박이정에 감사를 드린다.

2016. 2
서울교대 국어교육과 『언어와 문화』 편찬위원회

차례

국어생활의
관찰과 이해

1. 언어와 국어

우리가 이 책을 통해서 탐구하고자 하는 대상은 기본적으로 우리말, 즉 국어(國語)이다. 이 국어는 인류가 사용하고 있는 수많은 구체적인 언어들 중의 하나이다. 따라서 구체적인 언어로서의 국어를 잘 이해할 수 있기 위해서는 인간이 사용하는 언어에 대하여 먼저 이해를 해 둘 필요가 있다.

1.1. 언어

오늘날 전세계에서 사용되고 있는 언어가 몇 개나 되느냐 하는 문제에 관하여 정설은 없다. 3천 종이라는 설에서부터 5천 종, 심지어는 1만 종이라는 설까지 있다. 인류가 사용하고 있는 언어가 몇 종이나 되는지도 정확하게 모르느냐고 답답해 할 사람도 있겠지만, 여기에는 그럴만한 이유가 있다. 우선 중앙 아프리카라든가 아마존 유역 같은 오지에는 아직도 정리되지 않은 소수 부족의 언어가 많다. 예를 들면 파푸아 뉴기니아 지역에 사는 사람은 약 300만명 정도인데 여기서 사용되는 언어는 약 700여 종이라고 하는 이야기까지 있을 정도이다. 또 새로운 언어를 발견했다고 하더라도 그것이 인접한 언어의 방언이라고 보아야 할지, 아니면 새로운 언어라고 보아야 할 지에 대해서도 불확실한 점이 많다. 그뿐 아니라 매스컴의 발달과 더불어 소수 민족 사회가 급격하게 붕괴되고 있기 때문에 얼마 전까지 존재하던 언어가 이미 사어(死語)가 되어 버린 경우도 많다. 하나의 언어를 인정하는 기준도 정확한 것이 아니어서, 가령, 국어에서 제주도 말은 당연히 방언으로 처리되고 있지만, 만약 제주도가 오늘날 '탐

라민국'이라는 독립국으로 존재한다면 이 때는 한국어의 방언이라는 이름
으로서가 아니라 '탐라어'라는 이름으로 당당히 일컬어지고 있을 것이다.

이러한 세계의 여러 언어들은 그들이 서로 얼마나 가까운 관계에 있느
냐 하는 점을 따져서 분류를 하면, 즉 계통적 분류를 하면 몇 개의 어족(語
族)으로 묶인다. 예를 들면, 인도유럽 어족(대부분의 유럽어, 고대 북부
인도어), 우랄 어족(항가리, 에스토이나, 시베리아 일부의 언어), 알타이
어족(터키어, 몽골어, 만주-퉁구스어), 중국 티베트 어족(중국, 티베트, 미
얀마 등지의 언어), 타이 어족(타이, 라오스 등지의 언어), 드라비디아 어
족(인도, 타밀 등지의 언어), 말레이 폴리네시아 어족(인도네시아— 말레
이시아, 미크로네시아, 폴리네시아, 멜라네시아 등지의 언어), 오스트로-
아시아 어족(크메르, 베트남, 문다 등지의 언어), 함-셈 어족(에집트, 히브
리, 아랍 등지의 언어) 등이 비교적 커다란 어족들에 속한다. 이 밖에도
파푸아 뉴기니아 어족, 니제르 콩고 어족, 중부 사하라 어족, 코카시아
어족, 바스크 어족 등과 더불어 기타 아프리카, 남북 아메리카의 토착민들
이 사용하는 언어들이 더 있다. 그러면 우리가 사용하고 있는 한국어는
어느 어족에 속하는가? 이에 대해서는 학자에 따라 견해가 일치되지 않는
다. 그간 가장 우세한 학설은 계통상으로 볼 때 우리말은 터키어, 몽골어,
만주퉁구스어 등과 함께 알타이 어족에 속한다는 것이었다. 반면에 한국
어가 알타이 어족에 속한다는 증거가 확실하지 않다는 주장도 제기되고
있다.

이러한 세계의 여러 언어들은 공통되는 성질을 지니고 있다. 예를 들면
어떤 언어든지 음성언어가 기본이 된다든가, 자음과 모음이 있다든가, 음
절이 있고 그것으로 이루어진 단어가 있다든가, 기존의 언어에서 문법을
구성해 내어 그것에 따라 단시일 내에 언어 습득 과정을 완결하는 등의
공통점들이 그것이다. 이러한 공통점을 언어의 보편성(universality)이라고

하는데, 촘스키(N. Chomsky)와 그를 따라 배운 핀커(S. Pinker)같은 학자는 이것이 인간이 세상에 태어나면서 부여받은 생물학적 능력 그 자체로부터 나타나는 것이라고 생각하기도 한다. 이러한 언어의 보편성은 모든 인간에게 공통되며 또한 모든 언어에 공통된다.

인간을 그 포착된 특징에 따라 '생각하는 인간'(homo sapiens), '도구를 사용하는 인간'(homo faber), '유희하는 인간'(homo ludens) 등으로 표현하는 일도 있지만, 언어에 주목하여 '말하는 인간'(homo loquens)이라고 부르는 일도 있다. 인간이라면 누구라도 한 가지 이상의 언어는 사용하며 이를 빼놓고서는 인간을 생각하는 일이 어렵기 때문이다. 비록 언어가 없으면 생각도 할 수 없다는 증거는 없을지 모르지만, 언어로 말미암아 인간이 논리적으로 사고(思考)할 수 있게 된 것만은 틀림없으며, 사고의 결과로 생산된 모든 문화와 문명을 기록으로 남겨 후세에 전할 수 있게 되었다.

언어의 습득은 종족과도 관계없이 성취된다. 한국 어린이도 미국에서 자라면 영어를 줄줄 하게 되며, 서양 어린이들도 한국에서 자라면 한국어를 잘 한다. 또 언어의 복잡성은 특정한 문화나 문명의 발전 여부와도 관계가 없다. 예를 들면 미개 사회의 언어나 문명 사회의 언어 사이에 우열이 없다. 미개인의 언어도 문명사회의 언어와 마찬가지로 복잡하고 추상적이며, 우리말의 경우를 보더라도 현대어와 중세어를 비교해 보면 중세에 사용되었던 문법 요소들이 오히려 더 많고 복잡하다.

언어의 또다른 신비는 이것이 무한하다는 점에 있다. 인간의 언어와 동물의 의사소통 수단을 비교할 때 바로 이 점이 지적된다. 예를 들어 꿀벌이나 침팬지도 의사소통 수단을 가지고 있다고 하는데, 이것이 아무리 잘 발달돼 있다고 하더라도 그것이 전달할 수 있는 정보에 제한이 있을 뿐 아니라 몇 개의 정보들을 복합적으로 표현할 수가 없어서 고정적이다.

반면에 인간의 언어는 과거에 일어났던 일은 물론, 미래의 계획이라든가 심지어는 상상을 통한 가상적인 내용까지도 표현할 수 있는 무한체계 (infinite system)이다.

이와 비슷한 언어의 특징을 한 가지 더 지적할 수 있다. 일부러 꾸며낸 표현이기는 하지만, 예를 들어 우리는 "봄이 왔다. 〉 처녀가 봄이 왔다고 말했다. 〉 처녀가 봄이 왔다고 말했다고 총각이 전했다."라든가, "그가 보고 있는 하늘에 피어오르는 구름의 모습에 떠오르는 얼굴을 생각하는 마음에 밀려오는 그리움을 달래려는 사이에 어디선가 들려오는 뱃고동 소리에 고향 바다가 생각나서 ⋯⋯" 식으로 말을 끝없이 이어갈 수가 있다. 이러한 특징에 주목하여 언어를 개방적 체계(open system)라 부르기도 한다.

언어의 특성을 탐구하여 이해하는 일은 우리의 국어를 이해하기 위해서도 중요한 기반이 된다. 또, 국어를 탐구하여 이해하게 되면 거꾸로 언어의 일반적인 성질을 더 잘 이해할 수 있다. 많은 사람들이 오랜 시간 동안 언어에 관해서 이해하기 위해서 노력해 왔지만, 언어와 국어의 세계에는 아직도 많은 부분이 신비의 영역으로 남아 있다. 인류가 언어를 사용하면서 존재하는 한, 언어에 대한 탐구는 어느 학문이나 마찬가지로 끊임없이 이어질 것이다.

1.2. 국어

현재 우리가 사용하고 있는 '국어(國語)'라는 말에 대해서도 인식을 정확히 해 둘 필요가 있다. '국어'라는 말의 의미를 잘 따져 보면 단지 '나라의 말'이라는 뜻이다. 영어로 바꿔 보면 national language가 되는데, 영어를 English, 불어를 French 등으로 부르는 것과 비교해 본다면 특정한 언어의 명칭으로 적당하지 않다는 지적이 있을 수 있다. 사실 이런 용어는 같은 한자 문화권인 우리 나라, 일본, 대만의 세 나라에서만 사용한다. 그래서 이 말 대신에 '한국어' 같은 명칭을 써야 한다는 주장도 있으나 공식, 비공식으로 아직은 '국어'라는 말을 사용한다. 요즘 들어서는 '국어'라는 말과 더불어 '한국어'라는 말도 쓰이고 있는데, 이 경우는 주로 외국어로서의 우리말이라는 의미로 사용된다. 예를 들어, '국어 교육'이라고 하면 우리 나라 사람이 우리 나라 사람을 대상으로 하는 우리말 교육이라는 의미로, '한국어 교육'이라고 하면 외국인을 대상으로 하는 우리말 교육이라는 의미로 사용된다.

해외동포의 수
(94년 현재, 외무부 자료)

국가	인원수
중국	2,200,000
일본	659,000
독일	17,500
멕시코	4,000
미국	1,670,000
영국	2,500
캐나다	68,000
프랑스	1,300
브라질	43,600
아르헨티나	30,100
러시아	100,000
우즈베키스탄	220,000
카자흐스탄	105,000
키르기스스탄	19,000
타지키스탄	13,000
오스트레일리아	29,000
말레이지아	2,800
태국	1,100
필리핀	7,000
합계	약 5,181,200

우리 민족을 남한에서는 '한민족'이라 부르며, 미국에서는 '한인(韓人)'이라고 부른다. 북한이나 중국에서는 '조선 민족, 조선족'이라 하며, 일본에서는 '조선인', 러시아 지역에 사는 동포들은 '고려인'이라고 부른다. 민족을 부르는 명칭이 이처럼 여러 가지이듯이 현재 남한에서 '국어'라고 부르는 우리말을 다른 이름으로 부르는 경우도 많다. 남한에서는 '국어, 한국어'라 부르며, 미국에서는 '한어'라고 부른다. 북한, 중국, 일본에서는 '조선어'라 하며, 러시아 지역에 사는 동포들은 '고려말'이라 부른다. 명칭은 다양하더라도 이는 모두 한 가지 언어를 가리키는 말이다. 이러한 다양한 명칭들은 우리의 불행한 근현대사에 기원을 두고 있다. 주로 일제 강점기에 우리 민족이 수십만, 수백만씩 동아시아의 여러 지역에 흩어져 살게 되었

기 때문이다. 게다가 이러한 비극적 역사의 결과가 아직도 해결되지 못하고 있는 상태이다. 남북 분단이라는 정치적 상황이 아직 계속되고 있기 때문에 현재로서는 명칭의 통일이 어렵다. 우리말을 가리키는 용어가 다양한 것은 이처럼 우리 민족의 역사적, 정치적 상황과 밀접한 관련을 가지고 있다.

국어는 한반도를 중심으로 중국, 일본, 구소련 지역, 미국 등에서 사용되고 있는데 이 언어들은 부분적으로 방언적 차이는 있을지언정 모두 하나의 언어이다. 국어는 형태론적인 언어 유형으로 보면 '교착어'(膠着語, agglutinative language)'로서 실질적인 의미를 지닌 어근이나 어간에 접사가 결합되면서 문장 안에서 단어의 기능이나 자격이 드러난다. '첨가어(添加語, affixing lanaguage)'라고도 하는데, 한국어를 비롯한 일본어, 몽골어, 터키어, 핀란드어 등이 여기에 속한다. 첨가어의 하나인 국어는 문법에서 조사와 어미가 매우 중요한 기능을 수행한다. 조사는 문장 안에 쓰이는 체언에 주어나 목적어 등의 문법적인 자격을 부여하는 '격조사'와 '-만', '-도'와 같이 말의 뜻을 보태 주는 기능을 하는 '보조사'가 있다. 용언의 활용어미도 그 의미가 다양하게 발달되어 있는데, 종결어미는 문법적으로 서술, 의문, 청유, 명령 등의 범주로 나뉘고 각각의 범주 내에서 다시 여러 종류의 어미가 실현된다. 즉 '-ㅂ니다, -오, -네, -ㄴ/는다, -아/-어' 등과 같은 종결의 어미들이 높임의 등급도 표시하면서 실현되는 것이다.

계통론적인 특징으로 보면 일반적으로 알타이제어나 일본어와의 공통점이 주로 언급되어 왔다. 음운적 특징으로서 어두에 자음군이 나타나지 않는다거나 모음조화가 있다는 점이 그러하고 형태·통사적인 특징으로 보면, 주어가 서술어의 앞에 놓이고 보어, 목적어가 각각 이들을 요구하는 동사 앞에 놓인다는 점이 그러하다. 국어의 특징으로 어순은 비교적 자유롭다는 사실을 확인할 수 있다. 그러나 관형어의 수식 구조 등에 있어서는 어순에 있어 어느 정도의 제약도 존재한다. 국어의 문장 구성은 서술어의 의미적 속성에 따라서 정해지는데, 서술어에 사용된 용언이 주어만을 필요로 하거나, 주어와 목적어 혹은 주어와 목적어 외에 필수성분을 요구하는 것이 존재하기 때문이다. 음성언어적 의사소통 상황에서는 주어가 없는 문장이 많이 쓰이기도 한다.

앞서 얘기한 국어의 형태, 문장, 어순, 계통 등과 관련된 특징적인 언어 현상을 국어의 규칙이나 질서로서 기술한 것이 '문법'이다. 국어 문법은 국어에 대한 과학적 연구를 목적으로 하는 학문적 측면에서 기술되기도 하지만, 의사소통적 효율성을 높이고 국어의 통일성을 유지하려는 '규범 문법' 혹은 '학교문법' 차원에서 정책적으로 기술되기도 한다. 국어 문법은 국어의 말소리 단위에 접근하는 음운론, 형태소와 단어 단위를 다루는 형태론과 어휘론, 문장을 분석하는 통사론, 의미 현상을 다루는 의미론과 담화 단위에서 언어 사용 문제를 논의하는 화용론 등을 포괄한다. 국어 문법의 기술 대상은 국어학이나 언어학 내부에만 국한되지 않는다. 사회학 분야와 관련하여 '사회언어학', 심리학 분야와 관련하여서는 '심리언어학' 분야의 내용을 포괄하기도 하고 보다 최근에는 공학이나 의학 분야의 지식들을 참조하고 있으며, '국어정보학'과 같은 통합 과학의 시도 또한 수용하고 있다.

최근 들어 한국어 학습의 수요(需要)가 폭발적으로 늘어나게 되면서 외국인에게 우리말을 효과적으로 가르치기 위한 이론과 교수 학습 방법, 자료 등을 개발해야 할 필요성이 대두하고 있다. 그간 우리가 해 온 우리말 연구는 우리말을 모국어로 하는 우리 나라 사람끼리 참고하면 그만이었다. 그러나 이제는 우리말 연구의 성과가 외국인을 위한 교육에서까지도 효과적으로 활용될 수 있어야 하는 상황을 맞이하였다. 국어 연구, 국어 교육의 연구가 '우물 안 개구리' 식의 안일한 틀 속에 안주하는 연구가 아니라, 실전에 직접 사용할 수 있는 생산적인 결과를 요구하는 시대가 된 것이다. 우리가 앞으로 21 세기에 수행하여야 할 국어 연구, 국어 교육 연구는 그간의 낭만적인 연구 자세로부터 탈피하여 새 시대의 냉엄한 요구에 부응하는 자세를 갖추어야만 할 것이다.

1.3. 언어와 문화

언어는 두 가지 관점에서 '문화'와 깊은 관련을 맺고 있다. 첫째, 어떤 사회가 구축한 문화는 언어에 반영되기 때문에 언어를 잘 살펴보면 그 사회의 문화적 특징들을 읽어낼 수 있다. 둘째, 어떤 사회가 사용하는 언어는 그 자체가 문화 유산이다. 우리가 국어, 즉 우리말을 소중히 간수해야 하는 까닭 중의 하나는 이처럼 우리말에 우리의 문화가 반영되어 있을 뿐 아니라, 그 자체가 또한 소중한 문화 유산이기 때문이다.

언어를 '존재의 집'이라고 규정한 유명한 말이 있다. 이는 어떤 사상(事象)이 존재한다고 생각하는 것은 그것을 표현하는 언어가 있기 때문이라는 뜻이다. 이를 바꿔 말하면, 만약 언어가 없다면 존재 자체를 의식할 수 없게 될 수도 있다는 말이 된다. 장구한 세월에 걸쳐 우리 민족이 간직하고 발전시켜 온 우리말 전체를 집이라고 한다면, 그 속에 살고 있는 것은 무엇일까? 그것은 바로 우리의 문화이다. 지금 우리말에 외국에서 들어 온 말들이 기승을 부리고 있는 것만 보더라도 언어와 문화의 관계, 즉 우리가 현재 사용하고 있는 우리말에는 우리가 현재 누리고 있는 문화가 반영되고 있다는 사실을 알 수가 있다. 문화라고 하면 의식주 등의 물질적 문화뿐 아니라, 우주관, 세계관, 사고 방식 같은 정신적인 문화까지도 망라된다. 우리말에는 우리의 과거, 현재의 문화 유산이 고스란히 담겨 있다. 사라진 것도 있을 뿐 아니라 바야흐로 사라지려고 하는 것도 있다. 국어에서만 사용되는 독특한 어휘, 문법, 표현법 등을 살펴보면 우리의 독특한 문화를 발견할 수 있다.

언어는 음성언어(말)와 문자언어(글)로 구분되는데, 특히 문자언어는 문화와 문명의 보전과 전수를 위하여 결정적인 역할을 한다. 위대한 과학자, 사상가들이 생각해 낸 지혜가 책 속에 저장되는 것과 더불어 문명이 발전하는 속도는 기하급수적으로 빨라졌다. 문자의 덕택으로 지식을 축적하고 효과적으로 전수할 수 있게 됨으로써 인간의 후손들은 선배들처럼 시행착오를 되풀이하지 않고서도 빠른 속도로 발전할 수가 있었기 때문이다.

한편, 언어와 문화의 관계를 확인하는데 있어서 언어를 수단으로 하여 생산되는 문학의 위상에 대하여 파악하는 일도 매우 중요하다. 우리의 문학은 바로 우리말을 도구로 하여 창조되고 있기 때문이다. 15 세기에 한글이 창제된 뒤부터 많은 문학 작품들이 생산되었으며, 조선 후기, 근대, 현대에 들어오면서 방대한 양의 문학 작품들이 쏟아져 나오고 있다. 우리의 정서를 문학적으로 가장 잘 형상화해 낼 수 있는 언어는 우리말이다. 우리의 중요한 문화재이기도 한 문학적 유산의 보존과 전수를 위해서도 우리말을 잘 가꾸어 보존할 필요가 있다.

그러면, 언어 자체가 문화 유산이라는 말은 무슨 뜻인가? 지구 전체를 생각해 보면, 우리말은 지구상에서 사용되고 있는 '영어, 중국어, 불어, 일본어, 스와힐리어, 유태어, ……' 등과 같은 여러 언어 가운데 하나이다. 이 개별 언어들은 각각 그 언어를 사용하는 사람들이 오랜 세월에 걸쳐 가꾸고 다듬어 온 것으로서 바로 문화적 결실이다. 몇 억이 사용하는 언어라면 두말할 것도 없거니와, 아마존 유역에서 몇 십 명밖에 안 되는 부족이 사용하던 말이라도 우리의 지구에서 결실을 맺은 문화 유산이다. 이렇게 생각해 보면 우리 민족이 사용하는 우리말도 인류가 발전시켜 온 결과로 열매맺은 중요한 문화적 결실의 하나이다. 군소 언어 하나가 사라지는 것을 세계 문화 유산의 손실이라고 본다면, 이미 7천만이 넘는 사람들이 사용하고 있는 언어인 국어를 잘 가꾸고 다듬어 나가는 것은 지구 전체의 문화적 다양성을 유지한다는 입장에서 보더라도 소홀히 할 수 없는 의무이다. 따라서 국어 및 국어교육의 연구와 실천에 종사하는 사람들은 우리의 국어 문화 유산의 훼손을 방지하고 보존을 위하여 노력하는 파수꾼의 역할을 해야 한다.

··· 탐구문제 ···

탐구 1-1

언어 특성의 이해와 국어의 이해는 어떤 관계가 있는지 생각해 보자.

탐구 1-2

현재 우리가 쓰고 있는 '국어'라는 명칭 이외에 우리말을 가리키는 명칭으로 어떤 것을 생각할 수 있을지 생각해 보자.

탐구 1-3

언어 사용에서의 문화적 차이를 느껴 본 점이 있으면 토의해 보자.

2. 국어 생활의 관찰

2.1. 일상의 언어

사람들이 일상적으로 국어를 사용하는 장면을 떠올려 본다면, 음성 언어를 매개로 하는 '대화'의 상황을 우선 생각할 수 있을 것이다. 특정한 의도를 지니고 주어진 시간과 공간을 배경으로 하여 사람들 사이의 상하관계나 친소관계를 따져 가면서 우리는 대화를 한다. 주어진 맥락에 적합한 대화를 통해 사회적 역할을 수행하기도 하고 사람들 사이의 관계를 확립하기도 하는 것이다. 이러한 대화가 만들어지는 데에는 그 언어를 사용하는 사람들이 '사용의 지식'으로 내재화하고 공동체의 구성원들과 공유하고 있는 언어적이고 사회문화적인 원리가 바탕을 이룬다. 대화의 구성과 관련하여 일찍이 언어철학자들이 제기했던 두 가지 주요한 개념을 확인할 필요가 있다.

첫째는 오스틴(Austin)의 '발화행위(speech act)' 개념이다. 사람들은 의사소통과정에서 자신의 의사를 표현하는 것은 그 언어로 '무엇인가를 하는' 즉 언어적 행위를 수행한다는 것을 안다. 단지 문장을 생산하기 위해서가 아니라 요청하거나 거절하거나 혹은 협박하고 경고하기 위해서 말을 하게 되는 것이다. 이러한 의사소통의 행위들을 '발화행위'라고 할 수 있는데, 특정한 맥락 내에서 발화 그 자체는 발화자의 의도를 전달하고 그 결과로서 일련의 효과를 불러일으키게 된다. 예를 들어서 "문이 열려 있네요."라는 발화는 문 가까이 앉아서 추위에 떨고 있는 사람이 말했을 경우, '문을 닫아 달라'는 요청의 의도가 표현되고 방금 문을 열었던(열어

두었던) 사람이 문을 닫는 효과를 발생시키는 것이다. 발화가 용인되고 해석되며 또 효과를 발생시키는 데에는 특정한 맥락이 필요하기 마련인데, 오스틴이나 서얼(Searle)과 같은 학자들은 이를 '적정조건(Felicity Conditions)'으로 제시하기도 하였다. 약속하기의 발화행위를 예로 든다면, 약속의 내용이 존재하고, 약속하는 사람은 약속의 내용을 수행할 수 있는 능력과 의지가 있어야 하며, 약속을 받는 사람 또한 약속의 내용이 실행되기를 원하는 상황에서 수행되는 것이다. 이렇게 약속하기를 적합하고 가능하게 만드는 맥락의 조건들을 약속 발화행위의 적정조건이라고 할 수 있다.

둘째는 그라이스(Grice)가 제기했던 '협력원칙(Cooperative Principle)'의 개념이다. 이는 사람들이 늘 의식해서 적용하는 선험적인 규칙의 속성을 지니기 보다는 무의식중에 그리고 자연스럽게 드러내게 되는 일종의 공유된 믿음과도 같다. 대화에 참여하는 사람들은 대화를 '대화답게' 진행시키기 위해 '협력하고 있다는 믿음' 즉 대화의 방향과 목적에 필요한 만큼 기여할 것이라는 믿음을 공유하면서 상대의 말을 해석하고 또 적절한 반응을 이어가게 된다. 대화에 기여하는 협력의 모습들은 일련의 '대화격률(Maxims of Conversation)'을 바탕으로 기술할 수 있다. 필요한 만큼의 정보, 진실이라고 생각되는 정보, 관련성이 있는 정보, 명확하게 표현할 수 있는 정보를 주고받아야 한다는 규칙과도 같은 격률의 틀 안에서 대화가 진행되는 것이다. 흥미로운 것은 상황에 따라서 대화격률을 어기는 것으로 의미를 전달하기도 한다는 점이다. 여기서 '대화적 함축'이 발생한다. 예를 들어 "수미가 어디에 있니?"라는 질문에 "도서관 앞에 노란 자전거가 서 있던데."라고 대답하는 것은 엉뚱한 대답으로서 대화격률을 어기고 있는 것처럼 보인다. 그러나 수미가 어디에 있는지 명확히 밝히기 곤란한 상황에서 수미가 노란 자전거를 타고 다닌다는 사실을 아는 사람들에게만 수미의 소재지를 알리고 싶다면 이러한 대답은 충분히 가능하다.

오늘날 대화가 더욱 주목되는 이유는 바로 새로운 매체의 등장과 함께 새로운 대화의 방식이 등장하고 있기 때문이다. 사람들의 삶 속에서 전통적으로 대화는 음성 언어를 주요한 전달 매체로 하였지만, 인터넷이 보편화되고 스마트, 모바일 기기를 바탕으로 하는 소셜 미디어가 발달하면서 음성적인 말을 문자적이고 전자적인 수단으로 주고받는 소위 '온라인 대화'가 전개되고 있다. 온라인 대화는 '통신언어'라는 범주 내에서 그 속성이 관찰되어 왔는데, 인터넷 채팅과 같은 온라인 통신 상황에서부터 SNS와 같은 웹 기반의 다양한 응용 소프트웨어 의사소통, 개인들을 연결하는 다양한 종류의 스마트폰 메신저 대화 등을 포괄한다. 음성적인 말을 자판을 두드려 문자로 송출하기 시작하면서, 온라인 대화는 그 매체의 속성에 적합한 줄임말, 두문자어(頭文字語)와 신조어 등을 양산하고 있고, '이모티콘(emoticon)'과 같은 이미지 기호 또한 발달하고 있다.

규범주의적인 관점에서 이러한 통신언어는 국어를 파괴하는 소위 '외계어'와 같은 것으로 배척되기도 하지만 기술주의적 관점에서는 새로운 언어 현상으로서 그 언어적, 사회적 특성과 의의가 논의되기도 한다. 예를 들어 "강추(강력 추천)", "득템(아이템을 얻다)" 등과 같은 줄임말 표현은 통신언어 상황에서 대단히 극명하게 드러나는데, 이는 현대 국어의 신조어 형성에 주요한 방식이 되고 있다. 또한 두문자어 "ㅋㅋ('크크'로 웃음을 의미)", "ㄱㅅ('감사'의 뜻)" 등은 초성 자음 표현으로도 음절 구성과 의미 전달이 가능한 모습을 보여주면서 국어 의미 표현의 새로운 언어 단위를 생각하게 만들 수도 있다. 나아가 "부끄", "부럽" 등과 같이 "부끄럽다", "부럽다" 등의 어휘에서 앞의 음절만 잘라 새로 단어를 만드는 조어 방식은 국어의 단어형성법에서 새로운 논의 대상이 된다.

우리의 일상생활에서 사용하는 국어는 살아있는 것이고 실제적인 것이기 때문에 전통적인 '규범'과 '정확성'만으로 파악하는 것은 불가능할 것이다. 사회가 변하고 대중적 소통의 매체가 달라지면서 새로운 가치와 개념, 의사소통의 방식을 반영한 언어가 등장하고 유통되는 것은 늘 있어왔던 자연스러운 언어 현상이다. 그러나 이러한 자연스러운 언어 현상은 그 '자연스러움'을 명확히 이해할 수 있는 의사소통의 능력과 교육을 요구하고 있기도 하다. 즉 줄임말이나 두문자어가 나타나고 사용되는 것은 자연스러운 현상이지만, 그것이 사용되는 상황과 그것이 담당하는 기능은 분명히 한정되어 있다는 점을 인식해야 한다는 것이다. 친한 친구들과의 편안한 친교적 대화라면 줄임말이나 두문자어가 자연스럽지만, 공식적인 회의 상황, 수업의 발표 상황 등에서는 용인될 수 없다. 이들이 사용되는 상황과 기능에 대한 명확한 이해, 사용에 있어서의 분명한 구분이 국어 능력과 국어 교육에서 강조되어야 하는 부분이다.

2.2. 규범의 언어

국어생활은 「한글 맞춤법」, 「표준어 규정」, 「외래어 표기법」, 「국어의 로마자 표기법」 등과 같은 '어문규범'을 그 바탕으로 하는 측면이 있다. 이들 어문규범들은 그 의미와 성격이 모두 다른데, 흔히 「표준어 규정」과 「한글 맞춤법」은 함께 묶어서 비슷한 것으로 취급하는 경향이 있다. 그러나 「한글 맞춤법」은 한글을 사용하는 국어의 문자 표기에 있어 가장 기본이 되는 규칙의 속성을 지니고 있다고 할 수 있으며, 「표준어 규정」은 인위적이고 의식적으로 규범화한 '낱말의 집합'이라고 할 수 있다. 따라서 「한글 맞춤법」은 띄어쓰기 규정(「한글 맞춤법」 제5장)과 문장부호(「한글 맞춤법」 부록)까지 포함하지만, 표준어는 「표준어 모음」과 『표준국어대사전』 등에 수록된 '표준어로 정해진' 어휘 목록으로 확인되는 것이다.

현행 「표준어 규정」 제1장 제1항에 따르면 표준어는 "교양 있는 사람들이 두루 쓰는 현대 서울말"로 규정된다. 이러한 표준어 규정은 국가 차원에서 규정을 마련하여 고시하고 그 규정에 비추어 문제가 될 수 있는 구체적인 어휘나 표현을 심의하여 목록으로 제시하는 방식이다. 따라서 표준어는 '인위적이고 의식적인 방식에 의해 높은 수준의 규범화가 이루어진 언어'의 속성을 지니게 된다. 이는 정책적 단일 주체가 강제하는 방식을 전제하기 때문에 언어 사용의 다양한 상황과 대상들을 무시하는 경직성과 비효율성을 지닐 수 있고 실제적인 언어 현실과는 괴리되는 측면이 있어 비판의 대상이 되어 왔다. 또한 표준어 규정 자체가 맞춤법 등과 같은 표기 규칙과는 달리 내적 규칙 체제를 갖추고 있지 않기 때문에 규정으로서의 실질적인 효력을 지니기도 어렵다. 따라서 「표준어 규정」에 대한 이해는 표준어의 개념, 역사적 형성 과정, 현재적 의의를 모두 검토하는 것을 통해서 이루어질 필요가 있을 것이다.

한글 맞춤법은 "표준어를 소리대로 적되, 어법에 맞도록 함을 원칙으로 한다(「한글 맞춤법」 제1장 제1항)." 소리대로 적는다는 것은 발음대로 적는 것을 의미하고 어법에 맞도록 한다는 것은 뜻을 파악하기 쉽도록 각 형태소의 본 모양을 밝혀 적는다는 말이다. 즉 한글 맞춤법은 '발음'을 살려 적는 원칙과 '형태'를 살려 적는 두 가지 표기 원칙을 지니고 있는 셈이다. 예를 들어 '구름'이라는 단어는 [구름]으로 발음이 되고 그 발음 형태 그대로 즉 '소리대로' 적는다. 그러나 '꽃'과 같은 단어는 [꼳]으로 발음이 나고 조사가 붙은 '꽃이'는 [꼬치]로', 복합어인 '꽃나무'는 '[꼰나무]로 발음이 난다. 만약 이 발음들을 살려 적는다면 하나의 의미를 가진 단어를 여러 형태로 적게 되어 그 뜻을 바로 파악하는 데에 어려움을 겪게 된다. 따라서 이 경우는 '꽃'이라는 본래 형태를 살려서 적는데, 이것이 바로 어법에 맞도록 형태를 살려 적는 원칙인 것이다.

한글 맞춤법은 이처럼 국어의 발음을 고려하면서도 의미 요소들이나 문법적 형태소들이 분명히 드러나서 뜻이 바로 읽힐 수 있도록 그 형태의 본 모양을 밝혀 적는 것을 원칙으로 하고 있다. 따라서 국어의 단일어 및 복합어 발음 현상들과 조사, 어미, 접두사, 접미사 등과 같은 문법 형태소의 결합 환경에서 나타나는 발음 및 형태적 특성들에 대한 이해를 필요로 한다. 예를 들어 [반드시]라는 동일한 발음을 지닌 두 단어 '반듯이'와 '반드시'는 '반듯이'가 '반듯하게'의 의미를 지니고 있는 단어로서 형태를 밝혀 적은 경우이고, '반드시'는 '꼭'의 의미를 지니고 있는 단어로서 발음대로 적는 경우가 된다. '반듯이'는 '반듯하다'의 어근 '반듯'에 접미사 '이'가 붙어서 부사가 된 경우로서 의미 요소나 문법 요소들 모두의 원래 형태를 밝혀 적는다. 반면에 '반드시'는 어근과 접미사로 분석되지 않는 단일어 의미 단위로서 발음 나는 소리대로 적도록 하는 것이다.

다른 예로서 '소쩍새'와 '국수[국쑤]'는 모두 하나의 단어 내부에서 된소리가 나는 단어들이다. 그러나 '소쩍새'는 '-쩍-' 음절에서 된소리가 난 발음대로 표기하지만 '국수'는 된소리가 아닌 원래 형태를 밝혀 적는다. 여기서 '소쩍새'의 된소리는 필연적인 된소리가 아니다. 즉 국어의 된소리 나는 발음 환경이 아닌 곳에서 나기 때문에 '뚜렷한 까닭이 없이' 나는 예외적인 된소리인 것이다. 이런 경우라면 그 발음을 표기에 반영한다. 그러나 '국수[국쑤]'의 된소리는 'ㄱ'받침 뒤에서 예삿소리가 된소리가 된 규칙적이고 필연적인 발음 현상이기 때문에 그 발음을 표기에 반영하지 않고 형태를 밝혀 적는 것이다.

「외래어 표기법」은 국어 생활의 일부가 되는 외래어들을 통일된 방식으로 적는 표기 규정이며 「로마자 표기법」은 국어를 로마자로 표기하여 외국인이 국어 발음(표준 발음)으로 읽을 수 있도록 하는 데에 목적이 있다. 「외래어 표기법」이나 「로마자 표기법」은 표기법으로서의 속성을 명확히 이해하는 것이 필요하다. 다양한 '외국어' 어휘가 사용되는 경우가 빈번하고, 이렇게 사용되는 외국어 어휘들 중 일부는 국어 어종 중 하나인 '외래어'의 지위를 얻으면서 국어사전에 오르기도 한다. 외래어의 정착 과정에서는 필연적으로 이들을 '표기'하는 문제가 발생한다. 이때 외래어 표기법의 본래 속성은 이들의 외국어 발음을 정확하게 나타내는 것이 아니라 국어 생활 속에 사용되는 외래어들을 통일된 방식으로 적는 데에 있다. 즉 국어로 일상적인 의사소통을 할 때에 필요한 표준 표기형을 제공하는 것이지 외국어를 말할 때에도 그대로 발음하라는 것이 아니다. 예를 들어 'chocolate'이라는 영어 단어는 국어 어휘로 차용되면서 '초콜릿, 초컬릿, 초코렛' 등으로 사용되는데, 이에 대한 표기형을 '초콜릿' 하나로 고정해서 표기하자는 것이다. 따라서 외국어의 발음을 그대로 적기 위해 한글을 변형시키거나 새로운 기호를 도입하여 적자는 주장은 외래어 표기법의 목적을 잘못 이해한 것이라 할 수 있다. 이렇게 외국어나 외래어 어휘들을 대상으로 모든 사람들이 쉽게 알아보고 또 배워서 쓸 수 있는 통일된 표준 표기형을 제공하는 것이 외래어 표기법이기 때문에, 국어의 현용 24자모만으로 적고, 받침은 'ㄱ, ㄴ, ㄹ, ㅁ, ㅂ, ㅅ, ㅇ'으로 한정하며 파열음 표기에는 된소리를 쓰지 않는 등의 원칙을 두고 있다.

「로마자 표기법」은 국어를 로마자로 표기하는 원칙을 정한 것으로, 국어의 표준 발음법에 따라 적도록 하고 있다. 이는 외국인이 한국어 발음에 가깝게 발음하도록 하여, 한국어를 사용하는 사람들이 이를 잘 알아듣기 위한 것이다. 예를 들어 '신라'는 자모를 단순히 로마자에 대응시킨 'Sinla'가 아니라 표준 발음인 'Silla'로 표기하는 것이 원칙이다. 이렇게 해서 외국인들이 이 단어를 한국어 표준 발음인 [실라]로 발음하고 한국어를 사용하는 사람들이 쉽게 인지할 수 있도록 하는 것이다. 더불어 로마자 이외의 부호는 되도록 사용하지 않고 표기하도록 하고 있다.

··· 탐구문제 ···

탐구 2-1

온라인 의사소통의 다양한 방식을 찾아보고 이들의 특성, 효과 그리고 지닐 수 있는 의의와 한계 등에 대하여 토의해 보자.

탐구 2-2

국어생활에서 표준어 규정과 한글 맞춤법이 관련되는 사례를 찾아서 비교하며 관찰해 보자.

3. 표준어와 방언

언어는 사회적 산물이므로 그 언어가 사용되는 사회의 범위와 성격에 따라 서로 다른 모습을 지니게 된다. 한 국가 안의 언어사회는 지역적 경계와 사회 계층을 기준으로 하여 크게 나누어진다. 우리는 특정 개인이 사용하는 언어를 통하여 그의 출신지역과 그가 속한 사회 계층을 짐작할 수 있다. 방언은 이와 같이 하나의 언어 체계 내부에서 지리적 또는 사회적 원인으로 인하여 분화된 하위 언어 체계를 말한다. 그러므로 모든 방언은 언어학적으로 동등한 가치를 지닌다. 한국어를 사용하는 모든 화자는 적어도 한 방언의 사용자이며, 어떤 한 방언도 다른 방언보다 언어학적으로 우월하지 않다.

3.1. 방언이란 무엇인가

위의 만화에서 '국수'와 '국시'의 차이점은 무엇일까? '봉투'와 '봉다리'의 차이는 그리고 '춤'과 '침'의 차이는 무엇일까? 이 이야기는 우리말의 모음 'ㅜ'와 'ㅣ'의 차이를 교묘히 이용한 우스개 소리이다. 그러나 본질은 그것에 있지 않다. 이 우스개에 나오는 국시와 봉다리, 춤은 각각 표준어인 국수, 봉투, 침에 대한 경북지방 방언이다. 따라서 이 이야기는 방언의 차이를 교묘히 이용한 말장난이다.

겨울이 지나고 새봄이 올 무렵 논과 밭 두렁에 파릇파릇 돋아 나는 냉이는 봄의 전령이면서 향긋한 맛으로 미각을 자극한다. 그런데 냉이를 부르는 이름은 지방에 따라 매우 다양하다.

나시, 나상이, 나생이, 나싱이, 나상구, 나숭개, 나승개, 나싱개, 나싱갱,
니시랭이, 나스랭이, 나시갱이, 내사니, 난시, 난생이, 나싱갱이, 낙싱갱
이, 냉이, 앵이, 얘이

　이렇듯 우리말에는 한국어 내부에 지역적인 경계에 따라 서로 다른 모
습을 보이는 언어 체계가 존재하고 있음을 알 수 있다.
　우리는 단일민족으로서 단일한 언어를 사용하고 있기에 세계적으로도
행복한 민족이라고 말한다. 단일한 언어를 사용하고 있다는 것은 우리
민족 내부에서는 언어적 차이로 인한 갈등이 전혀 없다는 의미이다. 언어
적 갈등이란 좁게는 의사 소통의 장애로부터 넓게는 이념적 차이에 이르
기까지 광범위하다. 그러나 우리는 단일 언어를 사용하기 때문에 이와
같은 갈등이 없이 어울려 살아가고 있다.
　그런데 과연 우리가 사용하는 언어는 완전히 동일한 것일까? 우리 민족
은 한반도 안에서 공시적으로 단일한 언어 체계를 가지고 살아가고 있을
까? 실제로 우리 언어 현실을 눈여겨보면 반드시 그렇지만은 않다는 것을
알게 된다. 우리는 지역적 차이에 의하여 또는 직업이나 사회적 계층, 연
령, 성별 등에 따라서도 어휘나 발음, 의미가 달라지는 것을 알고 있다.
　언어는 사회적 소산이므로 그 언어가 사용되는 사회의 성격에 따라 언
어의 특성도 달라지게 마련이다. 그렇다면 사회의 범위를 어떻게 설정하
느냐에 따라 언어 체계의 양상이 달라진다고 할 수 있다. 그러나 어느
사회의 언어라도 통시적으로 완전히 고정되어 있다거나 공시적으로 모든
사회에 동일하게 나타나는 것은 아니고 늘 변화하고 있다.
　그러나 이러한 차이에 의하여 조금씩 달리 나타나는 언어 현상은 우리
의 의사 소통을 불가능하게 할 정도는 아니다. 때로 몇몇 어휘에 의하여
의사 소통이 지장을 받는 경우는 있으나 전체적인 언어생활 자체가 불가
능한 것은 아니다.

이와 같이 하나의 언어 체계 내부에서 특정한 요인으로 인하여 조금씩 다르게 나타나는 언어 현실을 우리는 방언이라고 부른다.

3.2. 방언에는 두 가지가 있다

하나의 언어가 지리적 제약으로 달리 변화하여 상이한 체계를 이룰 때에 각각의 지역에 분포된 언어를 **지역 방언**이라 하며, 사회계층 혹은 계급, 연령, 성별, 직업 등에 따라 상이한 체계를 이룰 때에 각 계층에서 사용하는 언어는 **사회 방언**이라고 한다.

방언은 한 언어 체계 내부의 분화된 하위 언어 체계를 말한다. 따라서 방언은 그 언어가 소속되어 있는 전체 언어를 상위 개념으로 하는 하위 개념이며, 아울러 방언은 반드시 상위 언어를 전제로 하여야만 존재할 수 있는 개념이기도 하다. 한국어의 하위 분류에 경상 방언, 전라 방언, 충청 방언 등이 있는 것과 같은 이치이다. 또 충청 방언의 내부에는 부여 방언, 서천 방언, 논산 방언 등도 존재할 수 있다. 다시 말하면, 방언은 언어의 분화체라고 할 수 있다. 결국, 개별 언어는 여러 하위 방언들의 총체로 구성된다.

언어 차이와 방언 차이를 구별하는 요인으로 우리는 흔히 **의사 소통력**을 꼽는다. 한국어의 하위 체계에 존재하는 방언인 충청 방언과 경상 방언을 사용하는 사람들끼리는 의사 소통이 전혀 불가능하지 않다. 그러나 한국어와 중국어를 사용하는 사람들 사이에는 서로 상대방의 언어 체계를 따로 학습하지 않는 한 의사 소통이 이루어지지 않는다. 이럴 때 한국어의 방언 사이에는 상호 의사 소통력(mutual intelligibility)이 있는 것이고 한국어와 중국어 사이에는 그렇지 못하다. 이처럼 서로 다른 언어 체계의 차이를 언어적 차이로 인식하느냐 아니면 방언적 차이로 인식하느냐

하는 구별은 흔히 의사 소통력의 유무에 의하여 결정된다.

방언의 종류

지역 방언(regional dialect) : 지리적 경계로 인하여 나누어진 방언
사회 방언 (social dialect) : 사회적 계층이나 성별, 직업 등으로 인하여
나누어진 방언

그러나 때로는 방언 사이에도 전혀 의사 소통이 되지 않는 경우도 있다. 현재에도 제주의 토박이가 하는 말은 제주 이외의 지역에 사는 사람들이 이해하기 어려운 경우가 종종 있다.

또한 중국의 경우는 전체 방언을 7대 방언권으로 나누고 이를 다시 하위 분류하고 있는데, 적어도 이들 7대 방언권 사이에는 서로 의사 소통이 되지 않는다고 한다.

결국, 방언적 차이를 결정하는 데에는 의사 소통력이 중요한 요인이기는 하지만 절대적 요인은 아니라는 말이다. 이와 함께 상위 언어의 체계적 특징 즉 언어 내적 특징을 얼마나 공유하고 있는가가 방언이냐 아니냐를 결정하는 중요한 요인이 된다. 즉 한 언어의 음운과 문법, 의미 체계의 특징을 공유하는 경우는 의사 소통에 지장이 있어도 방언으로 간주하고 그렇지 않은 경우는 의사 소통이 가능하다 하더라고 언어적 차이로 구별한다.

서로 상이한 언어 체계 사이의 관계를 방언적 관계로 설정하는 데에 언어내적 특징의 검토 이외에 표준어와의 관계를 검토하여야 한다는 주장도 있다. 즉 상이한 언어체계라 하더라도 이들 방언이 공유하고 있는 표준어가 동일하고 동시에 동일한 표기법을 가지고 있다면 이들은 방언적 관계에 있다는 것이다. 반면 의사가 비교적 자유롭게 소통되다 하더라

도 각각의 언어가 기준으로 삼고 있는 표준어가 서로 다르고 표기법이 서로 다르면 그들은 언어적 차이로 보아야 한다는 것이다.

예를 들면, 중국의 서장어와 광동어처럼, 두 지역의 말이 서로 자유롭게 소통이 되지 않는다 하여도, 이들 지역이 똑같은 한자와 한문을 사용하고, 또 북경어를 표준어로 삼고 있는 경우는 이들을 중국어라는 상위 언어의 하위언어로 보아야 한다. 반면 미국과 멕시코 국경 지대에 있는 두 지역의 말은 서로 아주 가까워 자유롭게 의사소통이 되어도 각각의 표준어와 표기법이 다르기 때문에 이들은 서로 다른 언어이다.

3.3. 방언과 표준어는 어떻게 다른가

그러면 방언의 상위개념인 언어와 표준어는 어떤 관계에 있는가? 표준어는 하나의 언어 체계 내부에 존재하는 여러 방언 가운데 특별히 사회적으로 공용어로 인정받은 방언을 의미한다.

대개의 경우 표준어는 각국의 정치, 경제, 사회, 문화의 중심지의 언어를 선택하게 된다. 또 사회적으로는 가장 많은 사람들이 사용하는 언어를 말한다.

우리 나라의 표준어는 「표준어 사정 원칙」 제1항에 다음과 같이 규정되어 있다.

> 표준어는 교양 있는 사람들이
> 두루 쓰는 현대 서울말로 정함을 원칙으로 한다.

이 규정은 세 가지 내용을 담고 있다. 첫째는 사회계층이다. 표준어는

'교양 있는 사람들'이 쓰는 말이다. 그렇다면 과연 교양 있는 사람들은 어떤 사람들인가? 현실적으로 우리는 이를 정확히 규정할 수는 없다. 오히려 이 규정은 표준어를 쓰는 사람들의 범위를 규정한다기보다는 표준어를 쓰는 일이 교양 있는 사람의 기본 요건이 됨을 선언적으로 규정하고 있다고 보아야 한다.

다시 말하면, 표준어는 우리 사회의 일상생활과 행정과 교육, 방송 등에서 표준적으로 쓰이는 공용어이므로 공적인 생활을 하는 사람들은 반드시 이를 잘 지켜서 사용해야 한다는 것이다. 만일 공적인 자리에서 방언을 사용하여 구성원 사이의 의사 소통에 장애를 초래한다면 이는 교양 있는 사람으로서 해서는 안 되는 일이라는 의미이다.

둘째는 시기적으로 '현대'의 언어이다. 언어는 역사적 변천의 결과물이다. 시간의 흐름에 따라 언어는 지속적으로 변화한다. 따라서 표준어는 현실 세계에서 실제로 사용되는 언어를 설정하여야 한다.

셋째로 지역적으로는 서울말을 원칙으로 한다. 이는 서울이 우리 나라의 수도로서 정치, 경제, 문화의 중심지이기 때문에 또한 당연한 규정이다.

참고로 북한은 우리가 표준어라고 부르는 공용어를 문화어라고 부른다. 북한은 문화어를 "사회주의건설 시기 주권을 잡은 로동계급의 당의 령도 밑에 혁명의 수도를 중심지로 하고 수도의 말을 기본으로 하여 이루어지는, 로동계급의 지향성과 생활감정에 맞게 혁명적으로 세련되고 아름답게 꾸며진 언어"(「조선말대사전」)라고 정의하고 있다. 문화어의 규정도 지역적으로는 평양말을 중심으로 하고 있음을 알 수 있다.

지역적으로 수도의 방언이 표준어로 인정되는 현상은 외국의 경우에도 마찬가지이다. 영국의 표준영어인 용인표준어(Received Standard)는 원래 영어의 한 지역 방언인 런던방언(London dialect)이 영국의 일반 교양 있는 계층의 사람들이 사용하는 계층방언(class dialect)의 지위로 변화하면서 확립된 것이다. 이를 영국에서는 왕의 영어(King's English)라고 부르기도 하고 표준영어의 발음을 용인발음(Received Pronunciation)이라고 한다.

그러나 미국에서는 표준어에 대한 일반적인 규정은 없다. 일반적으로 서부방언을 일반미국영어(General American)라고 하기도 하고, 때때로 방송 진행자의 언어를 방송표준어(Network Standard)라 부르기도 한다.

3.4. 방언의 가치는 무엇인가

표준어는 방언보다 우월한가? 방언을 사용하는 사람은 표준어를 사용하는 사람보다 열등한 사람인가?

우리 나라 방송 드라마는 이점에서 중요한 오류를 범하고 있다. 대부분의 드라마에서 주인공은 표준어를 사용한다. 그런데 그의 부모 특히 어머니는 방언을 사용하는 경우가 많다. 그 외에도 드라마에서 방언 사용자는 악역이나 하찮은 직업의 소유자들이 대부분이다. 그리고 사용하는 방언도 배역의 성격에 따라 특정 지역의 방언이 고정되어 있는 경우가 있다.

텔레비전 드라마에 나타나는 이러한 방언에 대한 비하는 자칫 우리 사회 전반에 방언의 사용을 천박한 행위로 비치게 할 우려가 있다. 표준어의 규정에 표준어는 교양 있는 사람들이 사용하는 언어라고 하였다고 하여 표준어를 사용하지 않는 사람은 모두 교양 없는 사람이라는 의미로 해석해서는 안 된다.

표준어는 일종의 가상언어로 국가사회의 균질성과 통일성을 유지하기 위한 권장언어이지 그것이 결코 방언보다 언어학적으로 우수하다거나 하는 의미는 아니다. 우리말의 표준어는 서울말이 격상되어 설정된 것이다. 이는 우리 나라의 여러 지방 말 가운데 서울이 수도이기 때문에 서울의 말이 정치적으로 영향력을 지녀 표준어로 정해진 것이지 서울말 자체가 언어학적으로 우수하다거나 또는 서울 사람들이 우수하기 때문이라고는 할 수 없다. 한국어 전체로 볼 때 그리고 남북이 분단되기 전까지는 평안 방언의 위치에 있던 평양지방의 언어가 현재 북한의 문화어로 정해져 있는 것을 보아도 이를 짐작할 수 있다.

방언은 비록 표준어는 아니지만 우리 사회의 살아있는 언어로서 나름대로의 가치를 지니고 있다. 이를 구체적으로 알아보자. 방언은 우리말의 언어적 다양성을 확보하여 준다. 언어는 삶의 표상이며 생활의 총체를 반영하는 문화적 행위이다. 따라서 우리들의 삶이 다양한 만큼 언어행위도 다양하게 분화, 발달한다.

"봇씨요, 봇씨요"
"워째 그러시오?"
"저녁 묵은 것이 없힌 모양인디……"
"알겠구만이라"
"소금허고 된장국물뿐인디요, 워떤 것이더 졸란지 몰르겠네요이"
"이 밤중에 된장국물은 맹글기 심들 것이고 소금이나 한 주먹 주시씨요"
"아니어라, 있는 된장 찬물에다 푸는 것인디 머가 심들어라. 된장국물이
좋으시먼 그걸로 허시씨요"
"그래 주겄소"
"야아. 얼렁 맹글 팅게 방에 들어가 기시시오. 추우면 속이 더 꾀인디"
　　　　　　　─「태백산맥」(조정래) 제1부, 74쪽. 월녀와 정참봉의 대화 부분

표준어는 여러 방언의 형태 가운데서 가장 영향력이 큰 말만을 골라 놓은 것이기 때문에, 표준어의 사용만을 고집하다 보면, 자칫 우리말의 다양한 요소들을 제거하는 잘못을 범할 수 있다. 예를 들어, 울산지방에서는 도라지를 구분하여 야생의 것은 '도라지'이고 집에서 재배한 것은 '돌

개'라고 한다. 거품은 충남일대에서는 '거큼', 제주에서는 '개끔'이라 하는데 보령·논산 등에서는 '버큼' 전북일대에서는 '버쿰'이라고 한다. 반면에 함경남북도 지역에서는 '더품'이라고 한다. 만일 해당 지역 주민조차 이러한 말들을 사용하지 않고 모두 표준어만 사용할 경우 우리말 사전은 그 두께가 훨씬 얇아질 것이다.

언어적 다양성은 사고의 다양성을 의미하는 것이며 이를 가장 잘 확보하는 지름길이 바로 방언의 존속이다. 따라서 방언은 결코 없어져서는 안 될 무형의 자산이다.

그리고 방언은 다양성을 바탕으로 문학 활동의 좋은 자료가 된다. 공간적으로 특정 지역을 배경으로 하는 문학작품에서 그 지역의 방언과 다른 표준어가 사용된다면 작품의 사실성이 훼손되고 만다. 평소 표준어를 사용하던 사람들도 고향 사람들을 만나면 금세 그 고장 말을 사용하고, 또 그러면서 아주 즐겁고 행복한 표정을 짓는 것을 가끔 보게 된다.

지역적으로 분화된 방언은 바로 그 지역의 문화적 총체를 드러내 보여준다. 방언은 바로 이러한 점에서 전국 각지에서 그곳의 지리적 환경과 역사적 전통에 따라 가장 어울리게 살아가고 있는 사람들의 삶의 모습을 잘 드러내 보여준다고 하겠다. 깊은 산중에 형성된 마을의 방언에는 풀과 나무와 산짐승에 관한 어휘들이 발달하고, 어촌에는 바람과 파도와 물고기에 대한 어휘들이 많이 있게 마련이다. 따라서 동일 방언을 사용하는 사람들은 자연스레 지역적 동질감을 느끼게 된다. 한국어에 한국인의 정서가 녹아 있듯이 지역 방언에는 그 지역 주민의 숨결이 살아있게 마련이고 같은 방언을 사용하는 사람들 사이에는 따뜻한 정을 느끼게 마련이다.

세 번째로 방언의 연구를 통해 국어의 변천 과정에 대한 적절한 해석을 할 수 있다. 대체로 방언은 표준어에 비해 고형을 유지하고 있다. 그러므로 문헌 자료를 통해 확인할 수 없었던 국어 변천의 문제를 방언을 통해 확인할 수 있다. 예를 들어, 우리는 중세국어 이후에 모음 사이의 'ㅂ'이 사라져 버렸다는 사실을 알고 있다. 이에 따라 표준어에서는 '춥다'가 '추워'로, '눕다'가 '누워'로 바뀌어 소리나는데 아직도 경상 방언과 일부 전라 방언에서는 '추버, 누버, 구버' 등의 발음을 쉽게 확인할 수 있다.

··· 탐구문제 ···

탐구 3-1

방언의 성립 조건이나 환경은 어떠할지 토의해 보자.

탐구 3-2

지역 방언과 사회 방언에 관한 한국어의 예를 들고 토의해 보자.

탐구 3-3

방언과 표준어의 성립 조건은 어떻게 다른지 토의해 보자.

탐구 3-4

방언의 가치가 무엇이며, 방언에 대한 학습자들의 태도에 관해 토의해 보자.

4. 남북한 언어의 차이

남북통일이 언제 이루어질 것인가? 이는 이제 시간 문제 또는 통일비용 문제라고 말하는 사람이 많아졌다. 그만큼 남북간의 교류가 점차 활발하게 진행되고 있다는 말이다. 남북적십자 회담을 비롯해서, 최근 금강산 관광이 이루어지고 남북 농구대회나 통일 음악회 같은 활동이 남북통일의 물꼬를 트고 있다. 따라서, 이 장에서는 북한의 언어에 대해서 살펴보고, 남북한 언어도 비교해 보아, 그 차이를 분명히 인식하고 극복하여 장차 단일한 민족언어를 올바로 확립하는데 목적을 두고 있다.

4.1. 왜 남북한의 표준말이 다른가

언어는 사회 구성원 사이의 의사소통의 수단이다. 따라서 모든 언어에는 그 언어가 쓰이는 사회마다의 독특한 전달의 체계가 있고 의미의 체계가 있게 마련이다. 또한 언어는 사회변화에 대단히 민감하게 반응하여 사회가 변동하면 따라서 언어도 변화하게 된다.

남과 북이 분단되어 서로 왕래를 하지 못하고 살아온 지 벌써 55년여의 세월이 지나갔다. 그 동안 남과 북은 서로 다른 이념과 정치체계로 인해 상호간의 왕래는 물론 문헌이나 방송 등 모든 인적, 경제적, 사상적 교류가 중단되어 있었다. 따라서 남과 북에는 서로 다른 언어 체계가 형성되었고 이는 남북분단 이전에 방언적 형태로 존재하였던 언어 차이가 더욱 심화 발전되는 양상을 보인다.

그러나 20세기 후반 10여 년간에 나타난 세계사적 조류와 남북한간 관계의 변화는 점차 우리 민족의 통일 가능성을 높여 주고 있다. 이런 시점에서 우리는 남북한의 언어적 차이에 대해 정확히 이해하고 이를 바탕으로 정치적 통일과 아울러 민족어의 통일을 위한 대비를 하여야 할 것이다.

먼저 남한과 북한의 공용어의 차이에 대해 알아보자 남한에서는 그 표준이 되는 말을 **표준어**라 하여 남한의 공용어로서 사용한다. 서울말을 기준으로 현대의 교양있는 사람이 쓰는 말이다. 이에 대하여 북한에서는 **문화어**라 하여 평양말을 바탕으로 만들어진 말을 표준으로 삼으니, 북한의 표준어는 곧 문화어라고 할 수 있다. 따라서, 남한에서는 서울말 중심의 표준어가, 북한에서는 평양말 중심의 문화어가 각각 공용어 구실을 하고 있는 셈이다. 같은 한 민족으로서 두 가지 말이 대립되어 쓰이고 있는데, 어떻게 북한에서 문화어가 형성되었는지 그 배경에 대하여 살펴보겠다.

김일성은 1966년 5월, 북한의 언어학자들에게 한 교시에서 처음으로 문화어라는 용어를 사용한다. 이에 따르면 북한의 표준어인 문화어는 "인민대중의 교양과 혁명적인 생활 기풍을 세우는데 적극 이바지하는 말"이 된다. 즉 문화어는 사회주의적 애국주의 교양에 크게 이바지하도록 온갖 낡은 언어적 요소, 외래적 요소를 정리한 언어이고, 노동계급의 지향과 요구에 맞게 발전시킨 언어이며, 혁명성과 인민성, 문화성이 높이 발양된 새로운 형태의 민족어라고 규정한다.

이와 같이, 북한에서는 사회주의 혁명과 건설의 힘있는 무기로서의 기능을 수행하는 언어로서 평양말을 택하여 표준말을 만들었다. 북한으로서는 정치적 이념과 체제가 다르고, 언어를 하나의 투쟁의 도구로 이용하는 정책에 따라, 남한의 표준어와 대립되는 문화어를 내세운 것이다.

북한에서는 문화어를 새로 만든 까닭을 남한의 언어가 잡탕말이고 민족어의 고유성이 파괴되었기 때문이라고 주장한다. 즉, 남한의 언어는 미국과 일본, 남한의 민족문화 말살정책에 따라 영어와 일본어, 한자어가

절반 이상이나 섞인 잡탕말로 변질되었고, 외래어가 홍수처럼 밀려들어와 민족어의 고유성이 파괴되고 있기 때문이라고 한다. 그래서, 병들고 이질화된 우리말을 수습하고 민족어를 통일적으로 발전시키기 위하여서는 민족어 발전의 유리한 조건이 충분히 마련된 북한에서 문화어를 건설하고 그것을 발전시켜야 한다고 주장한다.

북한이 주장하는 어휘정리의 의의

어휘정리사업은 우리 말 발전에서의 기본문제로서 오늘 우리 당의 중요한 언어정책으로 되고있다. 조선말은 오늘 우리 나라에서 혁명과 건설의 힘있는 무기로서 매우 중요한 역할을 하는 만큼 우리 인민은 조선말의 발전에 대하여 깊은 관심을 가지고 있다. 낡은것을 변혁하고 새로운것을 만들어내면서 자연과 사회를 개조해나가는 우리 인민은 조선말의 우수성을 살려나가는것과 함께 부족점을 고쳐나가기 위하여 적극 힘쓰고 있다. … 중략 …

조선말에서 가장 큰 부족점으로 되는것은 중요한 언어단위인 어휘부문에 외래적인것이 많이 들어와있는것이다. 그러므로 오늘 어휘정리는 우리 말 발전에서 기본문제로 되고있다.

(「우리나라에서의어휘정리」 머리말에서 발췌)

과연 이 말이 사실이라면, 남북한 공용어를 실현하는데 앞으로 걸림돌이 아닐 수 없을지도 모른다. 그러나, 표준어와 문화어는 방언으로서의 차이를 보일 뿐 다 같은 우리의 민족어임에 틀림없으므로, 그 실상을 살펴보고 이질화를 극복하는 방안을 생각해 보아야 할 것이다.

4.2. 북한에서는 말을 다듬어 쓴다

국어 순화 운동과 같이 말을 가꾸어 쓰는 것은 우리말을 바르고 아름답게 쓰도록 하는 것이니 참으로 중요한 일이다. 말을 가꾸어 쓰는 일을 북한에서는 어휘정리 사업이라 하는데, 당의 주도로 언어 정책을 수립하고 강력하게 추진한 결과 단기적인 효과를 거두었던 사업이다. 북한의 어휘정리는 말다듬기운동과 문화어운동으로 전개되어 상당한 진전이 이루어졌는데, 이 결과로 나타난 다듬은 말이 5만 단어를 넘고 있다.

북한은 어휘정리의 방향을 대체로 네 가지로 제시하고 있다. 첫째 같은 뜻의 단어로서 고유어와 한자어의 두가지가 있을 때에는 될 수 있는 대로 고유어를 쓰자고 한다. 어휘정리의 주요한 대상은 한자어와 외래어이다. 특히 한자어는 '낡은 사회'의 봉건적. 권위적 잔재를 지니고 있는 대표적인 어휘라고 지적하였다.

예를 들어 뽕밭, 돌다리, 남새, 닭알, 명주실 등의 고유어와 이에 해당하는 상전(桑田), 석교(石橋), 채소(菜蔬), 계란(鷄卵), 잠사(蠶絲) 등의 한자어가 있을 경우 앞의 고유어를 일상생활에서 사용하고 한자어는 쓰지 말아야 한다는 것이다. 이럼으로써 어려운 말을 써야 권위가 있는 것처럼 생각하던 인습을 과감히 버려 모두가 평등한 사회 건설을 앞당길 수 있다고 한다.

둘째, 한자말과 외래어를 일정한 범위에서 국한시켜 놓고 그 사용을 제한하여 굳어진 것만을 쓰기로 했다. 즉 이미 일상화된 한자어는 어쩔 수 없이 그대로 사용하자는 것이다.

한자말과 외래어를 우선적으로 정리하자는 어휘정리의 방향은 한국어의 고유하고 순수한 어휘체계 만으로 언어생활을 꾸려 가겠다는 의도를 보여 준 것으로 이는 우리 민족의 입장에서 보면 매우 이상적인 방향이라고 생각된다. 그러나 한국어에는 많은 한자어가 고유어와 함께 자연스럽게 쓰이고 있다. 또 개화기 이후 들어온 외래어들도 사회 구석구석에서 일정한 자리를 잡고 쓰여지고 있음도 부인할 수 없는 사실이다.

북한의 정책 당국자도 한국어의 이런 한계를 인정할 수밖에 없었을 것이며 그런 바탕 위에서 나온 것이 두 번째의 방향이다. 예를 들어 '방, 학교, 과학기술, 삼각형'과 같은 말은 다 우리말로 되었기 때문에 이를 다시 고쳐서 학교를 배움집으로, 삼각형을 세모꼴로 고칠 필요는 없다는 것이다. 가장 역설적인 예로 북한은 종래 '말다듬기'라고 지칭되어 오던 것을 '어휘정리'라는 한자어로 바꿔 부르고 있음을 보아도 이러한 인위적인 언어혁명의 어려움을 감지할 수 있다.

셋째 고유어근에 따라 새말을 적극 만들어 쓰는 방향으로 말을 다듬고 있다. 즉 재연(再演)은 '되일기'로, 복귀(復歸)는 '되돌이'로, 순환(循環)은 '되돌림'으로, 소생(蘇生)은 '되살다' 등으로 고유어의 어근을 이용하여 새로운 말을 만들어 가자는 것이다.

네번째의 방향은 인민들 속에 널리 쓰이는 좋은 말들을 적극 찾아 쓴다는 것이다. 이는 특히 방언에서 좋은 말을 찾아 널리 쓰도록 하자는 제안이다. 이에 따라 다음과 같은 어휘들이 문화어로 인정된다. 괄호 안에 있는 말은 남한의 표준어이다.

고기리툭(고기국물) 동살(겨울) 자짠지(장아찌) 노라리(건달)
번대머리(대머리) 정지(부엌) 점심곽(도시락) 까박(말대꾸)
허거프다(속이 비고 어이없다) 개잘싸하다(너절하다) 말째다(거북하다)
망탕(마구) 인차(곧) 걸씨(어서, 빨리) 지어(더 나아가) 무중(갑자기)

북한은 소위 문화어 운동을 하면서 남한의 표준어가 서울지방의 언어를 중심으로 하고 있음에 반하여 평양말을 문화어의 중심으로 정하였다. 그리고 다른 지역의 방언들도 일상생활에 널리 소개하여 사용하도록 하자는 것이다. 그런데 북한은 남한에 비해 방언적 차이가 그렇게 두드러지지 않는다. 북한의 경우는 평안, 함경 등 2개의 방언권으로 대별되고 있을 뿐이므로 방언적 차이에 의한 언어의 분화는 그다지 심한 편이 아니라고 볼 수도 있다.

또한 이를 추진하는 방법으로 첫째, 대중의 힘과 지혜를 적극 조직 동원하여 이 사업을 진행한다. 둘째, 섬멸전의 방법으로 점차적으로 어휘정리 사업을 밀고 나간다. 셋째, 말다듬기와 다듬은 말의 보급과 통제를 밀접히 결합시켜 하나의 연관된 사업으로 밀고 간다고 하여 매우 체계적이고 거국적이며 전국민적 사업으로 추진한 사실은 놀랄 만한 일이다.

그러나, 아무리 강력하게 말 다듬는 일을 추진한다 하더라도 언어라는 것은 모든 사람의 공통적인 약속이므로 하루아침에 익숙하게 쓴다는 것은 불가능한 것이다. 여하튼 이를 통해 남북한 언어차를 느끼게 하는 말들이 생겨났으나, 전반적으로 볼 때 아주 이질감을 느낄 정도로 차이가 나는 단어는 일부에 지나지 않는다. 북한의 국어사정위원회에서 「다듬은 말」을 살펴보면 전문용어와 일반용어 등 여러 가지가 있는데, 이 중 일반용어 가운데 다듬은 말을 일부 간추려 보면 다음과 같다.

가로 → 거리 · 거리길	가축 → 집짐승
갈색 → 밤색	거수하다 → 손들다
건조 → 마르기 · 말리기	결박하다 → 묶다 · 묶이다 · 동여매다
경사 → 비탈 · 물매 · 경사	곡가 → 낟알값 · 곡식값
공방 → 빈 방	공한지 → 빈 땅
기립하다 → 일어서다	개폐하다 → 여닫다
매양 → 늘 · 언제든지 · 번번이	다방 → 차집
농번기 → 바쁜 농사철	난해하다 → 알기 어렵다 · 어렵다
만신 → 온 몸	분말 →가루
광견 → 미친개	맹아 → 움 · 싹
미온수 → 미지근한 물 · 미적지근한 물	소실되다 → 타버리다
소아 → 애기 · 어린아이	호반 → 호수가

이러한 어휘정리 작업의 결과 현재 달리 쓰이고 있는 남북한의 어휘 가운데 몇몇 예를 고유어, 한자어, 외래어로 나누어 표로 정리하여 보인다.

남 한	북 한	남 한	북 한
위	우	지긋한	지숙한
아내	안해	구름다리	허궁다리
도시락	곽밥	고기국물	고기리특
한솥밥	한가마밥	곧	인차
단짝친구	딱친구	마구	망탕

〈남북한에 차이 나는 고유어의 예〉

남 한	북 한	남 한	북 한
화장실	위생실	저서	로작
기상대	기상수문국	공무원	정무원
상호	호상	진열대	매대
수업시간	상학시간	농가	농호
대중가요	궁중가요	보증하다	담보하다

〈남북한에 차이 나는 한자어의 예〉

남 한	북 한	남 한	북 한
젤리	단묵	로울러	로라
시럽	단물	마이너스	미누스
노크	손기척	라디오	라지오
카스텔라	설기과자	트랙터	뜨락또르
리본	리봉	그룹	그루빠

〈남북한에 차이 나는 외래어의 예〉

특히 외래어의 경우는 남한이 영어를 위주로 하는 외래어인데 반하여 북한이 러시아어를 중심으로 하였던 데에서 오는 차이도 나타나고 있다.

··· 탐구문제 ···

탐구 4-1

남북한의 표준말이 왜 달라지게 되었는지 토의해 보자.

탐구 4-2

남북한의 어휘 정리의 결과 달라진 말의 예를 들고 그 이유에 관해 토의해 보자.

5. 다문화 사회와 한국어 교육의 과제

5.1. 한국 사회 구성원의 변화

국내에 장기 체류하는 외국인의 수가 벌써 100만 명이 넘어섰다. 행정안전부(2009)에 따르면 2009년 5월 1일 현재 주민 등록 인구(4959만3665명)의 2.2%에 해당하는 110만 6884명의 외국인이 살고 있다고 한다. 50명 중 1명꼴이 외국인이다. 이런 추세라면 2010년에는 외국인이 140만 명에 이르고 2020년에는 290만 명(인구의 5%), 2050년에는 인구의 9.2%로 증가할 것으로 추산된다. 1997년 외국인이 38만여 명이었던 것과 비교하면 10년 사이에 3배 가까이 급증했다.

장기 체류 외국인이 그 나라 인구의 2%가 넘어서면 다문화 사회라고 부른다고 한다. 우리나라의 인구가 4천 9백여만 명 정도이니까 우리나라도 이젠 다문화 사회라고 해야 하고 실제 '다문화', '다민족'이라는 말이 최근 화두가 되고 있다. 1988년 서울 올림픽, 2002년 월드컵을 거치면서 한국의 국제적 위상이 높아져 외국과의 교류가 매우 활발해지고 있다. 사람들 간의 소통과 교류도 마찬가지다. 한국 기업에 취업하고자 한국으로 이주해 오는 외국인, 한국 사람과 결혼하기 위하여 한국으로 이주해 오는 사람들, 또 이들의 자녀들, 개발 도상국을 중심으로 한국의 발전 과정을 배우고 연구하기 위하여 한국으로 유학을 오는 외국 학생들, 한국 문화와 한국에 대한 관심으로 관광차 한국을 찾는 외국인들이 급증하여, 우리 사회의 한 구성원으로서 자리를 잡아 가고 있다.

그동안 한국은 단군의 자손인 한민족, 백의민족이 반만 년 동안 단일 언어, 단일 문화를 간직한 채 한 지역에서 함께 살아온 것을 자랑으로

생각해 왔다. 그러나 세계화 시대, 다민족·다문화 사회에서는 이와 같은
자민족 중심주의 태도는 배타적인 민족주의적 사고, 국수주의적 사고로
비쳐질 수 있다. 최근 UN 등 국제 사회는 우리의 순혈주의적 인식에 대한
우려를 표명하기도 하였다. 이처럼 나라 안팎에서 민족적으로, 문화적으
로, 인종적으로 다양한 구성원들의 공존과 사회의 통합과 발전을 위하여
순혈주의적 사고의 전환과 다문화, 다민족 사회에 대한 이해에 대한 목소
리가 높다. 이러한 요구에 대한 부응으로 2007 개정 교육과정에서는 다문
화 사회, 다민족 사회에 대한 이해와 관련된 내용을 일부 교과의 교육과정
에 반영하기도 하였다.

다민족, 다문화 사회의 통합을 위한 구성원들의 노력이 얼마나 중요한
지는 다른 나라의 사례들을 통하여 익히 알고 있는 바다. 다문화 사회의
통합과 안정, 발전을 위하여 국가, 민간 모두 노력을 하여야 한다. 이를
위하여 한국 사회도 구성원들 간에 원활한 의사소통이 중요한데, 그 매개
언어가 바로 한국어인 것이다. 이 글에서는 먼저 다문화 사회로서의 한국
사회의 이주민 구성 현황과 이들이 겪고 있는 한국어 소통과 관련된 문제,
그 문제를 해결하기 위한 한국어 교육의 내용, 한국어 교육의 과제를 차례
대로 살펴보도록 한다.

5.2. 다문화 사회 이주민 및 그 자녀 구성 현황

여기서는 한국 사회를 구성하고 있는 결혼 이민자, 이주 근로자 현황,
북한 이탈 주민, 한국 유학생, 다문화 가정 자녀의 구성 현황을 살펴보기
로 한다.

가. 결혼 이민자 현황

1990년에는 국제 결혼이 우리 국민 전체의 결혼의 0.2%에 불과했던 것이 지속적으로 증가하여 2006년 12%로, 2008년 12월말 현재, 남녀를 통틀어 12만 2천 552명이 국제 결혼으로 한국에서 가정을 이루어 살고 있다. 2008년의 결혼 이민자는 전체 외국인 주민의 16.2%로 2007년 대비 13.7% 증가하였다.(행안부, 2008 참고) 이들 결혼 이민자의 대부분은 여성으로 결혼 이민자의 86.6%을 차지하고 있다. 특히 농어촌 지역에서는 전체 결혼의 40%가 넘을 정도이다.

〈표 7〉 결혼 이민자 현황

출처: 법무부(2008.12.)

연 도	2001	2002	2003	2004	2005	2006	2007	2008.6월
인 원(명)	25,182	34,710	44,416	57,069	75,001	93,786	110,362	122,552
증감률 (전년 대비, %)	-	37.8	27.9	28.5	31.4	25.0	17.7	11.0

나. 이주 노동자 현황

〈표 2〉에서 볼 수 있는 것처럼 국내에서 취업하여 일하고 있는 단순 기능 인력 이주 근로자는 합법 체류자가 434,672명, 불법 체류자가 62,037명으로 모두 496,672명이다. 결혼 이민자에 비하면 매우 많은 수이다. 그러나 결혼 이민자는 우리 국민의 일원으로 살아간다는 점에서 이주 노동자들과 차이가 있다. 2008년 이주 노동자는 전체 외국인 주민의 49.1%로, 2007년에 비해 35.9% 급증하였다.

<표 8> 이주 노동자 현황 및 국적별 분포

출처: 법무부(2008.3월)

	총계(명)	전문 인력	단순 기능 인력	예체능 인력
총 체류자	531,133	29,844	496,672	4,617
합법 체류자	466,371	28,630	434,635	3,106
불법 체류자	64,762	1,214	62,037	1,511

다. 북한 이탈 주민 현황

북한 이탈 주민(일명 새터민)은 현재까지의 다문화 사회 구성원으로서 크게 주목을 받지 못했다. 그 수가 그리 많지 않기 때문이다. 지금과 같이 서로 소통과 교류가 거의 없는 상태에서 시간이 흐를수록 남북의 언어와 문화의 차이가 점점 심화될 것임은 자명하다. 이러한 환경에서 경제적, 사회적 이유 등 여러 가지 이유에서 북한을 이탈하고 있는 사람들이 늘어나고 있음을 <표 3>를 통해 확인할 수 있다.

<표 3> 북한 이탈 주민 입국 현황

출처: 통계청

구분(명)	'89	'93	'98	'01	'02	'03	'04	'05	'06	합계
남	564	32	235	564	514	468	625	422	510	3,934
여	43	2	71	479	625	813	1,269	961	1,509	5,772
합계	607	34	306	1,043	1,139	1,281	1,894	1,383	2,019	9,706
비고 (여성비율)	7%	6%	23%	46%	55%	63%	67%	69%	75%	60%

라. 외국인 유학생 현황

세계에서 보기 드문 단기간의 경제 성장, 이를 바탕으로 한 1988년 서울 올림픽과 2002년 월드컵의 성공적 개최, OECD 가입, 한국 기업의 해외 진출 확대 등 한국의 국제적 위상이 높아짐에 따라 중국, 베트남, 몽골, 일본 등을 중심으로 한국의 경제, 언어, 문화 등을 배우기 위하여 유학을 오는 외국인들이 급증하고 있다. 국내 유학생 수의 증감 추이를 보면 〈표 4〉와 같으며 이들 역시 한국 내에 장기 체류하는 외국인들에 포함되기 때문에 다문화 사회의 구성원의 일부가 된다고 하겠다.

〈표 4〉 국내 외국인 유학생 현황

출처: 교육 과학 기술부

구분(명)	2003	2004	2005	2006	2007	2008
유학생 수	12,314	16,832	22,526	32,557	49,270	63,952
전년 대비 증가율	-	37%	1.34%	45%	51%	30%

마. 다문화 가정 자녀 현황

다문화란 공통점이 많지 않은 매우 이질적인 문화적 배경을 가지고 있는 사람들이 공존하고 있는 사회의 문화를 의미한다. 결혼 이주민 가정, 이주 근로자 가정 등의 자녀들의 사회 통합을 위한 지원이 점점 더 관심을 끌고 있다. 여기서는 결혼 이주민 가정 자녀와 이주 근로자 자녀의 현황을 살펴보도록 한다.

결혼 이민자의 총수는 지속적으로 증가하고 있지만 증가율은 2005년 이후 하락세인 데 비해 그 자녀들의 총수나 취학기에 접어드는 학생들의

비율은 매년 증가하고 있다. 따라서 앞으로 다문화 사회 구성원의 지원이
이들에게로 중심이 이동될 것으로 보인다.

〈표 5〉 결혼 이주민 가정 자녀의 재학 현황

출처: 교과부(2008.4월)

구 분	초		중		고		계	
	인원(명)	증감(%)	인원	증감(%)	인원	증감(%)	인원	증감(%)
2005	5,332		583		206		6,121	
2006	6,795	27.4	924	58.5	279	35.4	7,998	30.6
2007	11,444	68.4	1,588	71.9	413	48.0	13,445	68.1
2008	15,804	38.1	2,205	38.9	760	84.0	18,769	39.6

　　결혼 이민자 자녀의 연령대별 분포를 보면 6세 이하가 가장 많고, 초등
학교 취학기인 7세~12세가 그 다음, 중학교, 고등학교 순으로 분포되어
있다. 다시 말하면 아직은 미취학 자녀나 초등학교 자녀가 많다는 것으로
점점 이들에 대한 교육적 지원의 중요성이 커질 거라는 것을 예상할 수
있다.

　　다음은 이주 근로자 가정 자녀의 경우를 살펴보자. 교과부(2008)에 따
르면 초등학교 취학생 수와 비율은 각각 981명, 비율은 70.0%, 중학교 314
명, 22.0%, 고등학교 107명, 7.6%순이다.(우복남, 2008: 68에서 재인용)

5.3. 다문화 사회의 소통 문제

　　신경아·박기남(2008)에 따르면 결혼 이민자들이 한국 사회에서 살면
서 겪고 있는 어려움은 언어 소통의 어려움이 51.4%, 경제적 어려움

18.9%, 자녀 양육 문제 6.6%, 남편이나 시집과의 갈등이 6.2%로 인 것으로 나타났다.[1] 의사소통의 곤란이 가장 컸으며 나머지 다양한 문제들이 있으나 사실 대부분이 의사소통의 어려움이나 한국과 모국의 문화적 차이에서 비롯되는 경우가 많다. 관공서나 병원 등을 혼자서 방문할 수 없다든지 전화를 제대로 할 수 없다는 것 등 한국 생활의 적응에 어려움을 많이 겪고 있다.

결혼 이주민 자녀의 경우 학교에서 경험하는 집단 따돌림 원인 가운데 '엄마가 외국인이기 때문'이 34.1%, '의사소통이 잘 안 되어서' 20.7%인 데 비해 일반 학생의 경우는 '잘난 척해서'가 29.4%로 가장 높았다. 이주 근로자의 자녀들을 대상으로 학교에서 겪는 문제를 조사한 결과 언어 문제[2]가 56%로 가장 높았으며, 이로 인한 '낮은 성적' 16%, '따돌림 · 놀림 · 구타 등 교우 문제'가 20%, '생활 수준의 차이'가 4% 순이다.(조영달 외, 2006: 8~14에서 재인용) 이러한 조사 결과 역시 다문화 가정 자녀의 한국어 능력 부족이 학교 생활에 미치는 영향을 알 수 있게 해 준다.[3] 이주 근로자의 경우도 의사소통이 원활하지 못하여 직장에서 부당한 대우를 받는 경우, 사고를 당하거나 몸이 아플 때 제때 치료를 받지 못하는 경우 등에 대한 사례를 자주 접할 수 있다.

이뿐만 아니라 결혼 이주민의 경우에는 그들의 한국어 능력이 자녀들에게도 영향을 미쳐 유아기 자녀들의 언어 발달을 더디게 할 뿐만 아니라 자녀들과 관련된 각종 상담에 제대로 응하지 못하여 제때 자녀의 교육

---

1) 세계일보(2008. 9. 16. 화요일, 인터넷 판), 결혼이민자 2명 중 1명 "언어소통 가장 큰 어려움".
2) 여기에는 '미숙한 한국어' 초등학교 32.3%, 중등학교 26.3%, '한국어로만 수업이 진행되어 따라가기 힘듦' 초등학교 32.3%, 중등학교 15.8%를 나타내고 있다.
3) 중도 입국자의 경우는 또 다른 경우이다. 이미 모어 습득 시기가 지난 청소년이 한국 남성과 재혼한 자기 어머니를 따라 한국에 중도에 입국한 사람의 경우인데, 자기 어머니와 의사소통을 위한 가정 언어와 현재 살고 있는 한국에서 거주 언어로서의 한국어를 따로 배워야 하는 경우이다.

문제를 해결하지 못하는 경우도 문제가 되고 있다.

이들의 한국어 교육과 관련된 또 다른 문제는 이들이 한국어를 배울 수 있는 교육 자료가 전무하다시피 한 것이다. 이주 근로자나 결혼 이주민은 대부분 경제적으로 넉넉한 형편이 되지 못한다. 따라서 이들을 대상으로 민간 단체가 한국어나 한국 문화 등의 교재나 교육 자료를 개발하여 보급하는 것은 수익성이 높지 않기 때문에 적극적인 참여가 어렵다. 실제로 민간에서 이들을 대상으로 개발한 교재는 전무하다시피 한 실정이다. 따라서 국가가 직접 개발하였거나4) 국가의 지원으로 개발한 교재, 교육 자료가 대부분이다. 국가가 직접 개발한 교재나 국가가 지원하여 개발한 교재도 거주 지역이나 언어권 등을 고려하여 개발된 교재는 거의 없다.

다음으로 이들을 가르치는 교사의 전문성에 대한 부분도 문제로 지적되곤 한다. 이들에 대한 한국어와 한국 문화 교육은 대부분 민간의 자원 봉사 단체나 종교 시설 등을 중심으로 비정규적으로 이루어지고 있다. 국어 기본법에 따라 2006년 한국어 교원 자격5)을 가진 인력이 첫 배출되기 시작하여 현재까지 약 3,000명6) 정도 배출되었으나 이들 중 대부분은 대학이나 대학 부설 기관, 공공 기관 등에 취업을 희망하고 있다. 결혼 이주민, 이주 근로자들을 위한 교육 기관에는 주로 자원 봉사자들에 의하여 교육이

---

4) 국가가 직접 개발하여 보급하고 있는 교재로는 결혼 이민자를 위한 한국어 초급(여성부), 한국어 첫걸음(국립 국어원), 한국어 중급(국립 국어원) 등이 있다.

5) 국내외의 한국어 교육 현장에서 한국어 교원의 전문성을 높여야 한다는 목소리가 높아 2005년 문화 체육 관광부는 '국어 기본법'에 재외 동포나 외국인을 대상으로 국어를 가르치고자 하는 자에게 자격을 부여할 수 있는 법 조항을 포함시키고 한국어 교원 자격을 부여할 수 있는 제도를 만들어 지금까지 시행해 오고 있다. 이 제도를 통하여 자격을 받은 교원이 지금까지 약 3,000명에 이른다.

6) 국립 국어원 관계자에 따르면, 국어 기본법(2005.7.)이 시행된 이후부터 2009년 7월까지 배출된 한국어 교원은 모두 3,019명(2급 1,104명, 3급 1,915명)이다. 2006년에 868명(2급 269명, 3급 599명), 2007년에 639명(2급 185명, 3급 454명), 2008년에 842명(2급 341명, 3급 501명), 2009년에 664명(2급 309명, 3급 361명)이 한국어 교원 자격증을 취득했다. 1급 자격 취득자가 아직 없는 이유는 1급은 2급 취득 후 경력이 5년이 지나야 취득 가능하기 때문에 2011년에나 가야 1급 자격자가 배출될 수 있다.

이루어지고 있고 자격자는 전체의 10% 정도에 불과하다고 한다.

이외에 다문화 구성원들의 한국어 교육 지원에 대한 문제점으로 지적할 수 있는 것 가운데 하나는 중앙 정부, 지자체, 관련 공공 기관, 민간 단체 등이 유기적이고 체계적으로 연결되어 있지 못하다는 것이다.

이상은 결혼 이주민, 이주 근로자들의 한국어 교육과 관련된 문제점을 중심으로 살펴보았다. 이 못지않게 주요 현안이 되고 있는 것이 다문화 가정 자녀들의 한국어 교육과 관련된 문제이다. 한국어를 유창하게 구사하지 못하는 엄마와 지내다 보니 언어 발달이 늦어져 학교 생활에 적응하지 못하는 경우가 많다. 초·중·고 취학 연령의 다문화 가정 아이들 2만 5000여 명 중 24%는 학교에 다니지 않는 것으로 조사됐고 특히 고교 진학률은 30%에 불과했다.(2008년 교육 과학 기술부)[7]

한편, 일반 가정 자녀들에 비해 다문화 가정 자녀들의 유치원 교육 수료율은 현저히 낮다. 전국의 취학 전 아동의 유치원 수료 평균이 56.8%인데 비해 다문화 가정 자녀의 수료율은 23.7%에 불과하다. 이처럼 다문화 가정 자녀들은 취학 전 한국어 기초 학습의 부족으로 인한 의사소통의 어려움으로 학습 능력이 저하되고 상급 학교로 올라갈수록 학습 부진이 심화되는 것으로 드러나고 있다.

5.4. 다문화 사회 통합을 한국어 교육 지원 현황

여기서는 정부 차원에서 추진하고 있는 한국어 교육의 현황을 살펴보기로 한다.[8] 정부에서 추진하고 있는 다문화 구성원을 위한 한국어 교육

---

7) 조선일보(2009. 8. 7. 금요일, A12), 가족의 재구성 ⑨ 다문화 가족
8) 중앙 정부 차원뿐만 아니라 지방 차치 단체, 민간 봉사 단체의 한국어 교육 지원도 있으나 이에 대해서는 여기서는 구체적으로 다루지 않는다.

현황을 정리하면 〈표 6〉과 같다.

〈표 6〉 다문화 사회 통합을 위한 한국어 교육 지원 현황

정책 대상	한국어 교육 관련 지원 내용	지원의 초점	주관 부처
국적 취득 희망자	이주민 센터, 다문화 이해 센터(한국어 시험) 사회 통합 프로그램	법질서 수호를 통한 국가 안정 이주민의 사회 통합	법무부
결혼 이민자	한국어, 한국 문화 교육 (국어 문화원 등 23개소) 교육과정, 교재 개발	다문화에 대한 인식 전환 이주민 언어·문화 적응 문화적 다양성의 이해	문화 체육 관광부
	다문화 가족 지원 센터 (100여 개소) 운영 (여성 결혼 이민자 가족 사회 통합 지원 정책) 집합 및 찾아가는 한글 교육	다문화 가정 및 그 자녀 복지	보건 복지 가족부
다문화 가정 자녀	다문화 교과서 등 교육 자료 개발 (중앙)다문화 교육 센터 방과후 한국어(140여 학교) (다문화 가정 교육 지원 정책) 이중 언어 교사 양성	교과 학습 부진 지원 학습 능력 향상을 위한 환경 조성	교육 과학기술부
이주 노동자	외국인 근로자 지원 센터(3개소) 고용 허가제 한국어 능력 시험	이주 근로자의 근로 환경 조성	노동부
	한국어 교육과정, 교재 개발	이주민 언어·문화 적응	문화 체육 관광부

5.5. 한국어 교육의 과제

여기서는 다문화 사회의 통합을 위한 한국어 교육의 방향과 과제를 간단히 살펴보기로 한다. 먼저 한국어, 한국 문화 교육을 위한 철학의 정립이 필요하다고 하겠다. 우리에겐 단군 이래 한민족이 반만 년 동안 한

지역에서 함께 살아 왔다는 단일 언어, 단일 민족이라는 사고가 강하게 뿌리내리고 있다. 따라서 외국인들과 함께 거주하고 생활하는 것에 익숙해 있지 않으며, 같은 국민이라는 생각을 거의 해 보지 못한 채 지금까지 살아온 사람들이 대부분이다. 그러나 지금은 상대적으로 소수이지만 우리와 함께 한 가족, 한 국민을 이루어 사는 외국인들이 있다. 이들과 교류하고 공존하기 위해 문화적으로 열린 마음이 필요하다. 한국에 사니까 무조건 한국 사회와 한국 문화를 배우고 따르라는 일방적인 태도를 지양해야 한다. 다양한 문화를 이해하고 다른 나라, 다른 민족의 문화에 대한 이해를 바탕으로 상호 인정하고 존중하여 공존할 수 있는 문화 상호주의 의식의 정립이 필요하다.

다음은 한국어 교육을 위한 교재와 교육 자료를 다양화하여야 한다. 아동용, 성인용, 결혼 이주민용, 이주 근로자, 도시용, 농촌용 교재, 교사용 지침서는 물론, 언어권별, 수준별로 다양한 교재를 개발하여 저렴하게 보급해야 한다.

교육 장소의 접근성 문제도 해결해야 한다. 먼저 전국적으로 이들을 대상으로 교육하고 있는 민간 기관, 자원 봉사 단체, 공공 기관의 지역별 현황을 시급히 파악하여야 한다. 전국 곳곳에 산재해 있지만 정확하게 어떤 지역에 몇 개가 있는지 더 지원해야 할 지역은 어디인지 등에 대한 확실한 정보가 없다. 또 전국의 국·공립, 사립학교, 주민 자치 센터 등 기존 인프라를 활용하여 이주민의 한국어 교육을 위한 오프라인상의 접근성을 높여야 한다. 민간과 공공, 교육 제공자와 교육 수혜자 쌍방향이 긴밀하게 소통할 수 있는 이주민의 한국어 교육 지원을 위한 통합 정보망 마련도 절실하다.

이주민들의 한국 사회 안정적 정착을 위한 인력 활용, 일자리 창출의 일환으로 이중 언어 교사를 양성하여 관련 교육 기관에서 활용하고, 해당

국가 관련 자료 번역, 통역 등에 인력을 활용할 수 있도록 언어권별로 이주민들의 인력풀을 만드는 것도 필요하다. 이주민의 소통 향상이 우리 사회의 다양한 구성원을 통합시키고 사회의 갈등을 최소화하여 궁극적으로는 국가의 발전과 경쟁력 강화에 기여한다는 점을 고려하여 중장기적인 안목으로 국가적 차원의 관심과 지원이 필요하다.

다문화 가정 자녀들의 한국어 교육을 지원하기 위하여 범국가적 차원의 노력이 있어야 한다. 유치원 교육, 초등학교 교육 등 정규 교육에서 소외가 되지 않도록 각별한 관심을 기울여야 한다. 교육 과학 기술부 통계에서도 보았듯이 다문화 가정 자녀들의 24%는 학교에 다니지 않고 고교 진학률은 30%에 불과하다. 이들이 기본 교육을 받을 수 있도록 지원이 이루어져야 할 것이다.

다문화 가정 한국어 교육은 중앙 부처로는 보건 복지 가족부, 노동부, 법무부, 교육 과학 기술부, 문화 체육 관광부 등에서 진행하고 있고 각 지방 자치 단체별로도 이루어지고 있다. 그러나 이들을 효과적으로 연계해 주는 체제가 제대로 마련되어 있지 못하다는 지적이 여러 곳에서 들린다. 민간과 공공이 연계와 협력을 통하여 효과를 극대화할 수 있는 지원 체제 마련이 절실하다.

··· 탐구문제 ···

탐구 5-1

이제 막 다문화 사회로 접어들기 시작한 우리 사회에서의 소통 문제는 어떤 점이 있는지 생각해 보자.

탐구 5-2

우리 사회에 같이 살고 있는 다문화 구성원들을 위한 한국어 지원 현황이 어떠한지 구체적인 사례를 조사해 보자.

탐구 5-3

다문화 구성원들을 위한 한국어 교육의 지원 방안 가운데 대학생 수준으로 할 수 있는 일이 어떤 것이 있는지 토의해 보자.

〈참고 문헌〉

교육 인적 자원부 보도자료(2006. 5. 1.), 다문화 가정 품어 안는 교육 지원 대책
　　발표.

교육 인적 자원부(2007.4.), 국제 결혼 가정 자녀의 재학 현황.

문화일보(2009. 8. 6. 목요일, 31면), 외국인 주민 110만 명과 더불어 사는 사회.

법무부(2008), 출입국관리통계연보, 출입국 · 외국인정책본부.

법무부(2009), "출입국 · 외국인 정책 통계월보"(2008년 12월), 출입국 · 외국인 정책
　　본부.

보건 복지 가족부 · 한국 보건 사회 연구원(2008), 2007년도 저출산 · 고령 사회 정책
　　성과 평가.

서혁(2007), 다문화 가정 현황 및 한국어 교육 지원 방안, "인간 연구" 12호, 가톨릭
　　대 인간학 연구소.

설동훈 외(2005a), 미등록 외국인 단속 및 외국인 보호 시설 실태 조사, 국가 인권
　　위원회.

설동훈 외(2005b), 국제 결혼 이주 여성 실태 조사 및 보건 · 복지 지원 정책 방안.

세계일보(2008. 9. 16. 화요일, 인터넷 판), 결혼 이민자 2명 중 1명 "언어 소통 가장
　　큰 어려움".

세계일보(2009. 8. 7. 금요일, 23면), 외국인 100만 돌파 시대 우리가 생각해야 할
　　것은.

오경석 외(2007), "한국에서의 다문화주의 - 현실과 쟁점".

오성배(2007), 국제 결혼 가정 자녀의 교육 기회 실태와 대안 모색, "인간 연구" 12
　　호, 가톨릭대 인간학 연구소.

우복남(2009), 다문화 가정의 언어 생활, 다문화 사회의 언어 지원 정책 추진 현황
　　및 방향, "다문화 사회에서의 삶과 언어", 이중 언어 학회 제23차 전국 학술대
　　회 춘계 대회.

장미혜(2008), 다문화 사회의 미래와 정책적 대응, "다문화 사회를 향한 전망과 정책
　　적 대응", 한국 여성 정책 연구원.

조선일보(2009. 8. 7. 금요일, A12), 가족의 재구성 ⑨ 다문화 가족

조영달 외(2006), "다문화 가정의 자녀 교육 실태 조사". 교육 인적 자원부.

조영달 외(2006), "다문화 가정의 자녀 교육 실태 조사", 교육 인적 자원부.

통계청(2008 a), "1995~2007년 주민 등록 인구 및 외국인 등록 인구".

통계청(2008 b), "인구 동태"

한국 여성 정책 연구원(2008), "다문화 사회를 향한 전망과 정책적 대응".

행정 안전부 지방 행정국(2008.7), 2008년 지방 자치 단체 외국인 주민 실태 조사
　　　결과.

행정 안전부(2009), 2009년 지방 자치 단체 외국인 주민 현황.

6. 세계 속의 한국어

지구촌 시대가 되면서 해외에서 한국어를 사용하는 사람들이 늘고 있다. 이러한 경향은 강력해진 국력을 바탕으로 계속 확산될 전망이다. 외국으로 이민 간 후손들이 뒤늦게 한국어를 배우려고 힘쓰는 것은 물론, 외국인까지 한국어를 배우려는 열기가 점차 높아가고 있기 때문이다. 이 장에서는 세계 속에서 한국어가 쓰여지는 모습을 살펴보고자 한다, 이를 위해 한국어를 보급하기 위한 교육기관에는 어떤 곳이 있는지, 한국어 교육의 실태는 어떠한지, 한국어 교육의 문제점은 무엇인지, 21세기 정보화 사회에서 한국어의 세계화를 위한 대책은 무엇인지 등을 살피고자 한다. 특히, 다른 민족과의 공존을 위한 과제로 민족과 언어의 문제, 이중언어교육 문제 등도 간략히 살피기로 한다.

6.1. 한국어는 어디에서 주로 쓰이나

한국어는 한민족이 주로 사는 한반도에서 쓰이고 있다. 한국어 사용의 본산인 한반도에는 1999년 현재 남북을 합해 6900만 명(세계인구의 1.17%에 해당)이 살고 있으며, 인구수로 보면 세계 15위에 해당된다.

한국어는 해외에서도 주로 동포들에 의해 사용되고 있다. 해외 동포 수는 1999년 현재 142개국에 564만 명이 넘는다. 미국의 205만 명, 중국의 204만 명, 일본의 66만 명, 독립국가연합 48만 명, 캐나다 11만 명이 주종을 이루는데, 이들은 대부분 현지어와 함께 한국어를 사용하는 이중언어인으로 생활하고 있다.

〈표 1〉 미국내 한국인의 인구수

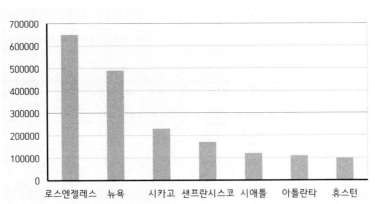

따라서, 한국어는 전세계적으로 7464만 명이 사용한다고 할 수 있다. 물론 동포 가운데는 한국어를 거의 잃어버린 사람도 있겠지만, 이 숫자는 외국인 가운데 한국어를 사용하는 사람도 있다는 것을 감안하면 전체 한국어 사용 인구라 해도 별로 문제되지 않을 것이다. 따라서, 한국어 사용 인구는 세계적으로 15위 정도에 해당될 수 있을 것이다.

해외 동포들은 결과적으로 한국어의 세계화에 기여를 하고 있다. 한인 타운을 형성할 정도로 독자적인 문화를 이끌어 가는 미국 뉴욕이나 로스앤젤레스 지역, 중국 연변 자치주는 대표적 한국어 사용지역으로 꼽히며 번영을 누리고 있다. 특히, 연변에는 비교적 온전한 모습으로 한국어가 보존되어 있다. 그 외 중앙아시아의 한국인 밀집 지역에 사는 동포들은 대부분 한국어를 잃어버리고 현지어로 생활하는 사람이 많다.

한국어는 그 동안 별로 쓰이지 않던 남미, 유럽, 아프리카 지역으로 세력을 넓히고 있다. 브라질에 4만 7천 명, 독일에 2만 6천 명 등의 동포들이 거주하면서 한국어를 쓰고 있는데, 앞으로 이와 같은 추세가 지속될 것이다. 한편, 아직은 그 수가 많지 않으나, 한국어를 사용하는 외국인들이

점차 늘어나고 있어 머지 않아 이들에 의해 한국어 분포지역은 더욱 확대
될 것이다.

6.2. 중국과 구소련 동포들의 한국어는 어떠한가

중국에 있는 동포들은 자신들을 **조선족**이라고 부른다. 조선족은 중국
전체인구의 약 0.17%인 204만 명이 살고 있는데, 주로 동북의 길림성, 흑
룡강성, 요녕성에 집중적으로 살면서 비교적 우리말을 잘 보존해 왔다.
약 45만 명이 살고 있는 것으로 추정되는 흑룡강성에는 조선민족출판사
가 운영되고 있으며, 한글신문을 발행하는 흑룡강신문사, 우리말로 방송
하는 흑룡강 조선어방송국이 있어 우리말을 보존하는 데 큰 힘이 되었다.

조선족들은 대개 1세대들이 19세기 말에 이주했기 때문에 현재 생존하
고 있는 사람들은 대부분 중국에서 태어난 사람이다. 세대에 따라 차이가
있으나, 한어와 한국어의 이중언어 생활을 하고 있는 경우가 많다. 대개
40대 이상은 한어와 한국어를 모두 잘 하는 편이지만, 30대 이하는 약
50% 정도가 우리말을 사용할 수 있다. 젊은이들은 우리말을 안다고 해도
조사나 경어법 사용이 서툴러 완전하지 못하다. 또한, 도시 지역보다는
시골에서 한국어가 더 잘 쓰이고 있다.

어문 규범은 중국 자체의 규범도 있으나, 대체로 북한의 것을 따르는
경우가 많다. 이것은 오랫동안 북한과 관계를 맺어온 것과 관계가 있다.
얼른 눈에 띄는 것은 두음법칙에 관련된 것인데, '리익'처럼 북한과 같은
표기를 하고 있다. 한중 수교 이후 점차 남한의 언어가 중국에 영향을
끼치게 됨으로써 남북 사이에서 다소 혼란을 겪고 있다. 특히 조선족들이
어려워하는 것은 한국의 외래어를 이해하는 일이다. 한국어의 외래어는
대부분 영어에서 온 것인데, 중국 동포들이 영어를 잘 모르기 때문이다.

러시아와 중앙아시아 지역의 한국인들은 스스로를 고려인이라고 부른다. 고려인들은 주로 중앙아시아 지역인 우즈베키스탄, 카자흐스탄이나 극동 지역인 블라디보스톡, 사할린 지역에 거주하는데, 이들은 19세기 후반 두만강을 건너 연해주로 이주해간 사람들의 후손이거나 일제시대에 사할린으로 징용 당한 사람들의 후손들이다.

중앙아시아에 거주하는 고려인들은 1937년 스탈린의 강제 이주정책에 따라 열악한 환경에 버려진 사람들이 대부분이고, 극동지역에 거주하는 사람들은 소련의 해체이후 공화국들이 독립한 이후 푸대접을 피해 중앙아시아에서 역이주해 온 사람들이 대부분이다. 사할린에는 19세기 후반부터 이주하기 시작하였으나, 일제의 징용으로 끌려간 사람이 대부분을 차지한다.

중앙아시아에 강제 이주된 고려인들은 현지에 적응하기 위해 러시아어를 열심히 배우려 했고, 우리말 학습에 적극적이지 않았으며, 교육 환경도 부족했기 때문에 그들은 한국어를 잘 하지 못한다. 일부에서 우리말을 쓰는 곳도 있지만, 거의 러시아어로 생활한다고 해도 과언이 아니다. 70세 이상의 노인들은 한국어를 어느 정도 할 수 있지만, 젊은 사람들은 거의 우리말을 못하고 있다. 러시아 지역에 있는 사람들은 대부분 함경도 지역에서 이주한 사람들이기 때문에 '먹구서리(먹고서), 알랐슴둥(안녕하십니까)'과 같은 함경도 방언의 요소를 아직도 유지하는 경우가 많다. 그러나 이곳에도 남한 사람과의 접촉이 잦아지면서 서서히 서울의 표준어가 확산되어 가고 있다.

6.3. 다민족 국가에서의 언어는 갈등의 요인이다

민족은 일반적으로 언어를 공유하는 것을 큰 특징으로 한다. 따라서,

민족이 있는 곳에는 언어가 있고, 그 언어가 다른 민족의 언어와 충돌할 경우에는 많은 문제가 생긴다. 단일민족 국가인 우리 나라는 언어적 갈등으로 인한 큰 문제는 없지만, 다민족 다언어로 구성된 국가는 사정이 간단치 않다.

복합민족 국가의 언어

국가어제
　　단수 국어 : 일본, 미국, 영국, 프랑스
　　복수 국어 : 스위스, 벨기에, 핀란드
공통어제
　　복합 국어 : 중국, 싱가포르
　　제 3 국어 : 인도, 필리핀, 파키스탄

　다민족으로 형성된 국가에서는 대개 다수 민족이 쓰는 언어를 공용어로 채택하는 경우가 많지만, 세부로 들어가면 나라마다 사정이 다르다. 이것을 유형으로 구분하면, 일본 미국과 같이 **국가어제**를 채택하는 나라와 구소련 중국과 같이 이것보다 다소 느슨한 **공통어제**를 채택하는 경우가 있다.

　국가어제는 강력한 표준 국어를 인정하는 것인데, 이에는 하나의 국어만을 인정하는 나라와 두 개 이상을 인정하는 나라가 있다. 전자에는 일본, 미국, 프랑스 등이 해당되는데, 미국은 소수민족 자녀들에게 이중언어 교육을 하여 국어인 영어를 사용할 수 있도록 유도하고 있는 점에서 특징적이다. 이것은 소수민족의 언어로 야기될 수 있는 문제를 원천적으로 해결할 수 있는 방법이기도 하다. 후자에는 스위스, 벨기에, 캐나다 등이 해당되는데, 민족간의 갈등은 해소할 수 있겠으나, 능률과 국가 응집력의 문제가 남아 있다.

복수 국어제가 가지는 단점을 극복하면서 각 소수민족의 언어를 인정하는 제도가 공통어제이다. 민족 자치 단위로 하위 국어를 인정하고, 근간 민족의 언어를 상위 국어인 공통어로 인정하는 것이다. 소수민족의 경우 두 가지 언어를 습득해야 하는 문제는 있으나, 자신의 민족어로 생활할 수 있는 기반을 마련해주고 있다. 중국 같이 사회주의 국가에서 주로 채택하고 있으나, 인도와 같이 아예 제3국어를 공통어로 인정하는 경우도 없지 않다.

우리 나라의 동포들이 해외에 이주하게 되면 이러한 다민족 국가의 한 소수 민족이 된다. 현지 국가가 어느 정책을 펴든 현지어와 모어 사이에서 갈등을 할 수밖에 없다. 자기의 모어를 온전하게 보존하며 살아가는 데는 다소 느슨한 공통어제가 좋기는 하지만, 문제가 없는 것은 아니다. 모어로 교육하는 대학까지 운영하면서 모어를 비교적 온전히 유지하고 있는 중국 연변 자치주가 있지만, 이러한 곳에서도 출세를 위해서는 모어보다는 현지어를 잘 해야 한다는 의식이 있기 때문에 모어의 기반이 서서히 줄어들 여지는 있다.

6.4. 이중언어 교육은 민족간 언어 갈등의 해소책이다

이중언어 능력이란 두 개의 언어를 모어처럼 유창하게 구사하는 능력을 말한다. 이러한 능력은 자기의 모어를 공부할 수 있는 기회를 주면서, 동시에 배우려는 목표언어를 서서히 가르치면 얻을 수 있다. 이러한 능력은 대개 10세 이전에 두 개의 언어에 접촉함으로써 이루어지는데, 10세 이후에도 이중언어 능력을 갖추는 것이 불가능하지는 않지만 매우 어렵다는 것이 정설이다.

이중언어 교육의 효과

① 두 개의 언어를 서로 비교하면서 동시에 배우면, 이해가 빠르고 정확
해질 수 있다.
② 외국인으로서 가질 수 있는 위축감이나 갈등을 없앨 수 있다.
③ 두 개의 모국어를 갖는 것은 확실히 개인적으로도 큰 힘이 되며 발전
을 기대할 수 있다.
④ 모국에 돌아오고 싶을 때나, 조국이 필요로 할 때 돌아올 수 있다.

이중언어 능력을 갖추기 위해서는 조직적이고 체계적인 교육이 필요한
데, 이것이 이중언어 교육이다. 이중언어 교육은 주로 미국에서 영어를
제2국어로 배워야 하는 소수민족 어린이들의 문화적, 언어적, 심리적 장
애를 제거하기 위해 실시되었다. 영어를 몰라서 문제가 되는 학생에게
모국어와 함께 영어를 가르침으로써, 미국사회에 자연스럽게 익숙해지고
그들의 능력도 발휘할 수 있는 기회를 제공하자는 취지에서였다.

우리는 단일언어를 사용하는 민족이기에 이러한 문제가 발생하지 않지
만, 외국에 나가 있는 동포들의 자녀 대부분이 이중언어와 관련된 문제를
가지고 있다. 외국에서 그 나라에 적극 적응하면서 현지어로 생활하는
데 만족하는 사람도 있겠지만, 대부분의 동포 1~2세대는 현지어와 한국어
사이에서 심한 갈등을 겪고 있다. 그들이 인종적으로 한국인임을 알게
되면, 이것을 좀더 확인하고 싶어한다. 이를 위해서는 자연히 한국어를
알아야 하기 때문에 한국어 학습 문제에 처하게 된다.

그러나, 스스로 한국어를 배워야 할 필요성을 알게 되었을 때는 이미
언어 습득기를 지나는 경우가 많다. 가정에서도 한국어를 잘 쓰지 않고
현지어를 주로 쓰면, 한국어의 언어능력이 생기기도 전에 우리말을 잊어
버리게 되는 것이다. 이러한 것을 예방하기 위해서는 어려서부터 체계적

인 이중언어 교육을 통해서 현지어와 한국어를 모두 잘 할 수 있게 지원해
주는 노력이 절실하다.

6.5. 한국어 교육 기관은 어떤 곳이 있나

한국어를 보급하기 위하여 운영되는 교육 기관은 다양하다. 국내에 있
는 기관과 해외에 있는 기관으로 나누어 살펴보면 다음과 같다.

국내기관으로는 우선 정부가 주도하는 교육부의 국제교육진흥원과 한
국학술진흥재단이 있으며, 외교통상부의 국제교류재단과 재외동포재단
이 있고, 문화관광부의 국립국어연구원과 한글학회(사단법인) 등이 있다.
이들은 주로 한국어 교재 개발과 해외동포 한국어 교사 연수를 위한 사업
을 하고 있는데, 동포 사회의 한국어 교육을 지원하는 데 큰 힘이 되고
있다. 특히, 한국학술진흥재단에서는 1997년부터 한국어 능력 시험을 시
행하고 있는데, 1998년에는 6개국 17개 지역에서 이루어졌고, 국제교류재
단에서는 한국학 강좌나 연구 프로그램 등 해외의 한국학을 지원하는 일
을 주로 하고 있다.

대학 내의 한국어 교육기관도 많다. 서울대의 어학연구소, 고려대의 한
국어문화연수부, 연세대의 언어교육연구원 한국어학당 등 전국 14개 대
학에서 한국어 교육이 실시되고 있다. 대학에서 한국어를 수학하는 학생
들의 숫자는 급속도로 증가하고 있다. 예를 들어, 고려대 한국어문화연수
부의 경우 수강생이 1994년 376명이었던 것이 1997년 907명으로 증가하
였다. 이들 기관에서는 주로 외국인들을 상대로 인문계열의 석사학위 이
상 소지자가 학생들을 몇 개의 등급으로 나누어 자체 제작한 교재를 가지
고 한국어를 교육하고 있는데, 이와 같은 정규과정을 제외하고 각 대학이
외국 대학과 자매결연 등을 맺고 부정기적으로 실시하는 한국어 교육까

지를 고려하면 양적으로 헤아리기 어렵다.

　해외의 한국어 교육기관은 정부가 운영 또는 지원하는 곳과 현지에서 자체적으로 운영하는 한국인학교로 구분된다. 전자로는 1998년 현재 동경, 중국 등 9곳에 있는 한국문화원, 뉴욕, 일본 등 4곳에 있는 한국문화학교, 2년 동안 주로 방글라데시, 몽골 등 저개발국에 파견되어 봉사하는 한국국제협력단, 교육부에서 현지 한국 교육을 지원하는 한국교육원 등이 매우 활발하게 운영되고 있다. 러시아 블라디보스톡에 있는 한국교육원은 1995년 개원되었는데, 현지 동포 중에 한국어를 비교적 잘 하는 강사 5명을 채용하여 기초부터 중급정도의 한국어 교육을 하고 있다. 상급반은 원장이 한국어 강사를 비롯하여 한국어를 잘 하는 사람 15명 정도를 가르치고 있다. 학생수는 6개반에 약 130명 정도가 있다.

　다만, 외국에 있는 정규학교라 할 수 있는 한국학교는 1997년 현재 15개국 21개 학교에 4,406명의 학생이 공부하고 있는 것으로 보고되고 있다. 또한 한국학교 외에 현지 대학이나 학교에 한국어 강좌가 많이 개설되어 있어 한국어 보급에 힘이 되고 있는데, 1996년 현재, 세계적으로 미국, 일본 등은 물론 독일, 폴란드, 프랑스, 체코 등 40개국 200여 대학에서 한국어를 강의하고 있는 것으로 알려져 있다.

6.6. 외국에서 한국어 교육은 어떠한가

　블라디보스톡에서 만난 극동기술대학교 아르춈 분교장인 다찌아나 김(Tatiana. kim)은 예전에 우즈베키스탄으로 강제 이주될 때만 해도 한국어를 공부해서 무엇하느냐고 생각하고 모두 러시아어를 배우는 데에만 몰두했었는데, 이제 서로 한국어를 배우려고 애쓰는 것을 보니 새삼 감개가 무량하다는 생각을 필자에게 말한 바 있다. 러시아에서 한국어를 배우는

것이 취업을 하거나 생활하는 데 필요하다고 인식하고 있기 때문에 한국
어 수요는 앞으로 더욱 늘어나는 추세에 있다는 것이다.

동포 자녀들에 대한 한국어 교육은 주로 주말에 열리는 한글학교에서
이루어진다. 이곳은 대개 한국인 교회와 관련을 맺고 있는데, 한국의 언어
와 문화를 가르쳐 민족의식을 고취하려는 의도를 가지고 있다. 결국에는
이중언어인을 양성하여 미국사회에서 소수민족으로서의 위상을 강화하
려는 의도가 있지만, 이러한 한국어 교육은 동포가 있는 곳이면 어디서든
찾아볼 수 있는 현상이다.

미국의 경우, 한글학교는 한국인들이 많은 로스앤젤레스, 뉴욕, 시카고,
샌프란시스코, 시애틀 등지에 많이 있는데, 학교수가 989개에 교원수가
7,866명, 학생수는 6만 1,572명에 이른다. 학생수를 세목별로 보면, 유치
원이 1만 3,912명, 초등학생이 2만 7,463명, 중학생이 1만 1,830명, 고등학
생이 6,902명, 성인이 1,465명으로 분포되어 성인의 수효가 매우 적음을
알 수 있다. 이러한 사실은 이민을 간 지 얼마 되지 않은 성인들의 경우는
아직 한국어를 할 수 있다는 사실과 관련을 가지고 있다.

그러나, 동포들이 한국어를 많이 잊어버린 러시아 지역에서는 사정이
조금 다르다. 러시아에는 91개 학교에 213명의 교원수가 있으며, 학생은
모두 4530명으로 집계되고 있다. 이 중에 유치원생이 98명, 초등학생이
1,031명, 중학생이 958명, 고등학생이 704명인데 비하여 성인이 무려
1,739명에 이른다.

정규과정에서의 한국어 교육은 나라마다 사정이 매우 다르다. 중국의
길림성처럼 자치가 허락된 지역에서는 정규 학교에서도 한국어 교육이
잘 진행되고 있지만, 그 이외 지역에서 정규학교의 한국어 교육은 이제
확장되는 추세에 있다. 미국의 경우에도 1996년에 19개교 1302명에게 한
국어반을 개설하는 정도에 그치고 있다.

다만, 대학의 경우는 한국어 강좌가 정규 교과목으로 이루어지는 곳이 많다. 미국, 일본뿐 만 아니라 영국, 독일, 헝가리 핀란드 등에서도 실시될 정도로 확산되는 추세에 있다. 대학에서의 한국어 교육은 대개 지역학으로서 동아시아 학과에 일본, 중국과 함께 소속되어 한국어를 강의하는 경우가 많다. 미국의 경우, 순전히 비한국계 미국인이 수강하는 국방외국어대학과 부리검영대학의 경우를 제외하면, 일반 대학의 수강생은 50% 정도가 한국계 학생이다. 고급반으로 올라갈수록 한국계 학생의 비율이 높아져서 거의 90%에 육박하고 있다. 교육의 방법에서는 한국계 학생과 그렇지 않은 학생을 같은 반에서 가르칠 것인지, 각기 다른 반에서 가르칠 것인지가 문제된다. 최근에는 이들이 한국어를 배우려는 의도가 다를 뿐만 아니라, 기본 배경지식에서 차이가 나기 때문에 따로 교육하는 것이 효과적이라는 주장이 제기되고 있다. 또한, 한국계 학생이 지나치게 많은 반에서는 비한국계 학생들이 열등감을 느끼게 되어 학습 열기를 식히는 결과를 가져오기도 한다. 캐나다 UBC의 경우에는 초급과목을 한국계반과 그렇지 않은 반으로 편성해서 강의할 뿐만 아니라, 상급과목을 선택할 경우에도 차이를 두어 효과를 보고 있는 경우이다.

··· 탐구문제 ···

탐구 6-1

한국어의 사용 실태를 제시하고 이렇게 된 이유에 관해 토의해 보자.

탐구 6-2

다민족 국어의 언어 갈등과 이중언어 교육의 문제에 관해 토의해 보자.

탐구 6-3

국내외 한국어 교육 기관과 한국어 교육 실태에 관해 조사해서 발표해 보자.

문학의
산책

1. 문학의 가치

황정현(전 서울교대 교수)

　문학의 가치가 무엇인가라는 물음은 고대 그리스 시대 이후로 지금까지 끊임없이 제기되어 왔다. 철학적 관점에서 문학의 본질과 가치에 대해 최초로 문제를 제기한 사람은 플라톤이었으며, 그 문제점을 다시 지적하여 논의를 전개한 이가 아리스토텔레스였다.

　플라톤은 그의 〈국가론〉에서 시인이란 이데아로부터 3단계나 떨어져 있는 존재이기 때문에 이상 국가에서는 시인을 추방해야 한다는 '시인 추방론'을 주장하였다.

　모방가는 진실로부터 매우 떨어져 있으며 보이는 그대로의 것을 전부로서 취급한다. 왜냐하면 그는 모든 개별적인 것에서 단지 일부분만을 그것도 가상 속에 있는 것을 다루기 때문이다.

　즉 플라톤은 시민을 이데아(진리 혹은 본질)를 추구하는 철학자, 그리고 이데아에 따라 물건을 제작하는 제작자, 그리고 제작해 놓은 물건을 모방하는 예술가 등으로 구분하고 진리 인식의 차원에서 예술가를 배척하였던 것이다.

이런 플라톤의 '시인 추방론'에 대해 이의를 제기하고 예술(문학을 포함한)적 가치를 옹호한 이가 아리스토텔레스였다. 그는 진리는 직관만으로 인식되는 것이 아니라 경험적 과정을 통해 인식된다는 것을 전제로 하고, 그 인식의 통로로 예술을 들고 있다.

아리스토텔레스는 형상으로서의 사물의 고유한 본질이 물질 그 자체 속에 내재하고 있으며 이념의 영역 속에 속하지 않는다는 진리관을 갖고 있었다. 그의 형상론에 따르면, 모든 물질은 그 속에 놓여 있는 형상 즉 자신의 고유한 현실성을 달성하려고 노력한다는 것이다. 따라서 형상적 현실성은 사물의 고유한 본질 형식을 위한 인식적 가치를 지닌다.

오늘날 문학의 가치를 논함에 있어 위에서 언급한 아리스토텔레스의 이론은 일반적인 예술론적 원리로 인정되고 있다. 말하자면 삶의 법칙을 예술의 고유한 방식으로 인식할 수 있다는 것이다. 특히 아리스토텔레스의 이론은 오늘날 리얼리즘의 행위의 개연성에 비추어 볼 때 거의 일치한다. 리얼리즘에서의 개연성은 경험적인 것과 사변적인 작업에 함께 참여하기 때문에 문학은 진리 인식을 가능하게 한다.

> 시의 구조 내에서 그리고 그것을 통하여 발생한다. 구조와 의미의 상호
> 작용은 형상과 질료의 어떠한 분리도 이단시한다. …… 그렇게 파악된
> 리얼리즘은 비록 19세기 이후로 그 용어가 사진적인 기술과 관계된 문학에
> 쓰여지는 것이 관례로 되었지만 문학적인 의미로서의 타당성을 지닌다.
> - Boyd, Fuction, 1968, p.24

아리스토텔레스는 문학에 진리 인식의 통로로써의 가치를 부여하고 있으며, 이러한 주장이 오늘날 문학 작품 존재의 가치를 결정하고 있는 것이다. 이러한 문학의 가치를 문학의 본질에 입각하여 논의한다면 다음과 같이 구분할 수 있을 것이다.

1. 언어 예술로서의 가치

언어 예술로서의 문학이 달른 예술과 구별되는 가장 독특한 특징은 표현 매재(媒材, medium)로 언어를 사용한다는 점이다.

문학 이외의 다른 예술들은 모두 감각적인 재료들을 표현매재로 사용한다. 예를 들면 회화는 시각적 매재인 색깔을, 음악은 청각적 매재인 소리를, 조각은 질감과 부피를 지닌 매재를 사용하여 우리의 감각 기관에 직접 호소하는 것이다.

이에 비해 언어를 표현 매재로 하는 문학은 직접적으로 감각 기관에 영향을 미칠 수 없으며 언어라는 기호의 해독을 전제로 우리의 감각과 만난다. 즉, 언어 그 자체는 관념이며 구체적 사물을 기호화한 것이기 때문에 감각과의 직접적인 교감은 불가능하다. 시에서 빨간색의 시각적 효과를 나타내려 할 경우, 우리는 '빨갛다' '새빨갛다' 등으로 말할 수밖에 없다. 이것은 빨간색을 표현 매재로 사용하는 미술의 감각적 효과에 비하면 상당히 미약할 수밖에 없다. 그리고 종소리를 직접 듣는 것과 종소리를 언어로 기호화하는 문학의 경우를 비교해 보면 감각적 효과의 차이를 쉽게 알 수 있을 것이다. 그 밖에 촉각적·후각적·미각적 감각 역시 마찬가지이다. 말하자면 문학에서는 감각이 언어가 지닌 개념을 통해 지각될 뿐이다.

문학은 이처럼 우리의 감각 기관에 직접 호소하는 능력이 매우 미약하다. 그러나 '감각의 직접성'이 불충분한 대신 다른 예술에서는 불가능한 '관념'을 직접 전달할 수 있다는 장점이 있다. 이것은 언어를 매재로 사용하는 데서 오는 이점이다. 언어는 다른 예술이 감각 매재들과는 달리 사상이나 관념을 직접적으로 담아 낼 수 있다.

이상과 같이 언어는 문학을 문학으로 성립시키는 하나의 예술적 질료

(質料, material)가 된다. 언어가 문학에서 하나의 질료로서의 속성을 지 닌다는 것은 언어적 특성에 기인한다. 언어는 1차적으로 말소리(형식 - 청각 이미지)와 의미(개념)로 성립되는 기호이기 때문이다. 말소리와 의 미라는 두 요소를 지니고 있는 언어의 이러한 특성은 다시 문장과 문장의 구조적 결합에 의해 관념의 덩어리를 이루어 내게 된다. 이러한 방식으로 언어는 작가가 전달하고자 하는 사상을 쉽게 전달할 수 있는 것이다.

그 밖에도 문학은 언어를 표현 매재로 사용함으로써 시공간의 구애를 받지 않는 풍부한 재현 및 표현의 영역을 가질 수 있다. 예를 들면, 역사적 으로 펼쳐지는 어떤 사건의 과정이나 공간적으로 전개되는 현실의 다양 한 모습은 다른 예술로는 담아 낼 수 없다. 문학은 이렇게 인간과 세계의 모든 대상을 그릴 수 있는 언어를 사용함으로써 다양한 장르와 폭넓은 영역을 지닐 수 있는 것이다.

2. 반영 예술로서의 가치

문학 작품은 홀로 존재하는 것이 아니라 외부 현실과 일정한 관계를 맺고 있다. 작품의 가치는 작품이 외부 현실과 맺고 있는 관계 속에서 이루어진다.

일찍이 아리스토텔레스가 "시가 역사보다 더 철학적이다"라고 말하면 서 문학을 역사보다 우위에 둔 것은 문학 작품이 역사보다 현실의 본질을 훨씬 더 잘 반영할 수 있음을 의미하는 것이다.

현실을 충실히 반영한다는 것은 다양한 현상을 그리는 것이 아니라 현 상의 저변에 흐르고 있는 보편적 진실을 바라보게 한다는 것을 의미한다. 따라서 반영은 진리 인식의 통로로서 기능을 한다. 훌륭한 문학 작품이 감동을 주는 것은 그것이 진리 반영의 역할을 충실히 수행하고 있기 때문이다.

문학은 역사·사회에 대해 강력한 영향력을 발휘한다. 역사적 현실에 대항하여 모순된 현상에 대해 진리를 수호하기도 한다. 예를 들어 한용운의 〈님의 침묵〉이 오늘날까지도 우리에게 감동을 주는 것은 그 작품의 표현의 아름다움을 넘어 역사적 현실에서 우리가 보지 못하는 것을 보게 하기 때문이다.

> 그러나 이별은 쓸데없는 눈물의 원천을 만들고 마는 것은 스스로 사랑을 깨치는 것인 줄 아는 까닭에, 걷잡을 수 없는 슬픔의 힘을 옮겨서 새 희망의 정수박이에 들어부었습니다.
>
> – 한용운, 〈님의 침묵〉 중에서

기(이별)-승(슬픔)-전(희망)-결(신념)이란 구조를 가지고 있는 〈님의 침묵〉 중 전에 해당하는 인용 부분은 1920년대 어두웠던 역사적 현실 이면에 숨어 있는 보이지 않는 '진리'를 반영하고 있다.

우리가 문학을 통해 역사적·사회적 진실을 규명할 수 있는 것도 이러한 이유에서이며, 현실의 모순을 넘어 전망을 획득할 수 있는 것이다.

3. 허구적 보편성으로서의 가치

문학은 언어를 질료를 삼는 예술이지만, 이러한 예술로서의 문학은 작가의 상상력에 의해 허구(虛構, fiction)적으로 꾸며지는 것이다. 흔히 문학은 진실을 추구한다든가 진실 그 자체라고 말하기도 하지만, 이때의 진실은 그것이 담고 있는 미적 가치 내용에 대한 평가라고 할 수 있는 것으로, 그러한 미적 가치 내용을 담고 있는 문학 작품의 형상화의 틀은 허구가 아닐 수 없다. 그러나 이러한 허구는 조리에 맞지 않는 허무 맹랑한 거짓이 아니라 그럴듯하게 꾸며 내어 마치 사실인 것처럼 느껴지게 하는 속성을 갖고 있다. 이러한 속성을 일컬어 개연성(蓋然性, probability)이라고 하고, 그럴듯하게 꾸민 거짓을 개연성 있는 허구라고 한다.

　문학이 허구라고 할 때 대표적인 장르에 해당되는 것은 시, 소설, 희곡이다. 이 가운데 특히 허구성이 두드러지는 것은 소설과 희곡이다. 시인의 영탄적 감정 표현이 대부분인 시는 고백적 성격이 강하기 때문에 제외되기는 하지만 서사성이 가미된 서사시들은 여전히 허구적 속성에 의해 지배되지 않을 수 없다.

　　(가) 이날이야말로 동소문 안에서 인력거꾼 노릇을 하는 김첨지에게는 오래간만에도 닥친 운수 좋은 날이었다. 문안에(거기도 문 밖은 아니지만) 들어간답시는 앞집 마나님을 전찻길까지 모셔다 드린 것을 비롯하여 행여나 손님이 있을까 하고 정류장에서 어정어정하며 내리는 사람 하나하나에게 거의 비는 듯한 눈길을 보내고 있다가 마침내 교원인 듯한 양복장이를 동광학교까지 태워다 주기로 되었다.

　　　　　　　　　　　　　　　　　　　- 현진건, 〈운수 좋은 날〉 중에서

　　(나) 아하, 무사히 건넜을까
　　　　이 한밤에 남편은
　　　　두만강을 탈없이 건넜을까?

　　　　저리 국경 강안(江岸)을 경비하는
　　　　외투 쓴 검은 순사가
　　　　왔다 - 갔다 -
　　　　오르명내리명 분주히 하는데
　　　　발각도 안 되고
　　　　무사히 건넜을까?

소금실이 밀수출 마차를 띄워 놓고
밤새 가며 속태우는 젊은 아낙네
물레 젓던 손도 맥이 풀려서
파! 하고 붙는 어유(魚油) 등잔만 바라본다.
북국의 겨울 밤은 차차 깊어 가는데.
- 김동환, 〈국경의 밤〉 중에서

(가)의 김 첨지가 (나)의 젊은 아낙네는 허구적 인물이며, 그들이 행한 행위 역시 허구이다. 그럼에도 우리는 이 허구적 인물과 행위가 일제하 우리 민족 구성원의 그것이라고 믿게 된다. 왜냐하면 '김 첨지'는 당시 서울의 수많은 인력거꾼 가운데 어느 누구일 수 있으며, '젊은 아낙네' 역시 국경에 살던 어느 여인일 수 있기 때문이다.

거짓말이지만 진실되게 보이게 하며 허구의 세계이지만 그것을 현실로 유추하게 만드는 그 원동력은 무엇인가? 그것은 인간의 상상력이다. 상상력은 특수한 현상을 뛰어넘어 보편성을 획득하는 힘이다. 작가는 상상력을 통해 인물과 사건을 창조하고, 독자는 상상력을 통해 작품을 수용하는 것이다.

4. 효용성으로서의 가치

문학의 효용성으로서의 가치는 작품과 독자가 상호간에 맺고 있는 관계에서 비롯한다. 이것은 문학이 갖고 있는 기능적 측면, 즉 문학은 독자에게 쾌락을 제공하는가, 교훈을 제공하는가? 독자는 어떤 인식 과정을 통해 작품을 수용하는가, 독자가 수용한 작품의 가치는 어떻게 사회화되는가를 다룬다.

일반적으로 문학의 효용성에 대해 회의를 갖고 있는 사람들이 많다. 문학이 우리에게 제공하는 것은 구체적 생산물이 아니기 때문에 문학이 인간의 생존 문제 즉, '먹고, 입고, 사는 것과 무슨 관계가 있는가' 하는 문제와는 무관하다고 생각하는 이들이 많기 때문이다. 그러나 우리는 역사를 통해 하나의 문학 작품이 인간의 역사를 바꿔 놓은 사건들을 찾아볼 수 있다.

미국의 남북 전쟁이 끝났을 때, 에이브러햄 링컨은 남북 전쟁에서 북군 승리의 영광을 〈톰 아저씨의 오두막집〉의 저자 스토 부인에게 돌렸다. 그 작품은 당시 미국에서의 흑인에 대한 인식을 '동물에서 인간'으로 전환시키는 데 결정적인 역할을 했기 때문이다. 이 작품으로 인해 북군이 주장하는 '노예 해방'은 하느님 앞에서 모든 인간이 평등하다는 절대적이고 보편적인 명분을 가질 수 있었고, 이런 명분이 군사적으로 열세였던 북군에게 강력한 정신적 힘을 갖게 했던 것이다. 이렇게 문학은 눈에 보이지는 않지만 역사까지도 바꿀 수 있는 효용성을 갖는 것이다.

이런 면에서 문학에 있어 교훈설이란 기존의 도덕률을 가르치고자 하는 것이 아니라 '진리' 그 자체를 인식하게 하는 것을 의미한다. 이것은 문학이 다양한 현실을 통해 보편적 진실을 반영하기 때문이다. 그리고 문학의 쾌락설은 본질적으로 '진리'를 인식했을 때 오는 기쁨을 말하는 것이다.

우리가 문학 작품에서 감동을 느끼게 되는 것은 바로 '진리'를 인식한 기쁨 때문이다. 나아가 그 감동의 강한 전파력이 그 사회 구성원과 공유됨으로써 문학의 윤리적 공감대가 형성되고 문학의 사회화·윤리화가 이루어지는 것이다.

탐구문제

(1) 아리스토텔레스와 플라톤의 모방에 대한 견해를 비교하여 보자.
(2) 문학을 통한 진리 인식의 가능성에 대해 알아보자.

2. 문학은 인간과 세계를 비추는 거울이다.
- 역사와 현실의 반영으로서의 문학

나병철(한국교원대 교수)

문학은 현실을 반영함으로써 역사나 사회학과 겹쳐지는 영역을 지닌다. 실제로 문학의 사회 역사적 진실성은 근대로 올수록 점점 더 증대되어 왔다. 근대 문학은 작품 그 자체를 역사와 사회학의 텍스트로 직접 사용할 수 있는 정도인 것이다. 가령 염상섭의 〈삼대〉는 식민지 시대의 사회 현실을 연구하는 사회학적 텍스트로 쓰일 수 있다. 마찬가지로 이기영의 〈고향〉은 1920 · 1930년대의 농촌을 이해하기 위한 역사적 텍스트로 사용해도 무방할 것이다.

그러나 문학이 역사나 사회학의 영역과 아주 일치되는 것은 아니다. 문학 작품이 그 두 학문의 텍스트와 구별되는 것은 무엇보다도 형상적 인식을 지닌다는 점일 것이다. 형상적 인식이란 구체적 삶의 형상화를 통해 보편적 인식에 이르게 되는 과정을 말한다. 문학은 역사나 사회학과는 달리 생생한 삶의 경험을 박진감 있게 그려 낸다.

사회학은 구체적 생활로부터 사회 현실을 이해하기 위한 보편적 인식을 끌어낸다. 사회학 역시 구체적 생활을 중시하지만 어디까지나 그것을 잘 알기 위한 보편적 인식에 초점이 맞춰진다. 그와 달리 역사는 개개의 역사적 사실을 매우 존중한다. 그러나 역사 역시 역사적 사실을 살아 있는 삶의 경험으로 그려 내는 것은 아니다.

반면 문학은 역사적 사실이나 사회학적 인식을 생생한 일상적 경험으로 풀어낸다. 문학에서는 일상적 경험에서처럼 사실과 인식뿐만 아니라 감정이나 심리, 의지 등이 중요시되는 것이다. 그와 함께 문학은 일상적 경험에서는 간과하기 쉬운 중요한 사실에 대한 인식을 포함한다.

따라서 문학은 일상적 경험과 사회 역사적 진리의 두 측면을 통합적으로 포함한다. 일상적 경험에서는 사회 역사적 진리를 즉시로 파악할 수는 없다. 역사와 사회학은 학문적으로 그 진리를 밝혀 내지만 그것을 구체적 생활로 경험하게 해주지는 않는다. 반면에 문학 작품은 일상 생활에서처럼 구체적 삶을 경험하면서 또한 사회 역사적 진리를 파악할 수 있게 해 준다.

그러한 문학의 역할을 우리는 흔히 현실을 반영한다는 말로 표현한다. 물론 역사나 사회학도 현실 반영의 일종이지만, 거울로 비추듯이 보여 준다는 말은 문학에 더 어울리는 것 같다. 문학은 현실의 삶, 즉 인간과 세계의 상호 작용을 생생하게 비춰 보여 준다.

그러나 문학이 인간과 세계를 거울처럼 보여 준다는 것은 생각처럼 그리 간단한 일이 아니다. 인간의 삶은 한계를 그을수 없을 만큼 시공간적으로 무한한 영역에서 전개된다. 시간적으로는 역사적 변화 과정을 통해 전개되며, 공간적으로는 사회적 총체성을 통해 펼쳐지는 것이다. 그런 사회 역사적 시공간 속에서 움직이는 인간의 삶을 담아 내는 데는 특별한 방식의 원리가 필요하게 된다. 인간의 사회 역사적 삶을 예술적 형상으로 그려 내는 그 원리를 우리는 미학이라고 부른다.

현실을 반영하는 미학적 원리는 인간의 삶을 구체적으로 형상화하는 동시에 그 속에 사회 역사적 진리의 인식도 포함시켜야 한다. 그런 미학적 원리 중의 하나로는 선택과 배열의 원리를 들 수 있다. 전망으로도 불리는 선택과 배열의 원리에 따라, 문학은 무한한 현실에서 본질적인 것을 선택한다. 여기서 본질적이라는 말은 어떤 대상을 파악하는 데 가장 핵심이 되는 요건을 포함한다는 뜻이다.

어떤 대상을 반영하든 그 사물을 올바로 인식시키기 위해서는 그것의 본질을 그려 내야 한다. 한 예로 사과나무를 그림으로 형상화한다고 생각해 보자. 사과나무를 정확하게 반영하기 위해서 세부 묘사에 집착하는 경우와 전체 모습을 빠짐없이 그려 넣는 경우가 있을 것이다. 물론 이 두 가지(세부 묘사와 전체 묘사)는 사과나무를 형상화하는 데 중요한 요건이 될 수 있다. 그러나 그보다 더 중요한 것은 사과나무의 본질을 선택해서 그것을 적절히 배열하는 것이다. 그림을 통해 이 점을 더 생각해 보자.

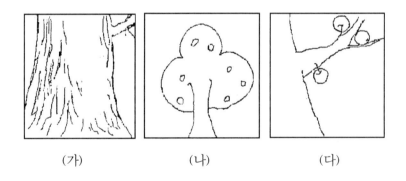

(가)	(나)	(다)

(가)는 세부 묘사에 집착한 경우이고 (나)는 전체를 빠짐없이 다 그린 것이다. 그러나 어느것도 한눈에 사과나무를 그린 것이라고 알아볼 수는 없다. 반면에 (다)는 세부에 매달리지도, 전체를 그리지도 않았지만 사과나무 그림임을 금방 알 수 있다. 이는 사과나무를 이루는 핵심적 요건인 나무와 사과와의 접합 상태를 그렸기 때문이다. 요컨대 이 그림은 사과나무의 본질을 선택해 그것을 적절히 배열하고 있다.

사과나무 대신 현실을 형상화하는 경우에도 이와 조금도 다름없을 것이다. 현실의 어느 한 부분을 그리거나 액면 그대로 현실의 전체를 모두 그리는 것보다 현실의 본질을 파악하는 방법이 중요한 것이다. 여기서 현실의 본질이란 사과나무의 본질과 마찬가지로 현실을 가장 올바르게 인식할 수 있는 몇 개의 요건들일 터이다.

물론 사회 현실은 사과나무보다 훨씬 더 복잡하고 포괄적이다. 사회 현실은 사과나무와는 달리 역사적 문맥을 지니며 주어진 역사적 시점에 따라 상황이 달라진다. 그리고 사과나무의 모습은 정태적인 반면, 사회 현실은 역동적으로 변화하는 모습으로 나타난다. 따라서 어느 역사적 시점에서의 현실의 본질은, 한편으로 그 시대 사회를 규정하면서 다른 한편으로는 그 사회의 발전 법칙을 포함하는 요건들인 것이다.

예를 들어, 식민지 시대 한국 사회의 본질은 자본주의 사회 구성체의 식민지 반봉건 사회로 설명될 수 있다. 그 사회의 본질을 이론으로 추상화해 내는 것이 바로 사회학(과학)의 주임무이다. 문학은 그와 달리 사회의 본질을 다양하고 구체적인 현상들을 그리는 가운데 드러내게 된다. 이처럼 사회의 본질적 연관 관계를 생활의 형상적 표면 구조를 통해 예술적으로 감싸는 것, 그것이 바로 현상과 본질의 변증법이다. 본질적 연관 관계는 생활의 표면적 현상들에 다양하고 풍부하게 매개되어 실제 경험적 현실의 표면 구조처럼 형상화되는 것이다. 예컨대 식민지 시대 농촌 현실의 본질인 지주-소작인의 관계는, 〈고향〉(이기영)에서처럼 농민들의 다양한 생활 현상들을 그리는 가운데 생생한 경험적 현실처럼 형상화된다.

현상과 본질의 변증법은 구체적인 개별성(현상)과 전체적인 보편성(본질)을 문학적 형상 속에 통합시키는 방법이다. 이처럼 개별성과 보편성을 통일시키는 방법은 전형성이라는 개념을 통해 설명되기도 한다. 엥겔스의 말처럼 문학(특히 리얼리즘 문학)은 세부 묘사의 진실 이외에도 전형적인 환경에서의 전형적인 인물을 모습을 그려야 한다. 리얼리즘 문학의 고전적인 명제인 이 말 속에는 현실의 진실한 반영에 관한 여러 가지 암시들이 포함되어 있다.

먼저 앞서 살폈듯이 세부 묘사의 진실성도 중요하지만 그 시대의 본질적 상황(환경)과 인물을 형상화해야 한다. 환경과 인물의 조건을 든 것은 어떤 세계의 환경 속에서 살아가는 인간(인물)의 모습, 즉 인물과 환경의 상화 작용이 인간의 삶의 요건이기 때문이다. 또한 전형적이라는 말은 그 시대 사회의 본질의 변증법에서처럼 전형성이라는 말에는 보편성(본질)과 개별성(현상)의 통일이라는 의미가 포함되어 있다.

예컨대 전형적 인물이란 어느 시대 사회의 본질(보편성)을 생생한 개성(개별성)을 통해 드러내는 인물을 말한다. 여기서 유의할 것은 전형성의 요건의 하나인 보편성이 단지 양적인 평균성을 의미하는 것이 아니라는 점이다. 가령 박태원의 〈천번 풍경〉에는 1930년대 도시에서 흔히 볼 수 있는 인물들이 등장한다. 이발소 소년 재봉이, 한약국집 창수, 만돌이네, 이쁜이네 등은 그런 의미에서 그 시대의 사회의 대표하는 인물들이라 할 수 있다. 그러나 그들은 도시의 세태를 정태적으로 드러낼 뿐 역동적으로 발전하는 모습으로 보여 주지 못한다. 따라서 그들은 사회의 본질을 드러내지 못하고 표면 현상을 반영할 뿐이다. 그 인물들이 양적인 평균성을 지님에도 불구하고 전형성을 얻지 못하는 것은 그 때문이다.

이에 반해 비록 양적으로는 소수일지라도 그 시대의 사회를 역동적으로(발전하는 모습으로) 그리는 기능을 하는 인물은 전형성을 지닌다. 예컨대 이기영의 〈고향〉에 등장하는 김희준은 자주 눈에 띄는 유형은 아니지만 그 시대 사회를 발전하는 모습으로 그리는 데 중요한 역할을 한다. 양적인 측면에서는 당대를 대표하지 못함에도 그가 뛰어난 전형성을 지니는 것은 이 때문이다.

전형성은 이처럼 질적인 보편성을 지녀야 할 뿐만 아니라 생생한 개성역시 갖추어야 한다. 예컨대 이기영의 〈홍수〉에는 당대 사회의 본질을꿰뚫어 볼 수 있는 박건성이라는 인물이 나온다. 그러나 박건성은 생생한개성을 지닌 인물로 형상화되지 못함으로써 추상적인 관념을 드러내는데 그치고 있다. 박건성처럼 생생한 개성을 상실한 인물은 그가 지닌 본질에 대한 인식마저 추상화시키게 된다. 그와 달리 〈고향〉의 김희준은 살아있는 개성을 갖고 행동하는 인물로 그려짐으로써 사회의 본질에 대한 인식을 구체화시키고 있다.

개별성(개성)과 보편성(사회의 본질)의 역동적 통일이라는 이 전형성의원리는 잘 형상화된 모든 리얼리즘 소설에 적용될 수 있다. 예컨대 〈삼대〉(염상섭)의 조덕기, 〈인간 문제〉(강경애)의 선비, 〈만무방〉(김유정)이응오, 〈오발탄〉(이범선)의 철호, 〈한씨 연대기〉(황석영)의 한영덕, 〈아홉켤레의 구두로 남은 사내〉(윤흥길)의 권씨, 〈쇳물처럼〉(정화진)의 천씨등은 모두 전형성을 지닌다. 즉, 이들은 당대 사회를 반영하는 중에 자신의 개성을 한껏 부각시키는 전형적 인물들이다.

이 예들에서처럼 전형적 인물은 매우 다양한 사상, 계급, 특성을 지닌것으로 나타난다. 그러나 크게 나누면 매우 뛰어난 인식력(그리고 실천력)을 지닌 인물과 중간 정도 되는 의식을 지닌 인물로 구분된다. 앞의예로는 〈고향〉의 김희준, 〈인간 문제〉의 선비, 〈쇳물처럼〉의 천씨 등을들 수 있다. 또한 위의 예로는 〈운수 좋은 날〉의 김 첨지, 〈삼대〉의 조덕기, 〈만무방〉의 응오 등이 있다. 전자는 사회주의 리얼리즘의 긍정적 주인공이며, 후자는 비판적 리얼리즘의 중도적 주인공이다. 한편 그 두 인물형 이외에 부정적 전형이 주인공으로 그려질 수도 있는데, 이는 주로 풍자소설에서 많이 나타난다.

긍정적 주인공은 〈고향〉의 김희준처럼 그 스스로가 사회의 본질을 통

찰함으로써 현실을 올바로 반영하는 기능을 한다. 그러나 앞서 논의했듯이 정확한 인식력을 지녔어도 그 인물이 예술적으로 생생하게 그려지지 못하면 현실의 반영 역시 미흡하게 된다. 물론 이 경우에는 전형성도 얻지 못한다.

긍정적 주인공과는 달리 중도적 주인공은 인물 스스로는 사회의 본질을 명확히 간파하지 못한다. 예컨대 현진건의 〈운수 좋은 날〉의 김 첨지는 감정적인 울분만 지닐 뿐 현실의 모순을 올바로 깨닫지 못하고 있다. 그러나 김 첨지는 주어진 환경에 진실하게 반응하는 가운데 자신을 불행에 빠뜨린 현실이 잘못되어 있음을 드러내게 된다. 따라서 그 자신은 사회 모순의 본질을 인식하지 못하지만 독자들은 정직한 그를 불행에 빠뜨린 현실의 부정성을 깨닫게 된다.

현실의 올바른 반영은 채만식의 〈태평천하〉에서처럼 부정적 전형을 통해서도 성취될 수 있다. 〈태평천하〉는 부정적 주인공 윤직원을 희화화해서 그림으로써 그의 부정성을 공격하는 방식으로 사회 발전의 전망을 암시한다. 즉 부정의 부정은 긍정이라는 논리에 의해, 풍자의 우회적 전략을 매개로 당대 사회 현실이 역동적으로(발전하는 모습으로) 반영된다.

이제까지 우리는 주로 소설을 통해 역사와 현실이 반영되는 양상을 살폈지만 사회 현실을 비추는 거울의 기능은 서정시에서도 수행될 수 있다. 소설의 경우 현실의 반영은 삶에 대한 객관적 인식을 제시하는 과정에서 이루어진다. 반면에 서정시에서는 현실의 삶에 대한 인간 주체의 정서나 심리, 가지 인식 등을 통해 현실 반영이 성취된다. 예컨대 이상화의 〈빼앗긴 들에도 봄은 오는가〉에는 이기영의 〈고향〉에서와는 달리 현실에 대한 구체적 인식 내용이 세세히 제시되지는 않는다. 그보다는 "지금은 남의 땅—빼앗긴 들에도 봄은 오는가"의 구절에서처럼, 현실의 삶이 주체의 내면에 비춰진 결과로서 주관적 정서, 심리, 자기 인식 등이 표현된다. 그러나 그 정서적 표현이야말로 어떤 인식 내용보다도 더 구체적으로 당대 사회를 반영한 것일 수 있다. 현실의 반영이란 기계적인 복제가 아니라 현실과 미적 주체와의 상호 반응의 과정 속에서 나타나는 것이기 때문이다. 역사와 현실의 반영은 객관적 삶의 내용으로 나타나기도 하지만 그것에 대한 주체적인 반응 내용으로도 형상화된다. 〈빼앗긴 들에도 봄은 오는가〉는 현실적 삶에 대한 주체의 정서적 반응을 예술적 거울로 비춰 냄으로써 식민지 시대의 역사와 현실을 진실한 목소리로 전달하고 있다.

탐구문제

(1) 문학의 현실 반영에 대해 알아보자.
(2) 인물의 전형성에 관해 알아보자.

3. 아동문학의 힘과 독서 권리

이향근(서울교대 교수)

'대단한 돼지'

세계적인 아동문학의 고전인『샬롯의 거미줄』(Charlotte's Web, E.B. White, 1952)에는 글을 읽고 쓸 줄 아는 거미 '샬롯'이 등장한다. 샬롯은 돼지 윌버를 구하기 위해 '대단한 돼지(some pig)'라는 글씨를 자신의 거미줄에 새긴다. 크리스마스 만찬의 고깃감이 될지도 모르는 돼지, 윌버를 구하기 위해 샬롯이 선택한 것은 글쓰기였다. 더욱 흥미를 끄는 것은 샬롯이 선택한 글귀이다. '돼지를 구해주세요!' 나 '불쌍한 돼지를 살려주세요!' 와 같이 윌버의 바람을 그대로 드러내는 문장이 아니다. '대단한 돼지'라는 간단한 한 마디-명료하지만 다양한 의미를 품고 있는 은유적인 말이었다.

샬롯이 선택한 말은 문학적이다. 영어로 'some(대단한)'과 'pig(돼지)'는 일상 대화에서 흔히 들을 수 있는 '기층언어'이다. 기층언어는 말을 배우기 시작하는 아이들의 언어로서 일상대화에서 흔히 쓰이는 어휘들을 말한다. 어떤 말이 흔하게 쓰인다는 뜻은 그 의미의 스펙트럼 역시 넓고 풍부하다는 것이다. 아동문학은 운문이든 산문이든 간에 기층언어를 주로 사용한다. 기층언어가 다양한 사람들에게 사용되면서 끊임없이 의미를 보태거나 옮겨가듯이 아동문학의 단순한 겉모습은 다양한 속뜻을 담고 독자에게 다가간다. 삶과 죽음의 아슬아슬한 갈림길에서 샬롯이 선택한 한 마디는 윌버의 목숨을 구한다. 이렇게 단순함 속에서 퍼져 나가는 깊이와 품격이 바로 아동문학의 힘이다.

어떤 작품을 읽혀야 할까?

아동문학작품의 매력을 알면서도 막상 어린이들에게 어떤 책을 읽혀야 하는지 물었을 때, 주저 없이 대답하는 교사는 많지 않다. 수많은 작품 중에서 우수작을 뽑아낼 수 있는 감식안은 교사의 몫이 아니라는 생각이 자리 잡고 있는 것 같다. 교사들은 아이들에게 읽힐 작품을 고를 때 주로 전문가의 의견을 듣고 싶어 한다. "이것은 작품성이 있나요?", "문학성이 있는 작품인가요?" "제가 뭘 어떻게 가르치는 것이 좋을까요?", "이 작품에 대한 서평이 아주 좋던데요?" 등등의 질문을 하면서, 작품을 선정하는 근거를 교사 밖에서 찾으려고 한다. 교사들 스스로 끊임없이 '교육'이라는 잣대로 자기 검열을 하는 것이다. 물론 모든 교과 학습이 학습목표 달성을 위해서 논리적이고 합리적인 설계가 필요하고 또한 중요하다. 그러나 아동문학작품을 지도할 때에는 이보다 앞서 교사가 읽고 감동을 받은 작품을 선정하는 일이 중요하다. 머리로 읽은 작품이 아니라 마음으로 읽은 작품을 아이들과 함께 읽을 때 풍부한 정서적 교감을 나눌 수 있다. 시험을 치르기 위해 읽었던 문학작품들에 대한 피로감은 머리로 작품을 읽었기 때문이 아닐까?

그 다음으로, 언어의 아름다움과 재미를 느낄 수 있는 작품을 골라야 한다. 문학이 가진 아름다운 언어는 우리가 모르는 곳에서 은밀하게 나오기 보다는 일상생활과 긴밀하게 연결되어 있다. 일상적인 언어이지만 새로운 감각을 일깨워주는 말이 문학의 언어이다. 현란하게 꾸며낸 말은 오히려 문학작품의 진정성을 떨어뜨린다. 어린이를 위한 문학작품을 선정할 때에는 평범한 언어로서 새로운 정서와 재미를 찾아 보여주거나 삶의 모습을 열어 보여주는 작품을 선정하는 것이 중요하다. 이문구의 「산너머 저쪽」은 평범한 언어로 쓰였지만, 미지의 세계에 대한 호기심을 호출하는 힘이 있다. 산 너머 저쪽에 실제로 별똥이 있거나 은하수가 모여서 생긴 바다가 있지는 않다. 그러나 이 시를 읽으면 산 너머 저쪽에 있을 것만 같은 별똥과 은하수에 대해 생각하게 된다. 보이지 않는 곳에 존재할 것 같은 신비한 존재들에 대한 상상력을 불러일으키는 것이다.

> 산너머 저쪽엔
> 별똥이 많겠지
> 밤마다 서너 개씩
> 떨어졌으니.
>
> 산너머 저쪽엔
> 바다가 있겠지
> 여름내 은하수가
> 흘러갔으니.
>
> -이문구 「산너머 저쪽」 전문-

　　마지막으로 학습자의 발달수준이나, 흥미에 맞는 작품을 선정해야 한다. 아이들은 인지적 · 정서적 · 신체적 발달단계에 따라 관심의 소재가 달라지면서 선호하는 작품의 경향도 함께 변한다. 초등학교 저학년 아이들은 동물이나 현실에 존재하지 않는 상상의 인물이 나오는 이야기를 선호한다. 또한 생활 주변에서 일어날 법한 이야기에 큰 관심을 보인다. 초등학교 중학년은 과학이나 발명 또는 취미 생활과 관련된 이야기를 좋아한다. 이후 초등학교 고학년이나 중 · 고등학생들은 모험담이나 미스테리에 집중하며, 역사동화와 같이 역사적 사건과 관련된 이야기를 선호한다. 이밖에도 여학생들은 남학생들에 비하여 가족이나 친구들 사이에서 일어나는 일상이야기에 흥미가 높으며 로맨틱한 소설을 좋아한다.

어떻게 함께 읽을까?

작품을 고르기 위해 고군분투한 교사의 어려움을 전혀 모른다는 듯이, 교실안의 아이들은 문학작품을 순순히 받아들이지 않는다. 어떻게 해야 할까? 교사들이 문학작품을 가르치기 위해서 반드시 해야 하는 말은 '책을 읽어라'이다. 책을 읽으라는 말을 들으면, 아이들은 금세 자세를 바로하고 눈에서 30Cm 정도 거리에 책을 곧추세울 것이다. 움직이지 않고 책에 몰입한 듯 보이기도 하고, 눈동자가 바쁘게 움직이는 아이들도 보인다. 하지만 정작 아이들이 책을 읽고 있는지를 판단하기는 쉽지 않다. '책을 읽는다'는 말은 '사랑해라' 혹은 '용기를 내라'와 같이 마음의 움직임을 수반하는 말이다. 아이들이 글자를 소리내어 읽었음에도 불구하고 글의 내용을 충분히 이해하거나 감동을 받지 못하는 것은 마음이 움직이지 않았기 때문이다. 독서는 전적으로 독자의 능동적인 행위에 따라 성패가 결정된다.

어른들은 책을 읽음으로써 얻을 수 이익만 생각하는 경우가 많다. 아이들이 글자를 읽기 시작하면 그들 스스로 획득할 수 있는 정보의 양은 기하급수적으로 늘어날 것이며, 사고력 역시 고차원적으로 조직될 것이라고 생각한다. 아이들이 초등학교에 입학하기 훨씬 전부터 한글 학습을 시작하는 부모들은 대부분 이런 기대를 가지고 있는 듯하다. 그러나 글자를 읽기 시작하면서 아이들은 진정한 독자의 모습에서 오히려 멀어진다. 아이들이 글을 읽지 못했을 때, 보이는 반응들은 우수한 독자의 전형이다. 잠자리에 들기 전에 엄마, 아빠가 읽어주는 이야기를 듣는 아이들의 행동은 좋은 예가 될 것이다. 같은 이야기를 반복적으로 들으면서도 지루해하지 않고, 재미있는 부분이 등장하기를 숨죽여 기다리고, 무서운 장면을 말하는 부분에서는 엄마에게 목소리를 더욱 무섭게 해 줄 것을 요청하기

도 한다. 등장인물의 모습이나 옷차림을 상상하면서 공주옷을 입고 싶어
하고, 용감한 왕자님처럼 갑자기 침대에서 일어나 소리를 지르며 방 안을
누비기도 한다. 하지만 아이가 글을 술술 읽기 시작하면 부모들은 더 이상
책을 읽어주려 하지 않는다. 그리고 부모나 교사 모두 얌전히 책상 위에
앉아서 책을 바라보고 있는 아이의 모습을 이상적인 독자의 행동으로 기
대한다. 아이들이 책을 읽으며 정글을 누비고 우주선을 타고, 때로는 괴물
을 만나 멋진 승부를 버리는 일은 머릿속의 현상으로 간주해 버린다. 얌전
히 읽는 아이들의 모습은 '책을 읽을 때 이렇게 하면 안돼'라는 요구의
결정체처럼 보인다. 아이들이 구속된 읽기 과제를 해결하며 머릿속으로
마음껏 정글을 누비기는 쉽지 않다. 머릿속의 상상은 심리적 해방감에서
비롯된다.

　화이트헤드에 의하면 교육은 3단계에 걸친 '리듬의 과정'이라고 한다.
학습자가 무엇인가를 배우는 과정은 흥미를 발견하고 무조건적으로 즐기
는 '낭만의 시기'를 거쳐 그와 관련된 지식을 포괄적으로 흡수하고 키워
가는 '정밀화의 단계'를 지나, 이론으로 성숙하게 되는 '종합의 단계'로 진
행된다는 것이다(Whitehead, 2009: 56~64). 화이트헤드가 제안한 '낭만의
시기'는 문학작품을 접하는 과정에서 반드시 확보되어야 한다. 어린이가
다양한 문학작품을 접하면서 자신의 취향을 가지는 일은 아동문학교육이
담당해야 할 '낭만성'이다. 충분하게 낭만의 시기를 거친 후에 문학작품을
즐겨 읽거나 거부하는 일, 선호하는 장르를 갖게 되는 일, 문학작품에 대
한 이론에 관심을 가지게 되는 일은 학습자가 선택할 수 있는 하나의 취향
이어야 한다. 그런 의미에서 다니엘 페나크가 말한 '독서의 권리'(Daniel
Pennac, 2004)는 매우 의미 있는 독서지도 접근방법이다. 어린이들에게
책을 읽지 않거나 건너 뛰며 읽고, 군데군데 골라 읽으며, 끝까지 읽지
않아도 되는 권리를 주어야 한다. 또한 좋아하는 책은 다시 읽어도 되고

독서 권리

1. 책을 읽지 않을 권리
2. 건너뛰며 읽을 권리
3. 끝까지 읽지 않을 권리
4. 다시 읽을 권리
5. 아무 책이나 읽을 권리
6. 보바리즘을 누릴 권리
7. 아무데서나 읽을 권리
8. 군데군데 골라 읽을 권리
9. 소리내서 읽을 권리
10. 읽고 나서 아무 말도 하지 않을 권리

아무책이나 읽으며 보바리즘을 누리며, 소리내서 읽거나 아무데서나 읽을 수도 있어야 한다. 또한 가장 중요한 것은 읽고 나서 아무 말도 하지 않을 권리를 반드시 주어야 한다. 학생들이 책읽기를 싫어하거나 거부하는 이유 중 하나는 독후 활동에 대한 부담감이 크기 때문이다.

문학작품을 즐겨 읽는 습관은 어린이의 능동적 실천을 전제로 한다. 어린이들이 능동적으로 문학작품과 만나는 길은 억압적인 실천이 아니라 해방감이 담보된 놀이어야 한다. 그 첫걸음은 어린이들의 독서권리를 찾아주는 것이다.[9]

탐구문제

(1) 문신의 책읽기 습관을 점검하여 보자.

(2) 성인 독자와 아동 독자의 차이점을 생각하여 보자.

(3) 아동 독자의 즐거운 독서 생활을 위해 교사가 할 수 있는 일을 탐구해 보자.

---

9) 이 글은 '서울교대학보 467호'에 수록된 내용을 수정·보완한 것임.

〈참고 문헌〉

Whitehead, A. N.(1929), The Aims of Education and Other Essays 유재덕 옮김 (2009), 『교육의 목적』, 소망.

이향근(2010), "이야기 읽어주기 방법을 활용한 질적 어휘력 향상 연구", 『독서연구』 제24호, 한국독서학회, pp.411-444.

Daniel Pennac, 이정임 옮김(2004), 『소설처럼』, 문학과지성사

Morrow,L.M.(2001), Literacy development in the Early Years(4th ed.). Boston: Allyn & Bacon.

Norton, Donna E. (1995), Thorough the Eyes of a Child (Fourth Edition), A Merrill & Prentice Hall: New Jersey.

1. 별 헤는 밤

윤동주

계절이 지나가는 하늘에는
가을로 가득차 있습니다.

나는 아무 걱정도 없이
가을 속의 별들을 다 헤일 듯합니다.

가슴 속에 하나 둘 새겨지는 별을
이제 다 못 헤는 것은
쉬이 아침이 오는 까닭이요,
내일 밤이 남은 까닭이요,
아직 나의 청춘이 다하지 않은 까닭입니다.

별 하나에 추억과
별 하나에 사랑과
별 하나에 쓸쓸함과
별 하나에 동경(憧憬)과
별 하나에 시와
별 하나에 어머니, 어머니,

어머님, 나는 별 하나에 아름다운 말 한마디씩 불러 봅니다. 소학교(小學校) 때 책상을 같이 했던 아이들의 이름과 패(佩), 경(鏡), 옥(玉) 이런 이국 소녀들의 이름과, 벌써 애기 어머니 된 계집애들의 이름과, 가난한 이웃사람들의 이름과, 비둘기 강아지, 토끼, 노새, 노루, 프랑시스 쨤, 라이너 마리아 릴케 이런 시인들의 이름을 불러 봅니다.

이네들은 너무나 멀리 있습니다.
별이 아슬히 멀 듯이,

어머님,
그리고 당신은 멀리 북간도(北間島)에 계십니다.

나는 무엇인지 그리워
이 많은 별빛이 내린 언덕 위에
내 이름자를 써 보고
흙으로 덮어 버리었습니다.

따는 밤을 새워 우는 벌레는
부끄러운 이름을 슬퍼하는 까닭입니다.

그러나 겨울이 지나고 나의 별에도 봄이 오면
무덤 위에 파란 잔디가 피어나듯이
내 이름자 묻힌 언덕 위에도
자랑처럼 풀이 무성할 게외다.

탐구문제

(1) '별'이 상징하는 바를 설명해 보자.

(2) 이 시와 윤동주의 시에 나타나는 공통된 정서를 알아보자.

2. 南新義州 柳洞 朴時逢方

백 석

어느 사이에 나는 아내도 없고, 또,

아내와 같이 살던 집도 없어지고,

그리고 살뜰한 부모며 동생들과도 멀리 떨어져서,

그 어느 바람 세인 쓸쓸한 거리 끝에 헤매이었다.

바로 날도 저물어서,

바람은 더욱 세게 불고, 추위는 점점 더해 오는데,

나는 어느 목수(木手)네 집 헌 삿을 깐,

한 방에 들어서 쥔을 붙이었다.

이리하여 나는 이 습내 나는 춥고, 누긋한 방에서,

낮이나 밤이나 나는 나 혼자도 너무 많은 것 같이 생각하며,

딜옹배기에 북덕불이라도 담겨 오면,

이것을 안고 손을 쬐며 재 위에 뜻 없이 글자를 쓰기도 하며,

또 문 밖에 나가지두 않고 자리에 누워서,

머리에 손깍지베개를 하고 굴기도 하면서,

나는 내 슬픔이며 어리석음이며를 소처럼 연하여 쌔김질하는 것이었다.

내 가슴이 꽉 메어 올 적이며,

내 눈에 뜨거운 것이 핑 괴일 적이며,

또 내 스스로 화끈 낯이 붉도록 부끄러울 적이며,

나는 내 슬픔과 어리석음에 눌리어 죽을 수밖에 없는 것을 느끼는 것이

었다.

그러나 잠시 뒤에 나는 고개를 들어,

허연 문창을 바라보든가 또 눈을 떠서 높은 천장을 바라보는 것인데,

이 때 나는 내 뜻이며 힘으로, 나를 이끌어 가는 것이 힘든 일인 것을 생각하고,

이것들보다 더 크고, 높은 것이 있어서, 나를 마음대로 굴려 가는 것을 생각하는 것인데,

이렇게 하여 여러 날이 지나는 동안에,

내 어지러운 마음에는 슬픔이며, 한탄이며, 가라앉을 것은 차츰 앙금이 되어 가라앉고,

외로운 생각만이 드는 때쯤 해서는,

더러 나줏손에 쌀랑쌀랑 싸락눈이 와서 문창을 치기도 하는 때도 있는데,

나는 이런 저녁에는 화로를 더욱 다가 끼며, 무릎을 꿇어보며,

어니 먼 산 뒷옆에 바우섶에 따로 외로이 서서,

어두어 오는데 하이야니 눈을 맞을, 그 마른 잎새에는,

쌀랑쌀랑 소리도 나며 눈을 맞을,

그 드물다는 굳고 정한 갈매나무라는 나무를 생각하는 것이었다.

탐구문제

(1) 이 시에 나타난 상황과 의미를 설명해 보자.

(2) 이 시는 서사적 특징(이야기)을 지닌다. 그 의미와 효과에 대해 설명해 보자.

3. 국화 옆에서

서정주

한 송이의 국화꽃을 피우기 위해
봄부터 소쩍새는
그렇게 울었나 보다

한 송이의 국화꽃을 피우기 위해
천둥은 먹구름 속에서
또 그렇게 울었나 보다.

그립고 아쉬움에 가슴 조이던
머언 먼 젊음의 뒤안길에서
인제는 돌아와 거울 앞에 선
내 누님같이 생긴 꽃이여.

노오란 네 꽃잎이 피려고
간밤엔 무서리가 저리 내리고
내게는 잠도 오지 않았나 보다.

탐구문제

(1) 전통적인 시가(詩歌)가 흔히 국화꽃은 지조 있는 선비에 비유한다. 그러나 이 시에서 국화꽃을 '누님'에 비유하고 있는 이유는 무엇인지 생각해 보자.

(2) 1,2,4연을 차례대로 읽고 3연을 마지막에 읽어 보자. 3연을 나중에 읽을 때 어떤 점이 달리 느껴지는지 말하여 보자.

(3) 이 시에 기술된 국화꽃이 피는 과정은 비과학적이다. 그러나 그것이 '문학적 진실'이 될 수 있는 이유를 생각해 보자.

4. 행복

유치환

　－사랑하는 것은
사랑을 받느니보다 행복하나니라
오늘도 나는
에메랄드빛 하늘이 환히 내다뵈는
우체국 창문 앞에 와서 너에게 편지를 쓴다

행길을 향한 문으로 숱한 사람들이
제각기 한 가지씩 생각에 족한 얼굴로 와선
총총히 우표를 사고 전보지를 받고
먼 고향으로 또는 그리운 사람께로
슬프고 즐겁고 다정한 사연들을 보내나니

세상의 고달픈 바람결에 시달리고 나부끼어
더욱 더 의지삼고 피어 헝클어진 인정의 꽃밭에서
너와 나의 애틋한 연분도
한 망울 연연한 진홍빛 양귀비인지도 모른다.

　－사랑하는 것은
사랑을 받느니보다 행복하나니라

오늘도 나는 너에게 편지를 쓰나니
―그리운 이여 그러면 안녕
설령 이것이 이 세상 마지막 인사가 될지라도
사랑하였으므로 나는 진정 행복하였네라

탐구문제

(1) 이 시를 통해 화자가 말하고자 하는 '행복'의 의미를 알아보자.
(2) 이 시가 유치환의 다른 시와 어떻게 다른지 설명해 보자.

5. 꽃

김춘수

내가 그의 이름을 불러주기 전에는
그는 다만
하나의 몸짓에 지나지 않았다.

내가 그의 이름을 불러 주었을 때
그는 나에게로 와서
꽃이 되었다.

내가 그의 이름을 불러 준 것처럼
나의 이 빛깔과 향기에 알맞는
누가 나의 이름을 불러 다오.
그에게로 가서 나도
그의 꽃이 되고 싶다.

우리들은 모두
무엇이 되고 싶다.
너는 나에게 나는 너에게
잊혀지지 않는 하나의 의미가 되고 싶다.

탐구문제

(1) 이 시에서 '꽃'이 상징하는 의미를 설명해 보자.

(2) 이 시를 통해 현대인의 '소통'에 어떤 문제가 있는지 설명해 보자.

6. 낙화

이형기

가야 할 때가 언제인가를
분명히 알고 가는 이의
뒷모습은 얼마나 아름다운가.

봄 한철
격정을 인내한
나의 사랑은 지고 있다.

분분한 낙화……
결별이 이룩하는 축복에 싸여
지금은 가야 할 때,

무성한 녹음과 그리고
머지않아 열매 맺는
가을을 향하여

나의 청춘은 꽃답게 죽는다.

헤어지자
섬세한 손길을 흔들며
하롱하롱 꽃잎이 지는 어느 날.

나의 사랑, 나의 결별,
샘터에 물 고이듯 성숙하는
내 영혼의 슬픈 눈.

탐구문제

(1) '낙화'가 상징하는 의미를 말해 보자.
(2) 어떤 경우에 이별이 아름다울 수 있는지 설명해 보자.

7. 즐거운 편지

황동규

1

내 그대를 생각함은 항상 그대가 앉아있는 배경에서 해가 지고 바람이 부는 일처럼 사소한 일일 것이나 언젠가 그대가 한없이 괴로움속을 헤매일때에 오랫동안 전해오던 그 사소함으로 그대를 불러 보리라

2

진실로 진실로 내가 그대를 사랑하는 까닭은 내 나의 사랑을 한없이 잇닿은 그 기다림으로 바꾸어 버린 데 있었다. 밤이 들면서 골짜기엔 눈이 퍼붓기 시작했다. 내 사랑도 어디 쯤에선 반드시 그칠 것을 믿는다. 다만 그때 내 기다림의 자세(姿勢)를 생각하는 것 뿐이다. 그 동안에 눈이 그치고 꽃이 피어나고 낙엽이 떨어지고 또 눈이 퍼붓고 할 것을 믿는다.

탐구문제

(1) 연애편지가 즐거운 이유에 대해 설명해 보자.

(2) 이 시에서 말하는 '즐거움'이란 무엇인지 알아보고, 일상생활에서의 즐거움과 비교해보자.

8. 목계장터

신경림

하늘은 날더러 구름이 되라 하고
땅은 날더러 바람이 되라 하네
청룡 흑룡 흩어져 비 개인 나루
잡초나 일깨우는 잔바람이 되라네
뱃길이라 서울 사흘 목계 나루에
아흐레 나흘 찾아 박가분 파는
가을볕도 서러운 방물장수 되라네
산은 날더러 들꽃이 되라 하고
강은 날더러 잔돌이 되라 하네.
산서리 맵차거든 풀속에 얼굴 묻고
물여울 모질거든 바위 뒤에 붙으라네
민물새우 끓어넘는 토방 툇마루
석삼년에 한 이레쯤 천치로 변해
짐 부리고 앉아 쉬는 떠돌이가 되라네
하늘은 날더러 바람이 되라 하고
산은 날더러 잔돌이 되라 하네

탐구문제

(1) 이 시에서 말하는 '장터'의 의미를 설명해 보자.

(2) 이 시를 신경림의 '농무'와 비교하여 공통점을 찾아보자.

9. 영산포

나해철

배가 들어
멸치젓 향내에
읍내의 바람이 달디달 때
누님은 영산포를 떠나며
울었다.

가난은 강물 곁에 누워
늘 같이 흐르고
개나리꽃처럼 여윈 누님과 나는
청무우를 먹으며
강둑에 잡풀로 넘어지곤 했지.

빈손의 설움 속에
어머니는 묻히시고
열여섯 나이로
토종개처럼 열심이던 누님은
호남선을 오르며 울었다.

강물이 되는 숨죽인 슬픔
강으로 오는 눈물의 소금기는 쌓여
강심(江深)을 높이고
황시리젓배는 곧 들지 않았다.

포구가 막히고부터
누님은 입술과 살을 팔았을까
천한 몸의 아픔, 그 부끄럽지 않은 죄가
그리운 고향, 꿈의 하행선을 막았을까
누님은 오지 않았다
잔칫날도 큰집의 제삿날도
누님 이야기를 꺼내는 사람은 없었다.

들은 비워지고
강은 바람으로 들어찰 때
갈꽃이 쓰러진 젖은 창의
얼굴이었지
십년 세월에 살며시 아버님을 뵙고
오래도록 소리 죽일 때
누님은 그냥 강물로 흐르는 것
같았지.

버려진 선창을 바라보며
누님은
남자와 살다가 그만 멀어졌다고
말했지.

갈꽃이 쓰러진 얼굴로
영산강을 걷다가 누님은
어둠에 그냥 강물이 되었지
강물이 되어 호남선을 오르며
파도처럼 산불처럼
흐느끼며 울었지.

탐구문제

(1) 이 시의 공간인 '영산포'에 대해 알아보자.

(2) 이 시의 화자가 '누이'를 등장시킴으로 얻을 수 있는 시의 효과에 대해
설명해 보자.

10. 슬픔으로 가는 길

정호승

내 진실로 슬픔을 사랑하는 사람으로
슬픔으로 가는 저녁 들길에 섰다.
낯선 새 한 마리 길 끝으로 사라지고
길가에 핀 풀꽃들이 바람에 흔들리는데
내 진실로 슬픔을 어루만지는 사람으로
지는 저녁해를 바라보며
슬픔으로 걸어가는 들길을 걸었다.
기다려도 오지않는 사람을 기다리는 사람 하나
슬픔을 앞세우고 내 앞을 지나가고
어디선가 갈나무 지는 잎새하나
슬픔을 버리고 나를 따른다.
내 진실로 슬픔으로 가는 길을 걷는 사람으로
끝없이 걸어가다 뒤돌아보면
인생을 내려놓고 사람들이 저녁놀에 파묻히고
세상에서 가장 아름다운 사람 하나 만나기 위해
나는 다시 슬픔으로 가는 저녁 들길에 섰다.

탐구문제

(1) '슬픔'을 사랑하는 화자의 견해에 대해 설명해 보자.

(2) '슬픔'을 '기쁨'으로 전환시키는 행을 찾아보자.

11. 희망을 위하여

곽재구

너를 사랑한다고 말할 수 있다면
굳게 껴안은 두 팔을 놓지 않으리
너를 향하는 뜨거운 마음이
두터운 네 등 위에 내려앉는
겨울날의 송이눈처럼 너를 포근하게
감싸 껴안을 수 있다면
너를 생각하는 마음이 더욱 깊어져
네 곁에 누울 수 없는 내 마음조차 더욱
편안하여 어머니의 무릎잠처럼
고요하게 나를 누일 수 있다면
그러나 결코 잠들지 않으리
두 눈을 뜨고 어둠 속을 질러오는
한세상의 슬픔을 보리
네게로 가는 마음의 길이 굽어져
오늘은 그 끝이 보이지 않더라도
네게로 가는 불빛 잃은 발걸음들이
어두워진 들판을 이리의 목소리로 울부짖을지라도
너를 사랑한다고 말할 수 있다면
굳게 껴안은 두 손을 풀지 않으리.

탐구문제

(1) 이 시에서 '희망'이 의미하는 바를 설명해 보자.

(2) 삶이 '희망'일 수 있는 이유에 대해 설명해 보자.

12. 산이 날 에워싸고

-남령(南嶺)에게

박목월

산이 날 에워싸고
씨나 뿌리며 살아라 한다.
밭이나 갈며 살아라 한다.

어느 짧은 산자락에 집을 모아
아들 낳고 딸을 낳고
흙담 안팎에 호박 심고
들찔레처럼 살아라 한다.
쑥대밭처럼 살아라 한다.

산이 날 에워싸고
그믐달처럼 사위어지는 목숨
그믐달처럼 살아라 한다.
그믐달처럼 살아라 한다.

탐구문제

(1) 이 시의 화자가 소망하는 삶에 대하여 이야기하여 보자.

(2) 자신이 소망하는 삶의 모습을 생각해 보자.

(3) 신경림의 '목계장터'를 찾아 읽고 이 시와의 상호텍스트성을 생각해 보자.

13. 바다

오장환

눈물은
바닷물처럼
짜구나.

바다는
누가 울은
눈물인가.

탐구문제

(1) 눈물과 바닷물의 유사점은 무엇인가?
(2) 의미 있는 사물의 특성을 다른 사물과의 유사성을 통해 묘사해 보자.

14. 왜가리

박경종

왜가리야!

왝!

어디가니?

왝!

엄마찾니?

왝!

아빠찾니?

왝!

왜 말은 않고 대답만 하니?

왝!

....

왝!

탐구문제

(1) '왜가리'의 울음소리를 들어본 적이 있는가? 시를 통해서 왜가리의 울음
    소리가 어떠할 지 상상해 보자.

(2) 주변의 소리에 귀 기울여 보고 소리에서 연상되는 생각이나 느낌을 이야
    기 해 보자.

(3) 타인과 소통이 쉽지 않은 이유를 생각해 보자.

1. 양반전

박지원

    양반이란 사족(士族)을 높이는 말이다. 정선군(旌善郡)에 한 양반이 있었는데, 성품이 어질고 글 읽기를 좋아하였고, 군수가 새로 부임할 때마다, 반드시 그들은 이 양반의 집을 찾아가 인사하는 것이 하나의 예의로 되어 있었으나 그는 원체 집이 가난해서 해마다 관가의 환자(還子)[1]를 타 먹었는데, 여러 해가 되고 보니 어느덧 관곡을 조사하다가 이 고을에 와서 축난 것을 보고, 크게 골을 내며,

    "어떤 놈의 양반이 이렇게 했단 말이뇨?"

하고, 그(兩班)를 잡아 가두라고 하매, 군수는 그 양반이 워낙 가난해서 관곡을 갚을 방도가 없음을 불쌍히 여겨 차마 가둘 수는 없고, 그렇다고 해서 무슨 딴 방도가 있는 것도 아니고 해서 퍽 곤란한 처지더라. 양반은 밤낮으로 울기만 하면서 어찌할 바를 몰라 하매, 그 아내는,

    "평생 당신은 글 읽기만 좋아하고 관곡 갚을 방도조차 없으니, 참 불쌍도 하오. 양반 양반만 찾더니 결국 한푼 어치도 못되는구려."

하며 쏘아부치니. 마침 그 마을에 있는 천부(賤富)[2] 한 사람이 집안끼리 상의하기를,

---

1) 조선시대 때 관가에서 춘궁기에 곡식을 꾸어주고 가을 추수 때 받는 구휼 제도(환곡)
2) 천민으로서 부자, 천한 부자

"양반이란 비록 가난해도 항상 존경을 받는데, 우리는 비록 부자라 하지만 늘 천대만 받고, 말 한번 타지도 못할 뿐더러 양반만 보면 굽실거리고, 뜰 아래서 엎드려 절하고, 코가 땅에 닿게 무릎으로 기어다니니, 이런 모욕이 어디 있단 말이오. 마침 양반이 가난해서 관곡을 갚을 도리가 없어서 형편이 난처하게 되어, 양반이란 신분마저 간직할 수가 없게 된 모양이니, 이것을 우리가 사서 가지도록 합시다 그려."

하고는 양반의 집을 찾아가 관곡을 갚아 주겠다고 청하더라. 그 양반은 크게 기뻐하며 이를 허락하매, 천부는 관곡을 대신 갚아 주었고, 군수는 그 양반을 위로할 겸 또한 관곡을 대신 갚은 내력을 들을 겸해서 그를 찾아가니, 그 양반은 벙거지를 쓰고 짧은 옷을 입고 뜰 아래 엎드려서 절을 하고 소인이라고 하면서, 감히 우러러보지도 못하더라. 군수는 뛰어내려가 붙들고,

"아니, 왜 이렇게 못난 짓을 하시오."

하고 물었으나 양반은 더욱 두려워하며 머리를 수그리고 엎드려서,

"황송하외다. 실은 소인이 감히 스스로 못난 짓을 하는 것이 아니오라, 양반을 팔아서 관곡을 갚은 것이므로 마을에 사는 천부가 양반이 되었사옵니다. 소인이 어찌 감히 양반인 체하고 자신을 높일 수가 있겠읍니까."

하매, 군수는 이 말을 듣고 탄식하며 말하기를,

"그 천부야말로 군자며 양반이로군. 부자면서도 인색하지 않으니 의(義)가 있고, 사람의 어려움을 급하게 여겨 구하였으니 이것은 어진 것이오, 낮은 것을 미워하고 높은 것을 사모하니 슬기로운 일이며, 이는 참으로 양반이외다. 비록 그렇지만 개인끼리 사고 팔고 했을 뿐 증서를 만들어 주지 않으면 이 다음에 소송거리가 되기 쉬운 고로 나와 당신이 고을 사람을 모아놓고 증서를 만들어서, 군수인 나도 거기다 도장을 찍으리다."

군수는 바로 돌아가 고을 안에 사는 모든 사족(士族)과 농사꾼, 공장이, 장사치에 이르기까지 모두 불러오게 하더라. 그 천부는 향소(鄕所)³⁾의 바

른편에 앉히고, 그 양반은 아전이 있는 뜰 아래에 서게 하고, 양반 매매서를 만들더라.

건륭(乾隆) 십년 구월 모일에 증서를 만드노니, 천석의 관곡을 갚기 위하여 양반을 판다, 원래 양반이란 여러 가지가 있는데, 글만 읽는 이를 선비라고 하며, 정치에 관여하게 되면 대부가 되고, 덕이 있으면 군자가 되고, 무관은 서쪽 반에 서고, 문관은 동쪽 반에 서는 까닭에, 이를 양반이라고 하는데, 이중에서 마음대로 고르되, 나쁜 일은 절대로 버려야 하고 옛일을 본받아야만 한다. 새벽 네시만 되면 일어나서 촛불을 켜고, 눈은 콧날 끝을 슬며시 내려다보고, 무릎을 꿇고, 동래박의(東來博議)4)를 마치 얼음 위에 표주박 굴리듯이 내려 외어야만 하니, 배 고파도 참고, 추위에도 견디어, 가난함을 입 밖에 내지 말아야 하며, 이빨을 딱딱 부딪치며, 뒤통수를 자근자근 두드리고 기침을 적게 하고, 입맛을 다시고 앉아서, 관은 꼭 소맷자락으로 쓸어서 반듯이 쓰고, 양치질은 지나침이 없어야 하고. 종을 부를 때에는 긴 목소리로 부르고, 걸음을 걸을 때에는 천천히 걷는 법이라, 고문진보(古文眞寶)5)나 당시품휘(唐詩品彙) 같은 책은 깨알처럼 잘게 베껴서 한 줄에 백자씩 되어야하고, 아무리 더워도 버선을 벗지 말며, 밥을 먹을 때에도 의관 없는 맨머리로 하지 말아야하며, 먹는데 있어서도 국물을 먼저 떠먹지 말고, 물을 마시는데도 넘어가는 소리가 나지 않도록 하며, 수저 놀리는 데도 소리내지 말며, 생파를 먹지 말아야 하며, 술을 마실 때에는 수염을 적시지 말며, 담배를 피우는데도 불이 이지러지도록 연기를 들이마시지 말아야 하며, 속상하는 일이 있어도 아내를 때리지 말아야 하며, 골이 나도 그릇을 깨지 말며, 주먹으로 아이들을 때리지 말아야 하며, 병(病)이 나도 무당을 부르지 말며, 제사 때에도 중을

---

3) 지방에 있었던 향청의 좌수·별감
4) 송나라 여조겸이 지은 책으로 정치의 도리를 논술한 책
5) 전국시대부터 송나라 때까지 시문을 모아 놓은 것으로 송나라 황견이 편저함

불러다 제 올리지 말아야 하며, 화로에 손을 쬐지 말고, 말할 때에 침이
튀지 않게 하며, 소를 잡지 말고, 돈 놀음도 하지 않는 법이라, 무릇 이와
같은 여러 가지 행실이 양반과 틀림이 있을 때에는, 이 증서를 가지고 관
가에 가서 재판을 할지어다.

이렇게 증서에다 글을 쓴 다음, 성주(城主)인 정선군수가 이름을 쓰고,
좌수(座首)와 별감(別監)도 증인으로 서명을 하더라. 통인(通引)을 시켜
도장을 찍는데 그 소리는 엄고(嚴鼓)6)치는 소리와 같고 그 모양은 별들이
벌려 있는 것같이 빛났고, 호장(戶長)이 다 읽자, 부자는 한참동안 슬픈
표정으로 있다가 말하기를,

"양반이 오직 이것뿐이란 말이오. 내가 알기에는, 양반은 신선과 같다고
하여 많은 곡식을 주고 산 것인데, 너무도 억울하오이다. 더 좀 이롭게
고쳐 주시기 바라옵니다."

그래서 다시 증서를 고쳐 쓰기로 하더라.

하늘이 백성을 냄에 있어 그 백성의 종류는 네 가지가 있는데, 네 가지
중에서 가장 귀한 자는 선비이며, 이를 양반이라고 하여 모든 점에 이로운
것이 많고, 농사나 장사를 하니 않아도 살수가 있고, 조금만 공부하면 크
게는 문과(文科)에 오르고 적으면 진사(進士)는 할 수 있으며, 문과의 홍
패(紅牌)7)라는 것은 두자 밖에 안 되지만 무엇이든 할 수 있어 돈자루라
고 할 수 있으며, 진사는 나이 삼십에 첫 벼슬을 해도 이름이 나고, 다른
훌륭한 벼슬을 또 할 수 있고, 귀는 일산(日傘) 밑바람으로 하여 희어지고,
배는 종놈의 대답소리에 저절로 불러지나니, 방에는 노리개로 기생이나
두고, 마당에는 학(鶴)을 먹이고, 궁한 선비가 되어서 시골에 가 살아도
자기 뜻대로 할 수 있으니, 이웃 집 소가 있으면 내 논밭을 먼저 갈게 하고,
마을 사람들을 불러 내 밭 김을 먼저 매게 하는데, 어느 놈이던지 감히

6) 임금이 정전에 나갈 때나 거동할 때 치는 위엄있는 큰 북
7) 문과의 희시에 급제한 사람에게 내어주는 일종의 증서로 붉은 종이에 썼음

말을 잘 듣지 않으면 코로 잿물을 먹이고, 상투를 붙들어 매고, 수염을 자르는 등 가진 형벌을 해도 감히 원망을 할 수 없는 것이다.

부자는 이러한 내용을 듣다가 질겁을 하고,

"아이구 맹랑하옵니다 그려. 나를 도적놈으로 만들 심판이란 말이오."

하면서 머리를 설레설레 젓고는, 한평생 다시는 양반이란 말을 입 밖에 내지 아니하더라.

탐구문제

(1) '양반전'의 시대적 배경에 대해 알아보자.

(2) 이 작품에서 저자인 박지원이 비판하고자 한 양반의 문제를 설명해 보자.

(3) 현재 우리 사회에는 지도층의 특권이 문제되고 있다. 지도층이 특권을 누리기에 앞서 먼저 지켜야 할 의무(nobless oblige)에 대해 생각해보자.

2. 땡볕

김유정

우람스레 생긴 덕순이는 바른팔로 왼편 소맷자락을 끌어다 콧등의 땀방울을 훑고는 통안 네거리에 와 다리를 딱 멈추었다. 더위에 익어 얼굴이 벌거니 사방을 둘러본다. 중복 허리의 뜨거운 땡볕이라 길 가는 사람은 저편 처마 밑으로만 배앵뱅 돌고 있다. 지면은 번들번들히 달아 자동차가 지날 적마다 숨이 탁 막힐 만치 무더운 먼지를 풍겨 놓는 것이다.

덕순이는 아무리 참아 보아도 자기가 길을 물어 좋을 만치 그렇게 여유 있는 얼굴이 보이지 않음을 알자, 소맷자락으로 또 한 번 땀을 훑어본다. 그리고 거북한 표정으로 벙벙히 섰다. 때마침 옆으로 지나는 어린 깍쟁이에게 공손히 손짓을 한다.

"애! 대학병원을 어디루 가니?"

"이리루 곧장 가세요!"

덕순이는 어린 깍쟁이가 턱으로 가리킨 대로 그 길을 북으로 접어들며 다시 내걷기 시작한다. 내딛는 한 발짝마다 무거운 지게는 어깨에 배기고 등줄기에서 쏟아져 내리는 진땀에 궁둥이는 쓰라릴 만치 물렀다. 속 타는 불김을 입으로 불어 가며 허덕지덕 올라오다 엄지손가락으로 코를 힝 풀어 그 옆 전봇대 허리에 쓱 문댈 때에는 그는 어지간히 가슴이 답답하였다. 당장 지게를 벗어던지고 푸른 그늘에 가 나자빠지

고 싶은 생각이 굴뚝 같으련만 그걸 못 하니 짜증이 안 날 수 없다. 골피를 찌푸리어 데퉁스레,

"빌어먹을 거! 왜 이리 무거!"

하고 내뱉으려 하였으나, 그러나 지게 위에서 무색하여질 아내를 생각하고 꾹 참아 버린다. 제 속으로만 끙끙거리다 겨우,

"에이 더웁다!"

하고 자탄이 나올 적에는 더는 갈 수가 없었다.

덕순이는 길가 버들 밑에다 지게를 벗어 놓고는 두 손으로 적삼 등을 흔들어 땀을 들인다. 바람기 한 점 없는 거리는 그대로 타붙었고, 그 위의 모래만 이글이글 달아 간다. 하늘을 쳐다보았으나 좀체로 비맛은 못 볼 듯싶어 바상바상한 입맛을 다시고 섰을 때 별안간 댕댕 소리와 함께 발등에 물을 뿌리고 물차가 지나가니 그는 비로소 산 듯이 정신기가 반짝 난다. 적삼 호주머니에 손을 넣어 곰방대를 꺼내 물고 담배 한 대 붙이려 하였으나 훌쭉한 쌈지에는 어제부터 담배 한 알 없었던 것을 다시 깨닫고 역정스레 도로 집어넣는다.

"꽁무니가 배기지 않어?"

덕순이는 이렇게 아내를 돌아본다.

"괜찮아요!"

하고 거진 죽어 가는 상으로 글썽글썽 눈물이 괸 아내가 딱하였다. 두 달 동안이나 햇빛 못 본 얼굴은 누렇게 시들었고, 병약한 몸으로 지게 위에 앉아 까댁이는 양이 금시라도 꺼질 듯싶은 그 아내였다.

덕순이는 아내를 이윽히 노려본다.

"아 울긴 왜 우는 거야?"

하고 눈을 부라렸으나,

"병원에 가면 째대겠지요."

"째긴 아무 거나 덮어놓고 째나? 연구한다니까."

하고 되도록 아내를 안심시킨다. 그러나 덕순이 생각에는 째든 말든 그건 차차 해놓고 우선 먹어야 산다고,

"왜 기영이 할아버지의 말씀 못 들었어?"

"병원서 월급을 주구 고쳐 준다는 게 정말인가요?"

"그럼 노인이 설마 거짓말을 헐라구. 그래 시방두 대학병원의 이등 박산가 뭐가 열네 살 된 조선 아이가 어른보다도 더 부대한 걸 보구 하두 이상한 병이라고 붙잡아 들여서 한 달에 십 원씩 월급을 주고, 그뿐인가 먹이구 입히구 이래 가며 지금 연구하고 있대지 않어?"

"그럼 나도 허구헌 날 늘 병원에만 있게 되겠구려."

"인제 가봐야 알지, 어떻게 될는지."

이렇게 시원스레 받기는 받았으나 덕순이 자신 역시 기영 할아버지의 말을 꼭 믿어서 좋을지가 의문이었다. 시골서 올라온 지 얼마 안 되는 그로서는 서울 일이라 혹 알 수 없을 듯싶어 무료 진찰권을 내 온 데 더 되지 않았다. 그렇다 하더라도 병이 괴상하면 할수록 혹은 고치기가 어려우면 어려울수록 월급이 많다는 것인데 영문 모를 아내의 이 병은 얼마짜리나 되겠는가고 속으로 무척 궁금하였다. 아이가 십 원이라니 이건 한 십오 원쯤 주겠는가, 그렇다면 병 고치니 좋고, 먹으니 좋고, 두루두루 팔자를 고치리라고 속안으로 육조배판을 늘이고 섰을 때,

"여보십쇼! 이 채미 하나 잡숴 보십쇼."

하고 조만치서 참외를 벌여놓고 앉았는 아이가 시선을 끌어간다. 길쯤 길쯤하고 싱싱한 놈들이 과연 뜨거운 복중에 하나 벗겨 들고 으썩 깨물어 봄직한 참외였다. 덕순이는 참외를 이놈 저놈 멀거니 물색하여 보다 쌈지에 든 잔돈 사 전을 얼른 생각은 하였으나 다음 순간에 그건 안 될 말이라고 꺽진 마음으로 시선을 걷어 온다. 사 전에 일 전만 더 보태면 희연

한 봉이 되리라고 어제부터 잔뜩 꼽여 쥐고 오던 그 사 전, 이걸 참외 값으로 녹여서는 사람이 아니다.

"지게를 꼭 붙들어!"

덕순이는 지게를 지고 다시 일어나며 그 십오 원을 생각했던 것이니 그로서는 너무도 벅찬 희망의 보행이었다.

덕순이는 간호부가 지도하여 주는 대로 산부인과 문 밖에서 제 차례가 돌아오기를 기다리고 있었다.

아내는 남편이 업어다 놓은 대로 걸상에 가 번듯이 늘어져 괴로운 숨을 견디지 못한다. 요량 없이 부어오른 아랫배를 한 손으로 치마째 걷어 안고는 매 호흡마다 간댕거리는 야윈 고개로 가쁜 숨을 돌리고 있는 것이다. 게다가 수술실에서 들것으로 담아내는 환자와 피고름이 섞인 쓰레기통을 보는 것은 그로 하여금 해쓱한 얼굴로 이를 떨도록 하기에는 너무도 충분한 풍경이었다.

"너무 그렇게 겁내지 말아, 그래두 다 죽을 사람이 병원엘 와야 살아 나가는 거야……."

덕순이는 아내를 위안하기 위하여 이런 소리도 하는 것이나, 기실 아내 못지않게 저로도 조바심이 적지 않았다. 아내의 이 병이 무슨 병일까, 짜 장 기이한 병이라서 월급을 타먹고 있게 될 것인가, 또는 아내의 병을 씻은 듯이 고쳐 줄 수 있겠는가, 겸삼수삼 모두가 궁거웠다.

이생각 저생각으로 덕순이는 아내의 상체를 떠받쳐 주고 있다가 우연 히도 맞은편 타구 옆댕이에 가 떨어져 있는 궐련 꽁댕이에 한눈이 팔린다. 그는 사방을 잠깐 살펴보고 휭허케 가서 집어다가는 곰방대에 피워 물며 제 차례를 기다렸으나 좀체로 불러 주질 않는 것이다.

이렇게 하여 그들은 허무히도 두 시간을 보냈다.

한점을 십사 분 가량 지났을 때 간호부가 다시 나와 덕순이 아내의 성명을 외는 것이다.

"네, 여있습니다!"

덕순이는 허둥지둥 아내를 들춰업고 진찰실로 들어갔다.

간호부 둘이 달려들어 우선 옷을 벗기고 주무를 제 아내는 놀란 토끼와 같이 조그맣게 되어 떨고 있었다. 코를 찌르는 무더운 약내에 소름이 끼치기도 하려니와 한쪽에 번쩍번쩍 늘여 놓은 기계가 더욱이 마음을 조이게 하는 것이다. 아내가 너무 병신스레 떨므로 옆에 섰는 덕순이까지도 겸연쩍지 않을 수 없었다. 아내의 한 팔을 꼭 붙들어 주고, 집에서 꾸짖듯이 눈을 부릅떠,

"뭬가 무섭다구 이래?"

하고는 유리판에서 기계 부딪는 젤그럭 소리에 등줄기가 다 섬뜩할 제,

"은제부터 배가 이래요?"

간호부가 뚱뚱한 의사의 말을 통변한다.

"자세히는 몰라두……."

덕순이는 이렇게 머리를 긁고는 아마 이토록 부르기는 지난 겨울부턴가 봐요, 처음에는 이게 애가 아닌가 했던 것이 그렇지도 않구요, 애라면 열 달에 날 텐데,

"열석 달씩이나 가는 게 어딨습니까?"

하고는 아차, 애니 뭐니 하는 건 괜히 지껄였군 하였다. 그래 의사가 무어라고 또 입을 열 수 있기 전에 얼른 뒤미처,

"아무두 이 병이 무슨 병인지 모른다구 그래요, 난생 처음 본다구요."

하고 몇 마디 더 얹었다.

덕순이는 자기네들의 팔자를 고칠 수 있고 없고가 이 순간에 달렸음을 또 한번 깨닫고 열심히 의사의 입만 쳐다보고 있는 것이다마는 금테 안경 쓴 의사는 그리 쉽사리 입을 열려지 않았다. 몇 번을 거듭 주물러 보고,

두드려 보고, 들어 보고, 이러기를 얼마 한 다음 시답지 않게 저쪽으로 가 대야에 손을 씻어 가며 간호부를 통하여 하는 말이,

"이 뱃속에 어린애가 있는데요, 나올려다 소문이 적어서 그대로 죽었어요. 이걸 그냥 둔다면 앞으로 일주일을 못 갈 것이니 불가불 수술을 해야 하겠으나 또 그 결과가 반드시 좋다고 단언할 수도 없는 것이매 배를 가르고 아이를 꺼내다 만일 사불여의하여 불행을 본다더라도 전혀 관계 없다는 승낙만 있으면 내일이라도 곧 수술을 하겠어요."

하고 나 어린 간호부는 조금도 거리낌없는 어조로 줄줄 쏟아 놓다가,

"어떻게 하실 테야요?"

"글쎄요……."

덕순이는 이렇게 얼떨떨한 낯으로 다시 한번 뒤통수를 긁지 않을 수 없었다.

간호부의 말이 무슨 소린지 다는 모른다 하더라도 속대중으로 저쯤은 알아챘던 것이니 아내의 생명이 위험하다는 그 말이 두렵기도 하려니와 겨우 아이를 뱄다는 것쯤, 연구 거리는 못 되는 병인 양싶어 우선 낙심하고 마는 것이다. 하나 이왕 버린 노릇이매,

"그럼 먹을 것이 없는데요……."

"그건 여기서 입원시키고 먹일 것이니까 염려 마셔요……."

"그런데요 저……."

하고 덕순이는 열적은 낯을 무얼로 가릴지 몰라 주볏주볏,

"월급 같은 건 안 주나요?"

"무슨 월급이오?"

"왜 여기서 병을 고치면 월급을 주는 수도 있다지요."

"제 병 고쳐 주는데 무슨 월급을 준단 말이오?"

하고 맨망스레도 톡 쏘는 바람에 덕순이는 고만 얼굴이 벌개지고 말았

다. 팔자를 고치려던 그 계획이 완전히 어그러졌음을 알자, 그의 주린 창
자는 척 꺾이며 두꺼운 손으로 이마의 진땀이나 훑어 보는밖에 별도리가
없는 것이다. 하나 아내의 생명은 어차피 건져야 하겠기로 공손히 허리를
굽신하여,

"그럼 낼 데리고 올게 어떻게 해주십시오."

하고 되도록 빌붙어 보았던 것이, 그때까지 끔찍끔찍한 소리에 얼이
빠져서 멀뚱히 누웠던 아내가 별안간 기급을 하여 일어나 살뚱맞은 목성
으로,

"나는 죽으면 죽었지 배는 안 째요."

하고 얼굴이 노랗게 되는 데는 더 할 말이 없었다. 죽이더라도 제 원대
로나 죽게 하는 것이 혹은 남편 된 사람의 도릴지도 모른다. 아내의 꼴에
하도 어이가 없어,

"죽는 거보담야 수술을 하는 게 좀 낫겠지요!"

비소를 금치 못하고 섰는 간호부와 의사가 눈에 보이지 않도록, 덕순이
는 시선을 외면하여 뚱싯뚱싯 아내를 업고 나왔다. 지게 위에 올려놓은
다음 엎디어 다시 지고 일어나려니 이게 웬일일까, 아까 오던 때와는 갑절
이나 무거웠다.

덕순이는 얼마 전에 희망이 가득히 차 올라가던 길을 힘 풀린 걸음으로
터덜터덜 내려오고 있었다. 보지는 않아도 지게 위에서 소리를 죽여 훌쩍
훌쩍 울고 있는 아내가 눈앞에 환한 것이다. 학식이 많은 의사는 일자무식
인 덕순이 내외보다는 더 많이 알 것이니 생명이 한 이레를 못 가리라던
그 말을 어째 볼 도리가 없다. 인제 남은 것은 우중충한 그 냉골에 갖다
다시 눕혀 놓고 죽을 때나 기다리고 있을 따름이었다.

덕순이는 눈 위로 덮는 땀방울을 주먹으로 훔쳐 가며 장차 캄캄하여

올 그 전도를 생각해 본다. 서울을 장대고 왔던 것이 벌이도 제대로 안 되고 게다가 인젠 아내까지 잃는 것이다. 지에미붙을! 이놈의 팔자가, 하고 딱한 탄식이 목을 넘어오다 꽉 깨무는 바람에 한숨으로 터져 버린다.

한나절이 되자 더위는 더한층 무서워진다.

덕순이는 통째 짓무를 듯싶은 등어리를 견디지 못하여 먼젓번에 쉬어 가던 나무 그늘에 지게를 벗어 놓는다. 땀을 들여 가며 아내를 가만히 내려다보니 그 동안 고생만 시키고 변변히 먹이지도 못하였던 것이 갑자기 후회가 나는 것이다. 이럴 줄 알았다면 동넷집 닭이라도 훔쳐다 먹였을 걸 싶어,

"울지 말아, 그것들이 뭘 아나 제까짓 게!"

하고 소리를 뻑 지르고는,

"채미 하나 먹어 볼 테야?"

"채민 싫어요."

아내는 더위에 속이 탔음인지 한길 건너 저쪽 그늘에서 팔고 있는 얼음냉수를 손으로 가리킨다. 남편이 한푼 더 보태어 담배를 사려던 그 돈으로 얼음냉수를 한 그릇 사다가 입에 먹여까지 주니 아내도 황송하여 한숨에 들이켠다. 한 그릇을 다 먹고 나서 하나 더 사다 주랴 물었을 때 이번에 왜떡이 먹고 싶다 하였다. 덕순이는 이것이 마지막이라는 생각으로 나머지 돈으로 왜떡 세 개를 사다 주고는 그대로 눈물도 씻을 줄 모르고 그걸 오직오직 깨물고 있는 아내를 이윽히 바라보고 있었다. 그러나 아내가 무슨 생각을 하였는지 왜떡을 입에 문 채 훌쩍훌쩍 울며,

"저 사촌 형님께 쌀 두 되 꿔다 먹은 거 부대 잊지 말구 갚우."

하고 부탁할 제 이것이 필연 아내의 유언이라 깨닫고는,

"그래 그건 염려 말아!"

"그리구 임자 옷은 영근 어머니더러 사정 애길 하구 좀 빨아 달래우."

하고 이야기를 곧잘 하다가 다시 입을 일그리고 훌쩍훌쩍 우는 것이다.

덕순이는 그 유언이 너무 처량하여 눈에 눈물이 핑 돌아 가지고는 지게를 도로 지고 일어선다. 얼른 갖다 눕히고 죽이라도 한 그릇 더 얻어다 먹이는 것이 남편의 도릴 게다.

때는 중복, 허리의 쇠뿔도 녹이려는 뜨거운 땡볕이었다.

덕순이는 빗발같이 내려붓는 등골의 땀을 두 손으로 번갈아 훔쳐 가며 끙끙 내려올 제, 아내는 지게 위에서 그칠 줄 모르는 그 수많은 유언을 차근차근 남기자, 울자, 하는 것이다.

(『동백꽃』, 삼문사, 1938)

탐구문제

(1) 이 작품의 시대적 배경에 대해 알아보자.

(2) 무지와 삶의 힘겨움에 대하여 생각해 보자.

(3) 덕순과 아내의 성격과 그 삶의 태도를 분석해 보자.

3. 날개

이상

'박제(剝製)가 되어 버린 천재'를 아시오? 나는 유쾌하오. 이런 때 연애까지가 유쾌하오.

육신이 흐느적흐느적하도록 피로했을 때만 정신이 은화(銀貨)처럼 맑소. 니코틴이 내 횟배 앓는 뱃속으로 스미면 머릿속에 으레 백지가 준비되는 법이오. 그 위에다 나는 위트와 패러독스를 바둑 포석처럼 늘어놓소. 가증할 상식의 병이오.

나는 또 여인과 생활을 설계하오. 연애 기법에마저 서먹서먹해진 지성의 극치를 흘깃 좀 들여다본 일이 있는, 말하자면 일종의 정신분일자(精神奔逸者) 말이오. 이런 여인의 반(半)—그것은 온갖 것의 반이오—만을 영수(領受)하는 생활을 설계한다는 말이오. 그런 생활 속에 한 발만 들여놓고 흡사 두 개의 태양처럼 마주 쳐다보면서 낄낄거리는 것이오. 나는 아마 어지간히 인생의 제행(諸行)이 싱거워서 견딜 수가 없게끔 되고 그만둔 모양이오. 굿바이.

굿바이, 그대는 이따금 그대가 제일 싫어하는 음식을 탐식(貪食)하는 아이러니를 실천해 보는 것도 좋을 것 같소. 위트와 패러독스와……

그대 자신을 위조하는 것도 할 만한 일이오. 그대의 작품은 한 번도 본 일이 없는 기성품에 의하여 차라리 경편(輕便)하고 고매(高邁)하리라.

십구세기는 될 수 있거든 봉쇄하여 버리오. 도스토예프스키 정신이란 자칫하면 낭비인 것 같소. 위고를 불란서의 빵 한 조각이라고는 누가 그랬는지 지언(至言)인 듯싶소. 그러나 인생 혹은 그 모형에 있어서 디테일 때문에 속는다거나 해서야 되겠소? 화(禍)를 보지 마오. 부디 그대께 고하는 것이니…….

(테이프가 끊어지면 피가 나오. 생채기도 머지않아 완치될 줄 믿소. 굿바이.)

감정은 어떤 포즈(그 포즈의 소(素)만을 지적하는 것이 아닌지나 모르겠소) 그 포즈가 부동자세에까지 고도화할 때 감정은 딱 공급을 정지합네.

나는 내 비범한 발육을 회고하여 세상을 보는 안목을 규정하였소.
여왕봉(女王蜂)과 미망인—세상의 하고많은 여인이 본질적으로 이미 미망인 아닌 이가 있으리까? 아니! 여인의 전부가 그 일상에 있어서 개개 '미망인'이라는 내 논리가 뜻밖에도 여성에 대한 모독이 되오? 굿바이.

그 33번지라는 것이 구조가 흡사 유곽이라는 느낌이 없지 않다. 한 번지에 18가구가 죽— 어깨를 맞대고 늘어서서 창호가 똑같고 아궁이 모양이 똑같다. 게다가 각 가구에 사는 사람들이 송이송이 꽃과 같이 젊다. 해가 들지 않는다. 해가 드는 것을 그들이 모른 체하는 까닭이다. 턱살 밑에다 철줄을 매고 얼룩진 이부자리를 널어 말린다는 핑계로 미닫이에 해가 드는 것을 막아 버린다. 침침한 방 안에서 낮잠들을 잔다. 그들은 밤에는 잠을 자지 않나? 알 수 없다. 나는 밤이나 낮이나 잠만 자느라고 그런 것은 알 길이 없다. 33번지 18가구의 낮은 참 조용하다.

조용한 것은 낮뿐이다. 어둑어둑하면 그들은 이부자리를 걷어 들인다. 전등불이 켜진 뒤의 18가구는 낮보다 훨씬 화려하다. 저물도록 미닫이 여닫는 소리가 잦다. 바빠진다. 여러 가지 내음새가 나기 시작한다. 비웃 굽는 내, 탕고도란내, 뜨물내, 비눗내…….

그러나 이런 것들보다도 그들의 문패가 제일로 고개를 끄덕이게 하는 것이다. 이 18가구를 대표하는 대문이라는 것이 일각이 져서 외따로 떨어지기는 했으나 있다. 그러나 그것은 한 번도 닫힌 일이 없는 한길이나 마찬가지 대문인 것이다. 온갖 장사아치들은 하루 가운데 어느 시간에라도 이 대문을 통하여 드나들 수 있는 것이다. 이네들은 문간에서 두부를 사는 것이 아니라 미닫이만 열고 방에서 두부를 사는 것이다. 이렇게 생긴 33번지 대문에 그들 18가구의 문패를 몰아다 붙이는 것은 의미가 없다. 그들은 어느 사이엔가 각 미닫이 위 백인당(百忍堂)이니 길상당(吉祥堂)이니 써 붙인 한곁에다 문패를 붙이는 풍속을 가져 버렸다.

내 방 미닫이 위 한 곁에 칼표딱지를 넷에다 낸 것만한 내, 아니! 내 아내의 명함이 붙어 있는 것도 이 풍속을 좇은 것이 아닐 수 없다.

나는 그러나 그들의 아무와도 놀지 않는다. 놀지 않을 뿐만 아니라 인사도 않는다. 나는 내 아내와 인사하는 외에 누구와도 인사하고 싶지 않았다.

내 아내 외의 다른 사람과 인사를 하거나 놀거나 하는 것은 내 아내 낯을 보아 좋지 않은 일인 것만 같이 생각이 들었기 때문이다. 나는 이만큼까지 내 아내를 소중히 생각한 것이다.

내가 이렇게까지 내 아내를 소중히 생각한 까닭은 이 33번지 18가구 가운데서 내 아내가 내 아내의 명함처럼 제일 작고 제일 아름다운 것을 안 까닭이다. 18가구에 각기 별러 든 송이송이 꽃들 가운데서도 내 아내가 특히 아름다운 한 떨기의 꽃으로 이 함석지붕 밑 볕 안 드는 지역에서 어디까지든지 찬란하였다. 따라서 그런 한 떨기 꽃을 지키고, 아니 그 꽃에 매달려 사는 나라는 존재가 도무지 형언할 수 없는 거북살스러운 존재가 아닐 수 없었던 것은 물론이다.

나는 어디까지든지 내 방이—집이 아니다. 집은 없다—마음에 들었다. 방 안의 기온은 내 체온을 위하여 쾌적하였고, 방 안의 침침한 정도가 또한 내 안력을 위하여 쾌적하였다. 나는 내 방 이상의 서늘한 방도, 또 따뜻한 방도 희망하지 않았다. 이 이상으로 밝거나 이 이상으로 아늑한 방을 원하지 않았다. 내 방은 나 하나를 위하여 요만한 정도를 꾸준히 지키는 것 같아 늘 내 방에 감사하였고 나는 또 이런 방을 위하여 이 세상에 태어난 것만 같아서 즐거웠다.

그러나 이것은 행복이라든가 불행이라든가 하는 것을 계산하는 것은 아니었다. 말하자면 나는 내가 행복되다고도 생각할 필요가 없었고, 그렇다고 불행하다고도 생각할 필요가 없었다. 그냥 그날그날을 그저 까닭 없이 펀둥펀둥 게으르고만 있으면 만사는 그만이었던 것이다.

내 몸과 마음에 옷처럼 잘 맞는 방 속에서 뒹굴면서, 축 처져 있는 것은 행복이니 불행이니 하는 그런 세속적인 계산을 떠난, 가장 편리하고 안일한, 말하자면 절대적인 상태인 것이다. 나는 이런 상태가 좋았다.

이 절대적인 내 방은 대문간에서 세어서 똑 일곱째 칸이다. 럭키 세븐의 뜻이 없지 않다. 나는 이 일곱이라는 숫자를 훈장처럼 사랑하였다. 이런 이 방이 가운데 장지로 말미암아 두 칸으로 나뉘어 있었다는 그것이 내 운명의 상징이었던 것을 누가 알랴?

아랫방은 그래도 해가 든다. 아침결에 책보만한 해가 들었다가 오후에 손수건만해지면서 나가 버린다. 해가 영영 들지 않는 윗방이 즉 내 방인 것은 말할 것도 없다. 이렇게 볕 드는 방이 아내 방이요, 볕 안 드는 방이 내 방이오 하고 아내와 나 둘 중에 누가 정했는지 나는 기억하지 못한다. 그러나 나에게는 불평이 없다.

아내가 외출만 하면 나는 얼른 아랫방으로 와서 그 동쪽으로 난 들창을 열어 놓고, 열어 놓으면 들이비치는 볕살이 아내의 화장대를 비쳐 가지각색 병들이 아롱이 지면서 찬란하게 빛나고 이렇게 빛나는 것을 보는 것은 다시없는 내 오락이다. 나는 쪼끄만 '돋보기'를 꺼내 가지고 아내만이 사용하는 지리가미(휴지)를 끄실려 가면서 불장난을 하고 논다. 평행 광선을 굴절시켜서 한 초점에 모아 가지고 그 초점이 따끈따끈해지다가, 마지막에는 종이를 끄실리기 시작하고 가느다란 연기를 내면서 드디어 구멍을 뚫어 놓는 데까지에 이르는 고 얼마 안 되는 동안의 초조한 맛이 죽고 싶을 만치 내게는 재미있었다.

이 장난이 싫증이 나면 나는 또 아내의 손잡이 거울을 가지고 여러 가지로 논다. 거울이란 제 얼굴을 비출 때만 실용품이다. 그 외의 경우에는 도무지 장난감인 것이다.

이 장난도 곧 싫증이 난다. 나의 유희심은 육체적인 데서 정신적인 데로 비약한다. 나는 거울을 내던지고 아내의 화장대 앞으로 가까이 가서 나란히 늘어놓은 고 가지각색의 화장품 병들을 들여다본다. 고것들은 세상의 무엇보다도 매력적이다. 나는 그 중의 하나만을 골라서 가만히 마개를 빼고 병구멍을 내 코에 가져다 대이고 숨죽이듯이 가벼운 호흡을 하여 본다. 이국적인 센슈얼한(관능적인) 향기가 폐로 스며들면 나는 저절로 스르르 감기는 내 눈을 느낀다. 확실히 아내의 체취의 파편이다. 나는 도로 병마개를 막고 생각해 본다. 아내의 어느 부분에서 요 내음새가 났던가를……그러나 그것은 분명치 않다. 왜? 아내의 체취는 여기 늘어섰는 가지각색 향기의 합계일 것이니까.

아내의 방은 늘 화려하였다. 내 방이 벽에 못 한 개 꽂히지 않은 소박한

것인 반대로 아내 방에는 천장 밑으로 쫙 돌려 못이 박히고 못마다 화려한
아내의 치마와 저고리가 걸렸다. 여러 가지 무늬가 보기 좋다. 나는 그
여러 조각의 치마에서 늘 아내의 동(胴)체와 그 동체가 될 수 있는 여러
가지 포즈를 연상하고 연상하면서 내 마음은 늘 점잖지 못하다.

그렇건만 나에게는 옷이 없었다. 아내는 내게는 옷을 주지 않았다. 입고
있는 코르덴 양복 한 벌이 내 자리옷이었고 통상복과 나들이옷을 겸한
것이었다. 그리고 하이 넥의 스웨터가 한 조각 사철을 통한 내 내의다.
그것들은 하나같이 다 빛이 검다. 그것은 내 짐작 같아서는 즉 빨래를 될
수 있는 데까지 하지 않아도 보기 싫지 않도록 하기 위한 것이 아닌가
한다. 나는 허리와 두 가랑이 세 군데 다 고무 밴드가 끼어 있는 부드러운
사루마다를 입고 그리고 아무 소리 없이 잘 놀았다.

어느덧 손수건만해졌던 볕이 나갔는데 아내는 외출에서 돌아오지 않는
다. 나는 요만 일에도 좀 피곤하였고 또 아내가 돌아오기 전에 내 방으로
가 있어야 될 것을 생각하고 그만 내 방으로 건너간다. 내 방은 침침하다.
나는 이불을 뒤집어쓰고 낮잠을 잔다. 한 번도 걷은 일이 없는 내 이부자
리는 내 몸뚱이의 일부분처럼 내게는 참 반갑다. 잠은 잘 오는 적도 있다.
그러나 또 전신이 까칫까칫하면서 영 잠이 오지 않는 적도 있다. 그런 때
는 아무 제목으로나 제목을 하나 골라서 연구하였다. 나는 내 좀 축축한
이불 속에서 참 여러 가지 발명도 하였고 논문도 많이 썼다. 시도 많이
지었다. 그러나 그것들은 내가 잠이 드는 것과 동시에 내 방에 담겨서 철
철 넘치는 그 흐늑흐늑한 공기에 다 비누처럼 풀어져서 온데간데가 없고
한참 자고 깬 나는 속이 무명 헝겊이나 메밀 껍질로 띵띵 찬 한 덩어리
베개와도 같은 한 벌 신경이었을 뿐이고 뿐이고 하였다.

그러기에 나는 빈대가 무엇보다도 싫었다. 그러나 내 방에서는 겨울에
도 몇 마리씩의 빈대가 끊이지 않고 나왔다. 내게 근심이 있었다면 오직

이 빈대를 미워하는 근심일 것이다. 나는 빈대에게 물려서 가려운 자리를 피가 나도록 긁었다. 쓰라리다. 그것은 그윽한 쾌감에 틀림없었다. 나는 혼곤히 잠이 든다.

나는 그러나 그런 이불 속의 사색생활에서도 적극적인 것을 궁리하는 법이 없다. 내게는 그럴 필요가 대체 없었다. 만일 내가 그런 좀 적극적인 것을 궁리해 내었을 경우에 나는 반드시 내 아내와 의논하여야 할 것이고 그러면 반드시 나는 아내에게 꾸지람을 들을 것이고—나는 꾸지람이 무서웠다느니보다도 성가셨다. 내가 제법 한 사람의 사회인의 자격으로 일을 해보는 것도, 아내에게 사설 듣는 것도 나는 가장 게으른 동물처럼 게으른 것이 좋았다. 될 수만 있으면 이 무의미한 인간의 탈을 벗어버리고도 싶었다.

나에게는 인간 사회가 스스러웠다. 생활이 스스러웠다. 모두가 서먹서먹할 뿐이었다.

아내는 하루에 두 번 세수를 한다. 나는 하루 한 번도 세수를 하지 않는다. 나는 밤중 세시나 네시 해서 변소에 갔다 달이 밝은 밤에는 한참씩 마당에 우두커니 섰다가 들어오곤 한다. 그러니까 나는 이 18가구의 아무와도 얼굴이 마주치는 일이 거의 없다. 그러면서도 나는 이 18가구의 젊은 여인네 얼굴들을 거반 다 기억하고 있었다. 그들은 하나같이 내 아내만 못하였다.

열한시쯤 해서 하는 아내의 첫 번 세수는 좀 간단하다. 그러나 저녁 일곱시쯤 해서 하는 두 번째 세수는 손이 많이 간다. 아내는 낮에보다도 밤에 더 좋고 깨끗한 옷을 입는다. 그리고 낮에도 외출하고 밤에도 외출하였다.

아내에게 직업이 있었던가? 나는 아내의 직업이 무엇인지 알 수 없다. 만일 아내에게 직업이 없었다면, 같이 직업이 없는 나처럼 외출할 필요가 생기지 않을 것인데—아내는 외출한다. 외출할 뿐만 아니라 내객이 많다. 아내에게 내객이 많은 날은 나는 온종일 내 방에서 이불을 쓰고 누워 있어야만 된다. 불장난도 못 한다. 화장품 내음새도 못 맡는다. 그런 날은 나는 의식적으로 우울해하였다. 그러면 아내는 나에게 돈을 준다. 오십 전짜리 은화다. 나는 그것이 좋았다. 그러나 그것을 무엇에 써야 옳을지 몰라서 늘 머리맡에 던져 두고 두고 한 것이 어느결에 모여서 꽤 많아졌다. 어느 날 이것을 본 아내는 금고처럼 생긴 벙어리를 사다 준다. 나는 한 푼씩 한 푼씩 고 속에 넣고 열쇠는 아내가 가져갔다. 그 후에도 나는 더러 은화를 그 벙어리에 넣은 것을 기억한다. 그리고 나는 게을렀다. 얼마 후 아내의 머리 쪽에 보지 못하던 누깔잠이 하나 여드름처럼 돋았던 것은 바로 그 금고형 벙어리의 무게가 가벼워졌다는 증거일까. 그러나 나는 드디어 머리맡에 놓였던 그 벙어리에 손을 대지 않고 말았다. 내 게으름은 그런 것에 내 주의를 환기시키기도 싫었다.

아내에게 내객이 있는 날은 이불 속으로 암만 깊이 들어가도 비 오는 날만큼 잠이 잘 오지는 않았다. 나는 그런 때 아내에게는 왜 늘 돈이 있나 왜 돈이 많은가를 연구했다.

내객들은 장지 저쪽에 내가 있는 것을 모르나 보다. 내 아내와 나도 좀 하기 어려운 농을 아주 서슴지 않고 쉽게 해 내던지는 것이다. 그러나 아내의 내객 가운데 서너 사람의 내객들은 늘 비교적 점잖았다고 볼 수 있는 것이 자정이 좀 지나면 으레 돌아들 갔다. 그들 가운데는 퍽 교양이 옅은 자도 있는 듯싶었는데 그런 자는 보통 음식을 사다 먹고 논다. 그래서 보충을 하고 대체로 무사하였다.

나는 우선 내 아내의 직업이 무엇인가를 연구하기에 착수하였으나 좁은 시야와 부족한 지식으로는 이것을 알아내기 힘이 든다. 나는 끝끝내 내 아내의 직업이 무엇인가를 모르고 말려나 보다.

아내는 늘 진솔 버선만 신었다. 아내는 밥도 지었다. 아내가 밥 짓는 것을 나는 한 번도 구경한 일은 없으나 언제든지 끼니때면 내 방으로 내 조석밥을 날라다 주는 것이다. 우리집에는 나와 내 아내 외에 다른 사람은 아무도 없다. 이 밥은 분명히 아내가 손수 지었음에 틀림없다.

그러나 아내는 한 번도 나를 자기 방으로 부른 일이 없다. 나는 늘 윗방에서 나 혼자서 밥을 먹고 잠을 잤다. 밥은 너무 맛이 없었다. 반찬이 너무 엉성하였다. 나는 닭이나 강아지처럼 말없이 주는 모이를 넙죽넙죽 받아먹기는 했으나 내심 야속하게 생각한 적도 더러 없지 않다. 나는 안색이 여지없이 창백해 가면서 말라들어 갔다. 나날이 눈에 보이듯이 기운이 줄어들었다. 영양 부족으로 하여 몸뚱이 곳곳이 뼈가 불쑥불쑥 내밀었다. 하룻밤 사이에도 수십 차를 돌쳐눕지 않고는 여기저기가 배겨서 나는 배겨 낼 수가 없었다.

그렇기 때문에 나는 내 이불 속에서 아내가 늘 흔히 쓸 수 있는 저 돈의 출처를 탐색해 보는 일변 장지 틈으로 새어 나오는 아랫방의 음식은 무엇일까를 간단히 연구하였다. 나는 잠이 잘 안 왔다.

깨달았다. 아내가 쓰는 돈은 그, 내게는 다만 실없는 사람들로밖에 보이지 않는 까닭 모를 내객들이 놓고 가는 것에 틀림없으리라는 것을 나는 깨달았다. 그러나 왜 그들 내객은 돈을 놓고 가나, 왜 내 아내는 그 돈을 받아야 되나 하는 예의(禮儀) 관념이 내게는 도무지 알 수 없는 것이었다.

그것은 그저 예의에 지나지 않는 것일까 그렇지 않으면 혹 무슨 대가일까 보수일까. 내 아내가 그들의 눈에는 동정을 받아야만 할 가엾은 인물로 보였던가.

이런 것들을 생각하노라면 으레 내 머리는 그냥 혼란하여 버리곤 하였다. 잠들기 전에 획득했다는 결론이 오직 불쾌하다는 것뿐이었으면서도 나는 그런 것을 아내에게 물어 보거나 한 일이 참 한 번도 없다. 그것은

대체 귀찮기도 하려니와 한잠 자고 일어나면 나는 사뭇 딴사람처럼 이것
도 저것도 다 깨끗이 잊어버리고 그만두는 까닭이다.

　내객들이 돌아가고, 혹 밤외출에서 돌아오고 하면 아내는 경편한 것으
로 옷을 바꾸어 입고 내 방으로 나를 찾아온다. 그리고 이불을 들치고 내
귀에는 영 생동생동한 몇 마디 말로 나를 위로하려 든다. 나는 조소도 고
소도 홍소도 아닌 웃음을 얼굴에 띄우고 아내의 아름다운 얼굴을 쳐다본
다. 아내는 방그레 웃는다. 그러나 그 얼굴에 떠도는 일말의 애수를 나는
놓치지 않는다.

　아내는 능히 내가 배고파하는 것을 눈치챌 것이다. 그러나 아랫방에서
먹고 남은 음식을 나에게 주려 들지는 않는다. 그것은 어디까지든지 나를
존경하는 마음일 것임에 틀림없다. 나는 배가 고프면서도 적이 마음이 든
든한 것을 좋아했다. 아내가 무엇이라고 지껄이고 갔는지 귀에 남아 있을
리가 없다. 다만 내 머리맡에 아내가 놓고 간 은화가 전등불에 흐릿하게
빛나고 있을 뿐이다.

　고 금고형 벙어리 속에 고 은화가 얼마큼이나 모였을까. 나는 그러나
그것을 쳐들어 보지 않았다. 그저 아무런 의욕도 기원도 없이 그 단추 구
멍처럼 생긴 틈사구니로 은화를 떨어뜨려 둘 뿐이었다.

　왜 아내의 내객들이 아내에게 돈을 놓고 가나 하는 것이 풀 수 없는
의문인 것같이 왜 아내는 나에게 돈을 놓고 가나 하는 것도 역시 나에게는
똑같이 풀 수 없는 의문이었다. 내 비록 아내가 내게 돈을 놓고 가는 것이
싫지 않았다 하더라도 그것은 다만 고것이 내 손가락에 닿는 순간에서부
터 고 벙어리 주둥이에서 자취를 감추기까지의 하잘것없는 짧은 촉각이
좋았달 뿐이지 그 이상 아무 기쁨도 없다.

　어느 날 나는 고 벙어리를 변소에 갖다 넣어 버렸다. 그때 벙어리 속에

는 몇 푼이나 되는지는 모르겠으나 고 은화들이 꽤 들어 있었다.

나는 내가 지구 위에 살며 내가 이렇게 살고 있는 지구가 질풍신뢰의 속력으로 광대무변의 공간을 달리고 있다는 것을 생각했을 때 참 허망하였다. 나는 이렇게 부지런한 지구 위에서는 현기증도 날 것 같고 해서 한시바삐 내려 버리고 싶었다.

이불 속에서 이런 생각을 하고 난 뒤에는 나는 고 은화를 고 벙어리에 넣고 넣고 하는 것조차도 귀찮아졌다. 나는 아내가 손수 벙어리를 사용하였으면 하고 희망하였다. 벙어리도 돈도 사실에는 아내에게만 필요한 것이지 내게는 애초부터 의미가 전연 없는 것이었으니까 될 수만 있으면 그 벙어리를 아내는 아내 방으로 가져갔으면 하고 기다렸다. 그러나 아내는 가져가지 않는다. 나는 내가 아내 방으로 가져다 둘까 하고 생각하여 보았으나 그 즈음에는 아내의 내객이 원체 많아서 내가 아내 방에 가볼 기회가 도무지 없었다. 그래서 나는 하는 수 없이 변소에 갖다 집어넣어 버리고 만 것이다.

나는 서글픈 마음으로 아내의 꾸지람을 기다렸다. 그러나 아내는 끝내 아무 말도 나에게 묻지도 하지도 않았다. 않았을 뿐 아니라 여전히 돈은 돈대로 내 머리맡에 놓고 가지 않나? 내 머리맡에는 어느덧 은화가 꽤 많이 모였다.

내객이 아내에게 돈을 놓고 가는 것이나 아내가 내게 돈을 놓고 가는 것이나 일종의 쾌감―그 외의 다른 아무런 이유도 없는 것이 아닐까 하는 것을 나는 또 이불 속에서 연구하기 시작하였다. 쾌감이라면 어떤 종류의 쾌감일까를 계속하여 연구하였다. 그러나 그것은 이불 속의 연구로는 알 길이 없었다. 쾌감 쾌감, 하고 나는 뜻밖에도 이 문제에 대해서만 흥미를 느꼈다.

아내는 물론 나를 늘 감금하여 두다시피 하여 왔다. 내게 불평이 있을

리 없다. 그런 중에도 나는 그 쾌감이라는 것의 유무를 체험하고 싶었다.

나는 아내의 밤 외출 틈을 타서 밖으로 나왔다. 나는 거리에서 잊어버리지 않고 가지고 나온 은화를 지폐로 바꾼다. 오 원이나 된다. 그것을 주머니에 넣고 나는 목적을 잃어버리기 위하여 얼마든지 거리를 쏘다녔다. 오래간만에 보는 거리는 거의 경이에 가까울 만치 내 신경을 흥분시키지 않고는 마지않았다. 나는 금시에 피곤하여 버렸다. 그러나 나는 참았다. 그리고 밤이 이슥하도록 까닭을 잊어버린 채 이거리 저거리로 지향없이 헤매었다. 돈은 물론 한푼도 쓰지 않았다. 돈을 쓸 아무 엄두도 나서지 않았다. 나는 벌써 돈을 쓰는 기능을 완전히 상실한 것 같았다.

나는 과연 피로를 이 이상 견디기가 어려웠다. 나는 가까스로 내 집을 찾았다. 나는 내 방으로 가려면 아내 방을 통과하지 아니하면 안 될 것을 알고 아내에게 내객이 있나 없나를 걱정하면서 미닫이 앞에서 좀 거북살스럽게 기침을 한번 했더니 이것은 참 또 너무 암상스럽게 미닫이가 열리면서 아내의 얼굴과 그 등뒤에 낯선 남자의 얼굴이 이쪽을 내다보는 것이다. 나는 별안간 내어쏟아지는 불빛에 눈이 부셔서 좀 머뭇머뭇했다.

나는 아내의 눈초리를 못 본 것은 아니다. 그러나 나는 모른 체하는 수밖에 없었다. 왜? 나는 어쨌든 아내의 방을 통과하지 아니하면 안 되니까…….

나는 이불을 뒤집어썼다. 무엇보다도 다리가 아파서 견딜 수가 없었다. 이불 속에서는 가슴이 울렁거리면서 암만해도 까무러칠 것만 같았다. 걸을 때는 몰랐더니 숨이 차다. 등에 식은땀이 쭉 내배인다. 나는 외출한 것을 후회하였다. 이런 피로를 잊고 어서 잠이 들었으면 좋겠다. 한잠 잘 자고 싶었다.

얼마 동안이나 비스듬히 엎드려 있었더니 차츰차츰 뚝딱거리는 가슴 동기(動氣)가 가라앉는다. 그만해도 우선 살 것 같았다. 나는 몸을 돌쳐

반듯이 천장을 향하여 눕고 쭉 다리를 뻗었다.

그러나 나는 또다시 가슴의 동기를 피할 수 없게 되었다. 아랫방에서 아내와 그 남자의 내 귀에도 들리지 않을 만치 옅은 목소리로 소곤거리는 기척이 장지 틈으로 전하여 왔던 것이다. 청각을 더 예민하게 하기 위하여 나는 눈을 떴다. 그리고 숨을 죽였다. 그러나 그때는 벌써 아내와 남자는 앉았던 자리를 툭툭 털며 일어섰고 일어서면서 옷과 모자 쓰는 기척이 나는 듯하더니 이어 미닫이가 열리고 구두 뒤축 소리가 나고 그리고 뜰에 내려서는 소리가 쿵 하고 나면서 뒤를 따르는 아내의 고무신 소리가 두어 발자국 찍찍 나고 사뿐사뿐 나나 하는 사이에 두 사람의 발소리가 대문간 쪽으로 사라졌다.

나는 아내의 이런 태도를 본 일이 없다. 아내는 어떤 사람과도 결코 소곤거리는 법이 없다. 나는 윗방에서 이불을 쓰고 누웠는 동안에도 혹 술이 취해서 혀가 잘 돌아가지 않는 내객들의 담화는 더러 놓치는 수가 있어도 아내의 높지도 얕지도 않은 말소리를 일찍이 한 마디도 놓쳐 본 일이 없다. 더러 내 귀에 거슬리는 소리가 있어도 나는 그것이 태연한 목소리로 내 귀에 들렸다는 이유로 충분히 안심이 되었다.

그렇던 아내의 이런 태도는 필시 그 속에 여간하지 않은 사정이 있는 듯싶이 생각이 되고 내 마음은 좀 서운했으나 그러나 그보다도 나는 좀 너무 피곤해서 오늘만은 이불 속에서 아무것도 연구치 않기로 굳게 결심하고 잠을 기다렸다. 잠은 좀처럼 오지 않았다. 대문간에 나간 아내도 좀처럼 들어오지 않았다. 그러는 동안에 흐지부지 나는 잠이 들어 버렸다. 꿈이 얼쑹덜쑹 종을 잡을 수 없는 거리의 풍경을 여전히 헤맸다.

나는 몹시 흔들렸다. 내객을 보내고 들어온 아내가 잠든 나를 잡아 흔드는 것이다. 나는 눈을 번쩍 뜨고 아내의 얼굴을 쳐다보았다. 아내의 얼굴에는 웃음이 없다. 나는 좀 눈을 비비고 아내의 얼굴을 자세히 보았다.

노기가 눈초리에 떠서 얇은 입술이 바르르 떨린다. 좀처럼 이 노기가 풀리기는 어려울 것 같았다. 나는 그대로 눈을 감아 버렸다. 벼락이 내리기를 기다린 것이다. 그러나 쌔근 하는 숨소리가 나면서 푸시시 아내의 치맛자락 소리가 나고 장지가 여닫히며 아내는 아내 방으로 돌아갔다. 나는 다시 몸을 돌쳐 이불을 뒤집어쓰고는 개구리처럼 엎드리고, 엎드려서 배가 고픈 가운데서도 오늘 밤의 외출을 또 한번 후회하였다.

나는 이불 속에서 아내에게 사죄하였다. 그것은 네 오해라고…….

나는 사실 밤이 퍽으나 이슥한 줄만 알았던 것이다. 그것이 네 말마따나 자정 전인 줄은 나는 정말이지 꿈에도 몰랐다. 나는 너무 피곤하였었다. 오래간만에 나는 너무 많이 걸은 것이 잘못이다. 내 잘못이라면 잘못은 그것밖에는 없다. 외출은 왜 하였느냐고?

나는 그 머리맡에 저절로 모인 오 원 돈을 아무에게라도 좋으니 주어 보고 싶었던 것이다. 그뿐이다. 그러나 그것도 내 잘못이라면 나는 그렇게 알겠다. 나는 후회하고 있지 않나?

내가 그 오 원 돈을 써버릴 수가 있었던들 나는 자정 안에 집에 돌아올 수 없었을 것이다. 그러나 거리는 너무 복잡하였고 사람은 너무도 들끓었다. 나는 어느 사람을 붙들고 그 오 원 돈을 내주어야 할지 갈피를 잡을 수가 없었다. 그러는 동안에 나는 여지없이 피곤해 버리고 말았던 것이다.

나는 무엇보다도 좀 쉬고 싶었다. 눕고 싶었다. 그래서 나는 하는 수 없이 집으로 돌아온 것이다. 내 짐작 같아서는 밤이 어지간히 늦은 줄만 알았는데 그것이 불행히도 자정 전이었다는 것은 참 안된 일이다. 미안한 일이다. 나는 얼마든지 사죄하여도 좋다. 그러나 종시 아내의 오해를 풀지 못하였다 하면 내가 이렇게까지 사죄하는 보람은 그럼 어디 있나? 한심하였다.

한 시간 동안을 나는 이렇게 초조하게 굴지 않으면 안 되었다. 나는

이불을 홱 젖혀 버리고 일어나서 장지를 열고 아내 방으로 비칠비칠 달려
갔던 것이다. 내게는 거의 의식이라는 것이 없었다. 나는 아내 이불 위에
엎드러지면서 바지 포켓 속에서 그 돈 오 원을 꺼내 아내 손에 쥐어 준
것을 간신히 기억할 뿐이다.

　이튿날 잠이 깨었을 때 나는 내 아내 방 아내 이불 속에 있었다. 이것이
이 33번지에서 살기 시작한 이래 내가 아내 방에서 잔 맨 처음이었다.

　해가 들창에 훨씬 높았는데 아내는 이미 외출하고 벌써 내 곁에 있지는
않다. 아니! 아내는 엊저녁 내가 의식을 잃은 동안에 외출한 것인지도 모
른다. 그러나 나는 그런 것을 조사하고 싶지 않았다. 다만 전신이 찌뿌드
드한 것이 손가락 하나 꼼짝할 힘조차 없었다. 책보보다 좀 작은 면적의
볕이 눈이 부시다. 그 속에서 수없는 먼지가 흡사 미생물처럼 난무한다.
코가 칵 막히는 것 같다. 나는 다시 눈을 감고 이불을 푹 뒤집어쓰고 낮잠
을 자기에 착수하였다. 그러나 코를 스치는 아내의 체취는 꽤 도발적이었
다. 나는 몸을 여러 번 여러 번 비비 꼬면서 아내의 화장대에 늘어선 고
가지각색 화장품 병들과 고 병들의 마개를 뽑았을 때 풍기던 내음새를
더듬느라고 좀처럼 잠은 들지 않는 것을 나는 어찌하는 수도 없었다.

　견디다 못하여 나는 그만 이불을 걷어차고 벌떡 일어나서 내 방으로
갔다. 내 방에는 다 식어 빠진 내 끼니가 가지런히 놓여 있는 것이다. 아내
는 내 모이를 여기다 주고 나간 것이다. 나는 우선 배가 고팠다. 한 숟갈을
입에 떠넣었을 때 그 촉감은 참 너무도 냉회와 같이 써늘하였다. 나는 숟
갈을 놓고 내 이불 속으로 들어갔다. 하룻밤을 비워 버린 내 이부자리는
여전히 반갑게 나를 맞아 준다. 나는 내 이불을 뒤집어쓰고 이번에는 참
늘어지게 한잠 잤다. 잘―

　내가 잠을 깬 것은 전등이 켜진 뒤다. 그러나 아내는 아직도 돌아오지
않았나 보다. 아니! 들어왔다 또 나갔는지도 알 수 없다. 그러나 그런 것을

삼고(三考)하여 무엇 하나?

정신이 한결 난다. 나는 지난밤 일을 생각해 보았다. 그 돈 오 원을 아내 손에 쥐어 주고 넘어졌을 때에 느낄 수 있었던 쾌감을 나는 무엇이라고 설명할 수가 없었다. 그러니 내객들이 내 아내에게 돈 놓고 가는 심리며 내 아내가 내게 돈 놓고 가는 심리의 비밀을 나는 알아낸 것 같아서 여간 즐거운 것이 아니다. 나는 속으로 빙그레 웃어 보았다. 이런 것을 모르고 오늘까지 지내 온 나 자신이 어떻게 우스꽝스러워 보이는지 몰랐다. 나는 어깨춤이 났다.

따라서 나는 또 오늘 밤에도 외출하고 싶었다. 그러나 돈이 없다. 나는 엊저녁에 그 돈 오 원을 한꺼번에 아내에게 주어 버린 것을 후회하였다. 또 고 벙어리를 변소에 갖다 처넣어 버린 것도 후회하였다. 나는 실없이 실망하면서 습관처럼 그 돈이 들어 있던 내 바지 포켓에 손을 넣어 한번 휘둘러 보았다. 뜻밖에도 내 손에 쥐어지는 것이 있었다. 이 원밖에 없다. 그러나 많아야 맛은 아니다. 얼마간이고 있으면 된다. 나는 그만한 것이 여간 고마운 것이 아니었다.

나는 기운을 얻었다. 나는 그 단벌 다 떨어진 코르덴 양복을 걸치고 배고픈 것도 주제 사나운 것도 다 잊어버리고 활갯짓을 하면서 또 거리로 나섰다. 나서면서 나는 제발 시간이 화살 닫듯 해서 자정이 어서 휙 지나 버렸으면 하고 조바심을 태웠다. 아내에게 돈을 주고 아내 방에서 자보는 것은 어디까지든지 좋았지만 만일 잘못해서 자정 전에 집에 들어갔다가 아내의 눈총을 맞는 것은 그것은 여간 무서운 일이 아니었다. 나는 저물도록 길가 시계를 들여다보고 들여다보고 하면서 또 지향없이 거리를 방황하였다. 그러나 이날은 좀처럼 피곤하지는 않았다. 다만 시간이 좀 너무 더디게 가는 것만 같아서 안타까웠다.

경성역 시계가 확실히 자정을 지난 것을 본 뒤에 나는 집을 향하였다.

그날은 그 일각대문에서 아내와 아내의 남자가 이야기하고 섰는 것을 만났다. 나는 모른 체하고 두 사람 곁을 지나서 내 방으로 들어갔다. 뒤이어 아내도 들어왔다. 와서는 이 밤중에 평생 안 하던 쓰레질을 하는 것이다. 조금 있다가 아내가 눕는 기척을 엿듣자마자 나는 또 장지를 열고 아내 방으로 가서 그 돈 이 원을 아내 손에 덥석 쥐어 주고 그리고—하여간 그 이 원을 오늘 밤에도 쓰지 않고 도로 가져온 것이 참 이상하다는 듯이 아내는 내 얼굴을 몇 번이고 엿보고—아내는 드디어 아무 말도 없이 나를 자기 방에 재워 주었다. 나는 이 기쁨을 세상의 무엇과도 바꾸고 싶지는 않았다. 나는 편히 잘 잤다.

이튿날도 내가 잠이 깨었을 때는 아내는 보이지 않았다. 나는 또 내 방으로 가서 피곤한 몸이 낮잠을 잤다.

내가 아내에게 흔들려 깨었을 때는 역시 불이 들어온 뒤였다. 아내는 자기 방으로 나를 오라는 것이다. 이런 일은 또 처음이다. 아내는 끊임없이 얼굴에 미소를 띠고 내 팔을 이끄는 것이다. 나는 이런 아내의 태도 이면에 엔간치 않은 음모가 숨어 있지나 않은가 하고 적이 불안을 느끼지 않을 수 없었다.

나는 아내의 하자는 대로 아내 방으로 끌려갔다. 아내 방에는 저녁 밥상이 조촐하게 차려져 있는 것이다. 생각하여 보면 나는 이틀을 굶었다. 나는 지금 배고픈 것까지도 긴가민가 잊어버리고 어름어름하던 차다.

나는 생각하였다. 이 최후의 만찬을 먹고 나자마자 벼락이 내려도 나는 차라리 후회하지 않을 것을. 사실 나는 인간 세상이 너무나 심심해서 못 견디겠던 차다. 모든 일이 성가시고 귀찮았으나 그러나 불의의 재난이라는 것은 즐겁다.

나는 마음을 턱 놓고 조용히 아내와 마주 이 해괴한 저녁밥을 먹었다. 우리 부부는 이야기하는 법이 없었다. 밥을 먹은 뒤에도 나는 말이 없이 그냥 부스스 일어나서 내 방으로 건너가 버렸다. 아내는 나를 붙잡지 않았다. 나는 벽에 기대어 앉아서 담배를 한 대 피워 물고 그리고 벼락이 떨어질 테거든 어서 떨어져라 하고 기다렸다.

오 분! 십 분!

그러나 벼락은 내리지 않았다. 긴장이 차츰 늘어지기 시작한다. 나는 어느덧 오늘 밤에도 외출할 것을 생각하고 있었다. 돈이 있었으면 하고 생각하고 있었다.

그러나 돈은 확실히 없다. 오늘은 외출하여도 나중에 올 무슨 기쁨이 있나. 나는 앞이 그냥 아뜩하였다. 나는 화가 나서 이불을 뒤집어쓰고 이리 뒹굴 저리 뒹굴 굴렀다. 금시 먹은 밥이 목으로 자꾸 치밀어 올라온다. 메스꺼웠다.

하늘에서 얼마라도 좋으니 왜 지폐가 소낙비처럼 퍼붓지 않나, 그것이 그저 한없이 야속하고 슬펐다. 나는 이렇게밖에 돈을 구하는 아무런 방법도 알지는 못했다. 나는 이불 속에서 좀 울었나 보다. 돈이 왜 없냐면서…….

그랬더니 아내가 또 내 방에를 왔다. 나는 깜짝 놀라 아마 인제서야 벼락이 내리려나 보다 하고 숨을 죽이고 두꺼비 모양으로 엎디어 있었다. 그러나 떨어진 입을 새어 나오는 아내의 말소리는 참 부드러웠다. 정다웠다. 아내는 내가 왜 우는지를 안다는 것이다. 돈이 없어서 그러는 게 아니냐다. 나는 실없이 깜짝 놀랐다. 어떻게 저렇게 사람의 속을 환—하게 들여다보는구 해서 나는 한편으로 슬그머니 겁도 안 나는 것은 아니었으나 저렇게 말하는 것을 보면 아마 내게 돈을 줄 생각이 있나 보다, 만일 그렇다면 오죽이나 좋은 일일까. 나는 이불 속에 풀풀 말린 채 고개도 들지 않고 아내의 다음 거동을 기다리고 있으니까, 옜소— 하고 내 머리맡에 내려뜨리는 것은 그 가뿐한 음향으로 보아 지폐에 틀림없었다. 그리고 내 귀에다 대고, 오늘일랑 어제보다도 좀더 늦게 들어와도 좋다고 속삭이는 것이다. 그것은 어렵지 않다. 우선 그 돈이 무엇보다도 고맙고 반가웠다.

어쨌든 나섰다. 나는 좀 야맹증이다. 그래서 될 수 있는 대로 밝은 거리를 골라서 돌아다니기로 했다. 그리고는 경성역 일이등 대합실 한켠 티룸에를 들렀다. 그것은 내게는 큰 발견이었다. 거기는 우선 아무도 아는 사람이 안 온다. 설사 왔다가도 곧 가니까 좋다. 나는 날마다 여기 와서 시간을 보내리라 속으로 생각하여 두었다.

제일 여기 시계가 어느 시계보다도 정확하리라는 것이 좋았다. 섣불리 서투른 시계를 보고 그것을 믿고 시간 전에 집에 돌아갔다가 큰코를 다쳐서는 안 된다.

나는 한 부스에 아무것도 없는 것과 마주 앉아서 잘 끓은 커피를 마셨다. 총총한 가운데 여객들은 그래도 한 잔 커피가 즐거운가 보다. 얼른얼른 마시고 무얼 좀 생각하는 것같이 담벼락도 좀 쳐다보고 하다가 곧 나가 버린다. 서글프다. 그러나 내게는 이 서글픈 분위기가 거리의 티룸들의 그 거추장스러운 분위기보다는 절실하고 마음에 들었다. 이따금 들리는 날카로운 혹은 우렁찬 기적 소리가 모차르트보다도 더 가깝다. 나는 메뉴에 적힌 몇 가지 안 되는 음식 이름을 치읽고 내리읽고 여러 번 읽었다. 그것들은 아물아물한 것이 어딘가 내 어렸을 때 동무들 이름과 비슷한 데가 있었다.

거기서 얼마나 내가 오래 앉았는지 정신이 오락가락하는 중에, 객이 슬며시 뜸해지면서 이구석 저구석 걷어치우기 시작하는 것을 보면 아마 닫을 시간이 된 모양이다. 열한시가 좀 지났구나, 여기도 결코 내 안주의 곳은 아니구나, 어디 가서 자정을 넘길까, 두루 걱정을 하면서 나는 밖으로 나섰다. 비가 온다. 빗발이 제법 굵은 것이 우비도 우산도 없는 나를 고생을 시킬 작정이다. 그렇다고 이런 괴이한 풍모를 차리고 이 홀에서 어물어물하는 수는 없고, 에이 비를 맞으면 맞았지 하고 나는 그냥 나서 버렸다.

대단히 선선해서 견딜 수가 없다. 코르덴 옷이 젖기 시작하더니 나중에는 속속들이 스며들면서 처근거린다. 비를 맞아 가면서라도 견딜 수 있는 데까지 거리를 돌아다녀서 시간을 보내려 하였으나 인제는 선선해서 이 이상은 더 견딜 수가 없다. 오한이 자꾸 일어나면서 이가 딱딱 맞부딪는다.

나는 걸음을 재우치면서 생각하였다. 오늘 같은 궂은 날도 아내에게 내객이 있을라구, 없겠지, 하는 생각이 드는 것이다. 집으로 가야겠다. 아내에게 불행히 내객이 있거든 내 사정을 하리라. 사정을 하면 이렇게 비가 오는 것을 눈으로 보고 알아주겠지.

부리나케 와보니까 그러나 아내에게는 내객이 있었다. 나는 그만 너무 춥고 척척해서 얼떨김에 노크하는 것을 잊었다. 그래서 나는 보면 아내가 좀 덜 좋아할 것을 그만 보았다. 나는 감발 자국 같은 발자국을 내면서 덤벙덤벙 아내 방을 디디고 그리고 내 방으로 가서 쭉 빠진 옷을 활활 벗어 버리고 이불을 뒤썼다. 덜덜덜덜 떨린다. 오한이 점점더 심해 들어온다. 여전 땅이 꺼져 들어가는 것만 같았다. 나는 그만 의식을 잃어버리고 말았다.

이튿날 내가 눈을 떴을 때 아내는 내 머리맡에 앉아서 제법 근심스러운 얼굴이다. 나는 감기가 들었다. 여전히 으스스 춥고 또 골치가 아프고 입에 군침이 도는 것이 씁쓸하면서 다리 팔이 척 늘어져서 노곤하다.

아내는 내 머리를 쓱 짚어 보더니 약을 먹어야지 한다. 아내 손이 이마에 선뜩한 것을 보면 신열이 어지간한 모양인데, 약을 먹는다면 해열제를 먹어야지 하고 속생각을 하자니까 아내는 따뜻한 물에 하얀 정제약 네 개를 준다. 이것을 먹고 한잠 푹— 자고 나면 괜찮다는 것이다. 나는 널름 받아 먹었다. 쌉싸름한 것이 짐작 같아서는 아마 아스피린인가 싶다. 나는 다시 이불을 쓰고 단번에 그냥 죽은 것처럼 잠이 들어 버렸다.

나는 콧물을 훌쩍훌쩍하면서 여러 날을 앓았다. 앓는 동안에 끊이지 않고 그 정제약을 먹었다. 그러는 동안에 감기도 나았다. 그러나 입맛은 여전히 소태처럼 썼다.

나는 차츰 또 외출하고 싶은 생각이 났다. 그러나 아내는 나더러 외출하지 말라고 이르는 것이다. 이 약을 날마다 먹고 그리고 가만히 누워 있으라는 것이다. 공연히 외출을 하다가 이렇게 감기가 들어서 저를 고생을 시키는 게 아니냐. 그도 그렇다. 그럼 외출을 하지 않겠다고 맹세하고 그 약을 연복(連服)하여 몸을 좀 보해 보리라고 나는 생각하였다.

나는 날마다 이불을 뒤집어쓰고 밤이나 낮이나 잤다. 유난스럽게 밤이나 낮이나 졸려서 견딜 수가 없는 것이다. 나는 이렇게 잠이 자꾸만 오는 것은 내가 몸이 훨씬 튼튼해진 증거라고 굳게 믿었다.

나는 아마 한 달이나 이렇게 지냈나 보다. 내 머리와 수염이 좀 너무 자라서 후틋해서 견딜 수가 없어서 내 거울을 좀 보리라고 아내가 외출한 틈을 타서 나는 아내 방으로 가서 아내의 화장대 앞에 앉아 보았다. 상당하다. 수염과 머리가 참 산란하였다. 오늘은 이발을 좀 하리라 생각하고 겸사겸사 고 화장품 병들 마개를 뽑고 이것저것 맡아 보았다. 한동안 잊어버렸던 향기 가운데서는 몸이 배배 꼬일 것 같은 체취가 전해 나왔다. 나는 아내의 이름을 속으로만 한번 불러 보았다. '연심(蓮心)이' 하고…….

오래간만에 돋보기 장난도 하였다. 거울 장난도 하였다. 창에 든 볕이 여간 따뜻한 것이 아니었다. 생각하면 오월이 아니냐.

나는 커다랗게 기지개를 한번 켜보고 아내 베개를 내려 베고 벌떡 자빠져서는 이렇게도 편안하고도 즐거운 세월을 하느님께 흠씬 자랑하여 주고 싶었다. 나는 참 세상의 아무것과도 교섭을 가지지 않는다. 하느님도 아마 나를 칭찬할 수도 처벌할 수도 없는 것 같다.

그러나 다음 순간, 실로 세상에도 이상스러운 것이 눈에 띄었다. 그것은 최면약 아달린 갑이었다. 나는 그것을 아내의 화장대 밑에서 발견하고 그것이 흡사 아스피린처럼 생겼다고 느꼈다. 나는 그것을 열어 보았다. 똑

네 개가 비었다.

　나는 오늘 아침에 네 개의 아스피린을 먹은 것을 기억하고 있었다. 나는 잤다. 어제도 그제도 그끄제도―나는 졸려서 견딜 수가 없었다. 나는 감기가 다 나았는데도 아내는 내게 아스피린을 주었다. 내가 잠이 든 동안에 이웃에 불이 난 일이 있다. 그때에도 나는 자느라고 몰랐다. 이렇게 나는 잤다. 나는 아스피린으로 알고 그럼 한 달 동안을 두고 아달린을 먹어 온 것이다. 이것은 좀 너무 심하다.

　별안간 아뜩하더니 하마터면 나는 까무러칠 뻔하였다. 나는 그 아달린을 주머니에 넣고 집을 나섰다. 그리고 산을 찾아 올라갔다. 인간 세상의 아무것도 보기가 싫었던 것이다. 걸으면서 나는 아무쪼록 아내에 관계되는 일은 일체 생각하지 않도록 노력하였다. 길에서 까무러치기 쉬우니까다. 나는 어디라도 양지가 바른 자리를 하나 골라서 자리를 잡아 가지고 서서히 아내에 관하여서 연구할 작정이었다. 나는 길가의 돌창, 핀 구경도 못 한 진개나리꽃, 종달새, 돌멩이도 새끼를 까는 이야기, 이런 것만 생각하였다. 다행히 길가에서 나는 졸도하지 않았다.

　거기는 벤치가 있었다. 나는 거기 정좌하고 그리고 그 아스피린과 아달린에 관하여 연구하였다. 그러나 머리가 도무지 혼란하여 생각이 체계를 이루지 않는다. 단 오 분이 못 가서 나는 그만 귀찮은 생각이 번쩍 들면서 심술이 났다. 나는 주머니에서 가지고 온 아달린을 꺼내 남은 여섯 개를 한꺼번에 질겅질겅 씹어 먹어 버렸다. 맛이 익살맞다. 그리고 나서 나는 그 벤치 위에 가로 기다랗게 누웠다. 무슨 생각으로 내가 그 따위 짓을 했나? 알 수가 없다. 그저 그러고 싶었다. 나는 게서 그냥 깊이 잠이 들었다. 잠결에도 바위 틈을 흐르는 물소리가 졸졸 하고 귀에 언제까지나 어렴풋이 들려 왔다.

　내가 잠을 깨었을 때는 날이 환―히 밝은 뒤다. 나는 거기서 일주야를 잔 것이다. 풍경이 그냥 노―랗게 보인다. 그 속에서도 나는 번개처럼 아스피린과 아달린이 생각났다.

아스피린, 아달린, 아스피린, 아달린, 맑스, 말사스, 마도로스, 아스피린, 아달린.

아내는 한 달 동안 아달린을 아스피린이라고 속이고 내게 먹였다. 그것은 아내 방에서 이 아달린 갑이 발견된 것으로 미루어 증거가 너무나 확실하다.

무슨 목적으로 아내는 나를 밤이나 낮이나 재웠어야 됐나?

나를 밤이나 낮이나 재워 놓고 그리고 아내는 내가 자는 동안에 무슨 짓을 했나?

나를 조금씩 조금씩 죽이려던 것일까?

그러나 또 생각하여 보면, 내가 한 달을 두고 먹어 온 것은 아스피린이었는지도 모른다. 아내는 무슨 근심되는 일이 있어서 밤이면 잠이 잘 오지 않아서 정작 아내가 아달린을 사용한 것이나 아닌지, 그렇다면 나는 참 미안하다. 나는 아내에게 이렇게 큰 의혹을 가졌다는 것이 참 안됐다.

나는 그래서 부리나케 거기서 내려왔다. 아랫도리가 화해 내어저이면서 어찔어찔한 것을 나는 겨우 집을 향하여 걸었다. 여덟시 가까이였다.

나는 내 잘못된 생각을 죄다 일러바치고 아내에게 사죄하려는 것이다. 나는 너무 급해서 그만 또 말을 잊어버렸다.

그랬더니 이건 참 너무 큰일났다. 나는 내 눈으로는 절대로 보아서 안될 것을 그만 딱 보아 버리고 만 것이다. 나는 얼떨결에 그만 냉큼 미닫이를 닫고 그리고 현기증이 나는 것을 진정시키느라고 잠깐 고개를 숙이고 눈을 감고 기둥을 짚고 섰자니까 일 초 여유도 없이 홱 미닫이가 다시 열리더니 매무새를 풀어헤친 아내가 불쑥 내밀면서 내 멱살을 잡는 것이다. 나는 그만 어지러워서 게서 그냥 나동그라졌다. 그랬더니 아내는 넘어진 내 위에 덮치면서 내 살을 함부로 물어뜯는 것이다. 아파 죽겠다. 나는 사실 반항할 의사도 힘도 없어서 그냥 넙죽 엎디어 있으면서 어떻게 되나 보고 있자니까 뒤이어 남자가 나오는 것 같더니 아내를 한아름에 덥석 안아 가지고 방으로 들어가는 것이다. 아내는 아무 말 없이 다소곳이 그렇게 안겨 들어가는 것이 내 눈에 여간 미운 것이 아니다. 밉다.

아내는 너 밤새워 가면서 도둑질하러 다니느냐, 계집질하러 다니느냐고 발악이다. 이것은 참 너무 억울하다. 나는 어안이 벙벙하여 도무지 입이 떨어지지를 않았다.

너는 그야말로 나를 살해하려던 것이 아니냐고 소리를 한번 꽥 질러 보고도 싶었으나 그런 긴가민가한 소리를 섣불리 입 밖에 내었다가는 무슨 화를 볼는지 알 수 있나. 차라리 억울하지만 잠자코 있는 것이 우선 상책인 듯싶이 생각이 들길래 나는 이것은 또 무슨 생각으로 그랬는지 모르지만 툭툭 털고 일어나서 내 바지 포켓 속에 남은 돈 몇 원 몇십 전을 가만히 꺼내서는 몰래 미닫이를 열고 살며시 문지방 밑에다 놓고 나서는 그냥 줄달음박질을 쳐서 나와 버렸다.

여러 번 자동차에 치일 뻔하면서 나는 그대로 경성역을 찾아갔다. 빈자리와 마주 앉아서 이 쓰디쓴 입맛을 거두기 위하여 무엇으로나 입가심을 하고 싶었다.

커피. 좋다. 그러나 경성역 홀에 한걸음을 들여놓았을 때 나는 내 주머니에는 돈이 한푼도 없는 것을, 그것을 깜빡 잊었던 것을 깨달았다. 또 아뜩하였다. 나는 어디선가 그저 맥없이 머뭇머뭇하면서 어쩔 줄을 모를 뿐이었다. 얼빠진 사람처럼 그저 이리 갔다 저리 갔다 하면서…….

나는 어디로 어디로 들입다 쏘다녔는지 하나도 모른다. 다만 몇 시간 후에 내가 미쓰꼬시 옥상에 있는 것을 깨달았을 때는 거의 대낮이었다.

나는 거기 아무 데나 주저앉아서 내 자라 온 스물여섯 해를 회고하여 보았다. 몽롱한 기억 속에서는 이렇다는 아무 제목도 불그러져 나오지 않았다.

나는 또 나 자신에게 물어 보았다. 너는 인생에 무슨 욕심이 있느냐고.

그러나 있다고도 없다고도, 그런 대답은 하기가 싫었다. 나는 거의 나 자신의 존재를 인식하기조차도 어려웠다.

허리를 굽혀서 나는 그저 금붕어나 들여다보고 있었다. 금붕어는 참 잘들도 생겼다. 작은 놈은 작은 놈대로 큰 놈은 큰 놈대로 다 싱싱하니 보기좋았다. 내리비치는 오월 햇살에 금붕어들은 그릇 바탕에 그림자를 내려뜨렸다. 지느러미는 하늘하늘 손수건을 흔드는 흉내를 낸다. 나는 이 지느러미 수효를 헤어 보기도 하면서 굽힌 허리를 좀처럼 펴지 않았다. 등허리가 따뜻하다.

나는 또 회탁의 거리를 내려다보았다. 거기서는 피곤한 생활이 똑 금붕어 지느러미처럼 흐늑흐늑 허비적거렸다. 눈에 보이지 않는 끈적끈적한줄에 엉켜서 헤어나지들을 못한다. 나는 피로와 공복 때문에 무너져 들어가는 몸뚱이를 끌고 그 회탁의 거리 속으로 섞여 들어가지 않는 수도 없다생각하였다.

나서서 나는 또 문득 생각하여 보았다. 이 발길이 지금 어디로 향하여가는 것인가를……

그때 내 눈앞에는 아내의 모가지가 벼락처럼 내려 떨어졌다. 아스피린과 아달린.

우리들은 서로 오해하고 있느니라. 설마 아내가 아스피린 대신에 아달린 정량을 나에게 먹여 왔을까? 나는 그것을 믿을 수가 없다. 아내가 대체그럴 까닭이 없을 것이니 그러면 나는 날밤을 새면서 도적질을, 계집질을하였나? 정말이지 아니다.

우리 부부는 숙명적으로 발이 맞지 않는 절름발이인 것이다. 내가 아내나 제 거동에 로직(논리)을 붙일 필요는 없다. 변해(辯解)할 필요도 없다.사실은 사실대로 오해는 오해대로 그저 끝없이 발을 절뚝거리면서 세상을걸어가면 되는 것이다. 그렇지 않을까?

그러나 나는 이 발길이 아내에게로 돌아가야 옳은가 이것만은 분간하기가 좀 어려웠다. 가야 하나? 그럼 어디로 가나?

이때 뚜— 하고 정오 사이렌이 울렸다. 사람들은 모두 네활개를 펴고 닭처럼 푸드덕거리는 것 같고 온갖 유리와 강철과 대리석과 지폐와 잉크가 부글부글 끓고 수선을 떨고 하는 것 같은 찰나, 그야말로 현란을 극한 정오다.

나는 불현듯이 겨드랑이가 가렵다. 아하 그것은 내 인공의 날개가 돋았던 자국이다. 오늘은 없는 이 날개, 머릿속에서는 희망과 야심의 말소된 페이지가 딕셔너리(사전) 넘어가듯 번뜩였다.

나는 걷던 걸음을 멈추고 그리고 어디 한번 이렇게 외쳐 보고 싶었다.
날개야 다시 돋아라.
날자. 날자. 날자. 한 번만 더 날자꾸나.
한 번만 더 날아 보자꾸나.

탐구문제

(1) 서두에 서술된 경구의 의미를 분석해 보자.

(2) '나'의 외출 횟수를 조사해 보고, 외출과 귀가가 반복하면서 달라지는 점을 설명해 보자.

(3) 결말 부분의 '날개야 다시 돋아라.', '한 번만 더 날아보자꾸나.'에서 '다시'와 '더'에 유의하여 이 작품을 분석해 보자.

4. 치숙

채만식

우리 아저씨 말이지요? 아따 저 거시키, 한참 당년에 무엇이냐 그놈의 것, 사회주의라더냐 막덕이라더냐, 그걸 하다 징역 살고 나와서 폐병으로 시방 앓고 누웠는 우리 오촌 고모부(姑母夫) 그 양반…….

뭐, 말도 마시오. 대체 사람이 어쩌면 글쎄…… 내 원!

신세 간데없지요.

자, 십 년 적공, 대학교까지 공부한 것 풀어 먹지도 못했지요. 좋은 청춘 어영부영 다 보냈지요, 신분에는 전과자(前科者)라는 붉은 도장 찍혔지요. 몸에는 몹쓸 병까지 들었지요.

이 신세를 해가지골랑은 굴속 같은 오두막집 단칸 셋방 구석에서 사시 장철 밤이나 낮이나 눈 따악 감고 드러누웠군요.

재산이 어디 집터전인들 있을 턱이 있나요. 서발막대 내저어야 짚검불 하나 걸리는 것 없는 철빈인데.

우리 아주머니가, 그래도 그 아주머니가, 어질고 얌전해서 그 알량한 남편양반 받드느라 삯바느질이야 남의 집 품빨래야 화장품장사야, 그 칙살스런 벌이를 해다가 겨우겨우 목구멍에 풀칠을 하지요.

어디루 대나 그 양반은 죽는 게 두루 좋은 일인데 죽지도 아니해요.

우리 아주머니가 불쌍해요. 아, 진작 한 나이라도 젊어서 팔자를 고치는 게 아니라, 무슨 놈의 우난 후분을 바라고 있다가 끝끝내 고생을 하는지.

근 이십 년 소박을 당했지요.

이십 년을 설운 청춘 한숨으로 보내고서 다 늦게야 송장 여대치게 생긴 그 양반을 그래도 남편이라고 모셔다가는 병수발 들랴, 먹고 살랴, 애자진 하고 다니는 걸 보면 참말 가엾어요.

그게 무슨 죄다짐이람? 팔자 팔자 하지만 왜 팔자를 고치지를 못하고서 그래요. 우리 죄선 구식 부인네들은 다 문명을 못 하고 깨지를 못 해서 그러지.

그 양반이 한시바삐 죽기나 했으면 우리 아주머니는 차라리 신세 편하리다.

심덕 좋겠다, 솜씨 얌전하겠다 하니, 어디 가선들 자기 일신 몸 가누고 편안히 못 지내요?

가만있자, 열여섯 살에 아저씨네 집으로 시집을 갔다니깐, 그게 내가 세 살 적이니 꼬박 열여덟 해로군. 열여덟 해면 이십 년 아니오.

그때 우리 아저씨 양반은 나이 어리기도 했지만, 공부를 한답시고 서울로 동경으로 십여 년이나 돌아다녔고, 조금 자라서 색시 재미를 알 만하니까는 누가 이쁘달까 봐 이혼하자고 아주머니를 친정으로 쫓고는 통히 불고를 하고…….

공부를 다 마치고 오더니만, 그 담에는 그놈의 짓에 들입다 발광해 다니면서 명색 학생 출신이라는 딴 여편네를 얻어 살았지요. 그 여편네는 나도 몇 번 보았지만 쌍판대기라고 별반 출 수도 없이 생겼습디다. 그 인물로 남의 첩이야? 일색소박은 있어도 박색소박은 없다더니, 사실 소박맞은 우리 아주머니가 그 여편네게다 대면 월등 이뻤다우.

그래 그 뒤에, 그 양반은 필경 붙들려 가서 오 년이나 전중이를 살았지요. 그 동안에 아주머니는 시집이고 친정이고 모두 폭 망해서 의지가지없이 됐지요.

그러니 어떻게 해요? 자칫하면 굶어 죽을 판인데.

할 수 없이 얻어먹고 살기도 해야 하려니와, 또 아저씨 나오는 것도 기다려야 한다고 나를 반연삼아 서울로 올라왔더군요. 그게 그러니까 아저씨가 나오던 그 전해로군.

그때 내가 나이는 어려도 두루 납뛴 보람이 있어서 이내 구라다상네 식모로 들어갔지요.

그 무렵에 참 내가 아주머니더러 여러 번 권면을 했지요. 그러지 말고 개가(改嫁)를 가라고. 글쎄 어린 소견에도 보기에 퍽 딱하고 민망합디다.

계제에 마침 또 좋은 자리가 있었고요. 미네상이라고 미쓰꼬시 앞에서 바나나 다다키우리를 하는 인데 사람이 퍽 좋아요.

우리집 다이쇼(主人)도 잘 알고 하는데, 그이가 늘 나더러 죄선 오깜상하고 살았으면 좋겠다고, 중매 서달라고 그래쌌어요.

돈은 모아 둔 게 없어도 다 벌어먹고 살 만하니까 그런 사람 만나서 살면 아주머니도 신세 편할 게 아니라구요?

그런 걸 글쎄, 몇 번 말해도 흉한 소리 말라고 듣질 않는 걸 어떡하나요.

아무튼 그런 것말고라도 참, 흰말이 아니라 이날 이때까지 내가 그 아주머니 뒤도 많이 보아 주었다우. 또 나도 그럴 만한 은공이 없잖아 있구요.

내가 일곱 살에 부모를 잃었지요. 그리고 나서 의탁할 곳이 없이 됐는데 그때 마침 소박을 맞고 친정살이를 하는 그 아주머니가 나를 데려다가 길러 주었지요.

그때만 해도 그 집이 그다지 군색하게 지내진 않았으니깐요. 아주머니도 아주머니지만 증조할머니며 할아버지도 슬하에 딴 자손이 없어서 나를 퍽 귀애하겠지요.

열두 살까지 그 집에서 자랐군요.

사 년이나마 보통학교도 다녔고.

아마 모르면 몰라도 그 집안에 그렇게 치패하지만 않았으면 나도 그냥 붙어 있어서 시방쯤은 전문학교까지는 다녔으리다.

이런 은공이 있으니까 나도 그걸 저버리지 않고 그래서 내 깜냥에는 갚을 만치 갚노라고 갚은 셈이지요.

하기야 요새도 간혹 아주머니가 찾아와서 양식 없다는 사정을 더러 하곤 하는데 실토정 말이지 좀 성가시기는 해요.

그러는 족족 그 수응을 하자면 내 일을 못 하겠는걸. 그래 대개 잘라 떼기는 하지요.

그렇지만 그 밖에, 가령 양명절 때면 고깃근이라도 사보낸다든지, 또 오며가며 들러 이야기낱이라도 한다든지, 그런 건 결단코 범연히하진 않으니까요.

아무튼 그래서, 아주머니는 꼬박 일 년 동안 구라다상네 집 오마니로 있으면서 월급 오 원씩 받는 걸 그대로 고스란히 저금을 하고, 또 틈틈이 삯바느질을 맡아다가 조금씩 벌어 보태고, 또 나올 무렵에 구라다상네 양주가 퍽 기특하다고 돈 칠 원을 상급으로 주고, 그런 게 이럭저럭 돈 백 원이나 존존히 됐지요.

그 돈으로 방 한 칸 얻고 살림 나부랭이도 조금 장만하고 그래 놓고서 마침 그 알량꼴량한 서방님이 놓여 나오니까 그리로 모셔 들였지요.

놓여 나오는 날 나도 가서 보았지만, 가막소 문 앞에 막 나서자 아주머니가 기다리고 있으니까 그래도 눈물이 핑― 돌던데요.

전에 그렇게도 죽을 동 살 동 모르고 좋아하던 첩년은 꼴도 안 뵈구요. 남의 첩년이란 건 다 그런 거지요, 뭐.

우리 아저씨 양반은 혹시 그 여편네가 오지 않았나 하고 사방을 휘휘 둘러보던데요. 속이 그렇게 없다니까. 여편네는커녕 아주머니하고 나하고 그 외는 어리친 개새끼 한 마리 없더라.

그래 막, 자동차에 올라타려다가 피를 토했지요. 나중에 들었지만 가막소 안에서 달포 전부터 토혈을 했다나 봐요.

그래 다 죽어 가는 반송장을 업어 오다시피 해다가 뉘어 놓고, 그날부터 아주머니는 불철주야로, 할짓 못할짓 다 해가면서 부스대고 납뛴 덕에 병도 차차로 차도가 있고, 그러더니 인제는 완구히 살아는 났지요. 뭐 참 시방은 용 꼴인걸요, 용 꼴.

부인네 정성이 무서운 겝다.

꼬박 삼 년이군. 나 같으면 돌아가신 부모가 살아오신대도 그 짓 못해요.

자, 그러니 말이지요. 우리 아저씨라는 양반이 작히나 양심이 있고 다 그럴 양이면, 어허, 내가 어서 바삐 몸이 충실해져서, 어서 바삐 돈을 벌어다가 저 아내를 편안히 거느리고, 이 은공과 전날의 죄를 갚아야 하겠구나…… 이런 맘을 먹어야 할 게 아니라구요?

아주머니의 은공을 갚자면 발에 흙이 묻을세라 업고 다녀도 참 못다 갚지요.

그러고저러고 간에 자기도 이제는 속차려야지요. 하기야 속을 차려서 무얼 하재도 전과자니까 관리나 또 회사 같은 데는 들어가지 못하겠지만, 그야 자기가 저지른 일인 걸 누구를 원망할 일도 아니고, 그러니 막 벗어붙이고 노동이라도 해야지요.

대학교 출신이 막벌이 노동이란 게 꼴 가관이지만 그래도 할 수 없지, 뭐.

그런 걸 보고 가만히 나를 생각하면, 만약 우리 증조할아버지네 집안이 그렇게 치패를 안 해서 나도 전문학교를 졸업을 했으면, 혹시 우리 아저씨 모양이 됐을지도 모를 테니 차라리 공부 많이 않고서 이 길로 들어선 게 다행이다…… 이런 생각이 들어요.

사실 우리 아저씨 양반은 대학교까지 졸업하고도 이제는 기껏 해먹을 거란 막벌이 노동밖에 없는데, 보통학교 사 년 겨우 다니고서도 시방 앞길이 환히 트인 내게다 대면 고쓰카이만도 못하지요.

아, 그런데 글쎄 막벌이 노동을 하고 어쩌고 하기는커녕 조금 바시시 살아날 만하니까 이 주책꾸러기 양반이 무슨 맘보를 먹는고 하니, 내 참

기가 막혀!

아니, 그놈의 것하고는 무슨 대천지 원수가 졌단 말인지, 어쨌다고 그걸 끝끝내 하지 못해서 그 발광인고?

그러나마 그게 밥이 생기는 노릇이란 말인지? 명예를 얻는 노릇이란 말인지. 필경은, 붙잡혀 가서 징역 사는 놀음?

아마 그놈의 것이 아편하고 꼭 같은가 봐요. 그렇길래 한번 맛을 들이면 끊지를 못하지요?

그렇지만 실상 알고 보면 그게 그다지 재미가 난다거나 맛이 있다거나 그런 것도 아니더군 그래요. 부랑당패던데요. 하릴없이 부랑당팹디다.

저— 서양 어디선가, 일하기 싫어하는 게으름뱅이 몇 놈이 양지쪽에 모여 앉아서 놀고 먹을 궁리를 했더라나요. 우리집 다이쇼가 다 자상하게 이야기를 해줍디다.

게, 그 녀석들이 서로 구누를 하기를, 자, 이 세상에는 부자가 있고 가난한 사람이 있고 하니 그건 도무지 공평한 일이 아니다. 사람이란 건 이목구비하며 사지육신을 꼭 같이 타고났는데, 누구는 부자로 잘살고 누구는 가난하다니 그게 될 말이냐. 그러니 부자가 가진 것을 우리 가난한 사람들하고 다 같이 고르게 나눠 먹어야 경우가 옳다.

야— 그거 옳은 말이다. 야— 그 말 좋다. 자— 나눠 먹자.

아, 이렇게 설도를 해가지고 우 하니 들고 일어났다는군요.

아—니, 그러니 그게 생 날부랑당놈의 짓이 아니고 무어요?

사람이란 것은 제가끔 분지복이 있어서 기수를 잘 타고 나든지 부지런하면 부자가 되는 법이요, 복록을 못 타고 나든지 게으른 놈은 가난하게 사는 법이요, 다 이렇게 마련인데, 그거야말로 공평한 천리인 것을, 됩다 불공평하다께 될 말이오? 그리고서 억지로 남의 것을 뺏어 먹자고 들다니 그놈들이 부랑당이지 무어요.

짓이 부랑당 짓일 뿐 아니라, 또 만약에 그러기로 들면 게으른 놈은 점점 더 게으름만 부리고 쫓아다니면서 부자 사람네가 가진 것만 뺏어 먹을 테니 이 세상은 통으로 도적놈의 판이 될 게 아니오? 그나마, 부자 사람네가 모아 둔 걸 다 뺏기고 더는 못 먹여 내는 날이면 그때는 이 세상 망하는 날이 아니오?

저마다 남이 농사 지어 놓으면 그걸 뺏어 먹으려고 일 않고 번둥번둥 놀 것이고, 남이 옷감 짜노면 그걸 뺏어다가 입으려고 번둥번둥 놀 것이고 그럴 테니 대체 곡식이며 옷감이며 그런 것이 다 어디서 나올 데가 있어야지요. 세상 망할밖에!

글쎄 그놈의 짓이 그렇게 세상 망쳐 놀 장본인 줄은 모르고서 가난한 놈들, 그 중에도 일하기 싫은 게으름뱅이들이 위선 당장 부자 사람네 것을 뺏어 먹는다니까 거기 혹해 가지골랑 너도나도 와 하니 참섭을 했다는구려.

바로 저 아라사가 그랬대요.

그래서 아니나다를까 농군들이 곡식을 안 만들기 때문에 사람이 수만 명씩 굶어 죽는다는구려. 빠안한 이치지 뭐.

위선 먹기는 곶감이 달다고 그 지랄들을 했다가 잘코사니야!

아 그런데, 그 못된 놈의 풍습이 삽시간에 동서양 각국 안 간 데 없이 퍼져 가지골랑 한동안 내지에도 마구 굉장히 드세게 돌아다녔고, 내지가 그러니까 멋도 모르는 죄선 영감상들도 덩달아서 그 흉내를 냈다나요.

그렇지만 시방은 그새 나라에서 엄하게 밝히고 금하고 한 덕에 많이 너끔해졌고 그런 마음 먹는 사람은 별반 없다나 봐요.

그럴 게지 글쎄. 아 해서 좋을 양이면야 나라에선들 왜 금하며 무슨 원수가 졌다고 붙잡아다가 징역을 살리나요.

좋고 유익한 것이면 나라에서 도리어 장려하고, 잘할라치면 상급도 주고 그러잖아요.

활동사진이며 스모며 만자이며 또 왓쇼왓쇼랄지 세이레이 낭아시랄지 라디오체조랄지 그런 건 다 유익한 일이니까 나라에서 설도도 하고 그러잖아요.

나라라는 게 무언데? 그런 걸 다 잘 분간해서 이럴 건 이러고 저럴 건 저러라고 시시하고, 그 덕에 백성들은 제각기 제 분수대로 편안히 살도록 애써 주는 게 나라 아니오?

그놈의 것 사회주의만 하더라도 나라에서 금하질 않고 저희가 하는 대로 두어 두었어 보아? 시방쯤 세상이 무엇이 됐을지…….

다른 사람들도 낭패 본 사람이 많았겠지만, 위선 나만 하더라도 글쎄 어쩔 뻔했어! 아무 일도 다 틀리고 뒤죽박죽이지.

내 이상과 계획은 이렇거든요.

우리집 다이쇼가 나를 자별히 귀애하고 신용을 하니까 인제 한 십 년만 더 있으면 한밑천 들여서 따로 장사를 시켜 줄 그런 눈치거든요.

그러거들랑 그것을 언덕삼아 가지고 나는 삼십 년 동안 예순 살 환갑까지만 장사를 해서 꼭 십만 원을 모을 작정이지요. 십만 원이면 죄선 부자로 쳐도 천석꾼이니, 뭐 떵떵거리고 살 게 아니라구요?

그리고 우리 다이쇼도 한 말이 있고 하니까, 나는 내지인 규수한테로 장가를 들래요. 다이쇼가 다 알아서 얌전한 자리를 골라 중매까지 서준다고 그랬어요. 내지 여자가 참 좋지요.

나는 죄선 여자는 거저 주어도 싫어요.

구식 여자는 얌전은 해도 무식해서 내지인하고 교제하는 데 안됐고, 신식 여자는 식자나 들었다는 게 건방져서 못쓰고, 도무지 그래서 죄선 여자는 신식이고 구식이고 다 제바리여요.

내지 여자가 참 좋지 뭐. 인물이 개개 일자로 이쁘겠다, 얌전하겠다, 상냥하겠다, 지식이 있어도 건방지지 않겠다, 좀이나 좋아!

그리고 내지 여자한테 장가만 드는 게 아니라 성명도 내지인 성명으로 갈고 집도 내지인 집에서 살고 옷도 내지 옷을 입고 밥도 내지식으로 먹고 아이들도 내지인 이름을 지어서 내지인 학교에 보내고…….

내지인 학교라야지 죄선 학교는 너절해서 아이들 버려 놓기나 꼭 알맞지요. 그리고 나도 죄선말은 싹 걷어치우고 국어만 쓰고요.

이렇게 다 생활법식부터도 내지인처럼 해야만 돈도 내지인처럼 잘 모으게 되거든요.

내 이상이며 계획은 이래서 그 십만 원짜리 큰부자가 바로 내다뵈고, 그리로 난 길이 환하게 트이고 해서 나는 시방 열심으로 길을 가고 있는데, 글쎄 그 미쳐 살미 든 놈들이 세상 망쳐 버릴 사회주의를 하러 드니, 내가 소름이 끼칠 게 아니라구요? 말만 들어도 끔찍하지!

세상이 망해서 뒤집히면 그래 나는 어쩌란 말인고? 아무것도 다 허사가 될 테니 그런 억울할 데가 있더람?

뭐 참, 우리집 다이쇼 말이 일일이 지당해요.

여느 절도나 강도나 사기나 그런 죄는 도적이면 도적을 해가는 그 당장, 그 돈만 축을 내니까 오히려 죄가 가볍지만, 그놈의 것 사회주의인지 지랄인지는 온 세상을 뒤죽박죽을 만들어 놓고 나라를 통째로 소란하게 하니까 도저히 용서할 수가 없대요.

용서라니! 나 같으면 그런 놈들은 모조리 쓸어다가 마구 그저 그냥……. 그런 일을 생각하면, 털어놓고 말이지 우리 아저씬가 그 양반도 여간 불측스러 뵈질 않아요. 사실 아주머니만 아니면 내가 무슨 천주학이라고 나쁜 병까지 앓는 그 양반을 찾아다니나요. 죽는대도 코도 안 풀어 붙일걸.

그러나마 전자의 죄상을 다 회개를 하고 못된 마음을 씻어 버렸을 새 말이지, 뭐 헌 개꼬리 삼년이라더냐, 종시 그 모양일걸요.

그러니깐 그게 밉살머리스러워서, 더러 들렀다가 혹시 마주앉아도 위정 뼈끝 저린 소리나 내쏘아 주고 말을 다잡아 가지골랑 꼼짝못하게시리 몰아세워 주곤 하지요.

저번에도 한번 혼을 단단히 내주었지요. 아, 그랬더니 아주머니더러 한다는 소리가, 그 녀석 사람 버렸더라고, 아무짝에도 못 쓰게 길이 들었더라고 그러더라나요.

내 원, 그 소리를 듣고 하도 어처구니가 없어서!

대체 사람도 유만부동이지, 그 아저씨가 나더러 사람 버렸느니 아무짝에도 못 쓰게 길이 들었느니 하더라니, 원 입이 몇 개나 되면 그런 소리가 나오는 구멍도 있누?

죄선 벙어리가 다 말을 해도 나 같으면 할 말 없겠더구먼서도, 하면 다 말인 줄 아나 봐?

이를테면 그게 명색 훈계 비슷한 거렷다? 내게다가 맞대 놓고 그런 소리를 하다가는 되잡혀서 혼이 날 테니까 슬며서 아주머니더러 이르란 요량이던 게지?

기가 막혀서…… 하느님이 사람의 콧구멍 두 개로 마련하기 참 다행이야.

글쎄 아무려면 내가 자기처럼 다아 공부는 못 하고 남의 집 고조〔小僧〕 노릇으로, 반또〔番頭〕 노릇으로 이렇게 굴러먹을 값에 이래 보여도 표창을 두 번이나 받은 모범 점원이요, 남들이 똑똑하고 재주 있고 얌전하다고 칭찬이 놀랍고, 앞길이 환히 트인 유망한 청년인데, 그래 자기 눈에는 내가 버린 놈이고 아무짝에도 못 쓰게 길이 든 놈으로 보였단 말이지?

하하, 오옳지! 거 참 그렇겠군. 자기는 자기 하는 짓이 옳으니까 남이 하는 짓은 다 글렀단 말이렷다?

그러니까 나도 자기처럼 그놈의 것 사회주읜지 급살맞을 것인지나 하다가 징역이나 살고 전과자나 되고 폐병이나 앓고, 다 그랬더라면 사람 버리지도 않고 아무짝에도 못 쓰게 길든 놈도 아니고 그럴 뻔했군그래!

흥! 참…….

제 밑 구린 줄 모르고서 남더러 어쩌구저쩌구 한다는 게, 꼭 우리 아저씨 그 양반을 두고 이른 말인가 봐.

그날도 실상 이랬더라우. 혼을 내주었더니, 아주머니더러 그런 소리를 하더란 그날 말이오.

그날이 마침 내가 쉬는 날이길래 아주머니더러 할 이야기도 있고 해서 아침결에 좀 들렀더니, 아주머니는 남의 혼인집으로 바느질을 해주러 갔다고 없고, 아저씨 양반만 여전히 아랫목에 가서 드러누웠어요.

그런데 보니깐, 어디서 모두 뒤져 냈는지, 머리맡에다가 헌 언문 잡지를 수북이 쌓아 놓고는 그걸 뒤져요.

그래 나도 심심삼아 한 권 집어 들고 떠들어 보았더니, 뭐 읽을 맛이 나야지요.

대체 죄선 사람들은 잡지 하나를 해도 어찌 모두 그 꼬락서니로 해놓는지.

사진도 없지요, 망가(만화)도 없지요.

그리고는 맨판 까탈스런 한문 글자로다가 처박아 놓으니 그걸 누구더러 보란 말인고?

더구나 우리 같은 놈은 언문도 그런대로 뜯어보기는 보아도 읽기에 여간만 폐롭지가 않아요.

그러니 어려운 언문하고 까다로운 한문하고를 섞어서 쓴 글은 뜻을 몰라 못 보지요. 언문으로만 쓴 것은 소설 나부랭인데, 읽기가 힘이 들 뿐 아니라 또 죄선 사람이 쓴 소설이란 건 재미가 있어야죠. 나는 죄선 신문이나 죄선 잡지하구는 담쌓고 남 된 지 오랜걸요.

잡지야 뭐 《킹구》나 《쇼넹구라부》 덮어 먹을 잡지가 있나요. 참 좋아요.

한문 글자마다 가나를 달아 놓았으니 어떤 대문을 척 펴들어도 술술 내리읽고 뜻을 횅하니 알 수가 있지요.

그리고 어떤 대문을 읽어도 유익한 교훈이나 재미나는 소설이지요.

소설 참 재미있어요. 그 중에도 기쿠지캉 소설……! 어쩌면 그렇게도 아기자기하고도 달콤하고도 재미가 있는지. 그리고 요시가와 에이지, 그의 소설은 진찐바라바라하는 지다이모노(역사물)인데 마구 어깻바람이 나구요.

소설이 모두 그렇게 재미가 있지요. 망가가 많지요. 사진이 많지요. 그리고도 값은 좀 헐하나요. 십오 전이면 바로 그 전달 치를 사볼 수 있고, 보고 나서는 오 전에 도로 파는데요.

잡지도 기왕 하려거든 그렇게나 해야지, 죄선 사람들은 제엔장 큰소리는 곧잘 하더구면서도 잡지 하나 반반한 거 못 만들어 내니!

그날도 글쎄 잡지가 그 꼴이라, 아예 글은 볼 멋도 없고 해서 혹시 망가나 사진이라도 있을까 하고 책장을 후르르 넘기노라니깐 마침 아저씨 이름이 있겠나요! 하도 신통해서 쓰윽 펴들고 보았더니 제목이 첫줄은 경제, 사회…… 무엇 어쩌구 잔주를 달아 놨겠지요.

그것만 보아도 벌써 그럴듯해요. 경제는 아저씨가 대학교에서 경제를 배웠다니까 경제 속은 잘 알 것이고, 또 사회는 그것 역시 사회주의를 했으니까 그 속도 잘 알 것이고, 그러니까 경제하고 사회주의하고 어떻게 서로 관계가 되는 것이며 어느 편이 옳다는 것이며 그런 소리를 썼을 게 분명해요.

뭐, 보나 안 보나 속이야 빠안하지요. 대학교까지 가설랑 경제를 배우고도 돈 모을 생각은 않고서 사회주의만 하고 다닌 양반이라 경제가 그르고 사회주의가 옳다고 우겨 댔을 거니까요.

아무렇든 아저씨가 쓴 글이라는 게 신기해서 좀 보아 볼 양으로 쓰윽 훑어봤지요. 그러나 웬걸 읽어 먹을 재주가 있나요.

글자는 아주 어려운 자만 아니면 대강 알기는 알겠는데, 붙여 보아야 대체 무슨 뜻인지를 알 수가 있어야지요.

속이 상하길래 읽어 보자던 건 작파하고서 아저씨를 좀 따잡고 몰아세울 양으로 그 대목을 차악 펴놨지요.

"아저씨?"

"왜 그러니?"

"아저씨가 여기다가 경제 무어라구 쓰구, 또 사회 무어라구 썼는데, 그러면 그게 경제를 하란 뜻이오? 사회주의를 하란 뜻이오?"

"뭐?"

못 알아듣고 뚜렛뚜렛해요. 자기가 쓰고도 오래 돼서 다 잊어버렸거나, 혹시 내가 말을 너무 까다롭게 내기 때문에 섬뻑 대답이 안 나왔거나 그랬겠지요. 그래 다시 조곤조곤 따졌지요.

"아저씨…… 경제란 것은 돈 모아서 부자 되라는 것 아니오? 그런데, 사회주의란 것은 모아 둔 부자 사람의 돈을 뺏어 쓰는 것 아니오?"

"이애가 시방!"

"아—니, 들어 보세요."

"너, 그런 경제학, 그런 사회주의 어디서 배웠니?"

"배우나마나, 경제란 건 돈 많이 벌어서 애껴 쓰구 나머지 모아 두는 게 경제 아니오?"

"그건 보통, 경제한다는 뜻으루 쓰는 경제고, 경제학이니 경제적이니 하는 건 또 다르다."

"다를 게 무어요? 경제는 돈 모으는 것이고, 그러니까 경제학이면 돈 모으는 학문이지요."

"아니란다. 혹시 이재학(理財學)이라면 돈 모으는 학문이라고 해도 근리할지 모르지만 경제학은 그런 게 아니란다."

"아—니, 그렇다면 아저씨 대학교 잘못 다녔소. 경제 못 하는 경제학 공부를 오 년이나 했으니 그게 무어란 말이오? 아저씨가 대학교까지 다니면서 경제 공부를 하구두 왜 돈을 못 모으나 했더니, 인제 보니깐 공부를 잘못해서 그랬군요!"

"공부를 잘못했다? 허허, 그랬을는지도 모르겠다. 옳다, 네 말이 옳아!"

이거 봐요 글쎄. 단박 꼼짝못하잖나. 암만 대학교를 다니고, 속에는 육조를 배포했어도 그렇다니깐 글쎄…….

"아저씨?"

"왜 그러니?"

"그러면 아저씨는 대학교를 다니면서 돈 모아 부자 되는 경제 공부를 한 게 아니라 모아 둔 부자 사람네 돈 뺏어 쓰는 사회주의 공부를 했으니 말이지요……."

"너는 사회주의가 무얼루 알구서 그리냐?"

"내가 그까짓 걸 몰라요?"

한바탕 주욱 설명을 했지요.

내 얼굴만 물끄러미 올려다보고 누웠더니 피쓱 한번 웃어요. 그리고는 그 양반이 하는 소리겠다요.

"그게 사회주의냐? 부랑당이지."

"아—니, 그럼 아저씨두 사회주의가 부랑당인 줄은 아시는구려?"

"내가 언제 사회주의가 부랑당이랬니?"

"방금 그리잖었어요?"

"글쎄, 그건 사회주의가 아니라 부랑당이란 그 말이다."

"거 보시우! 사회주의란 것은 그렇게 날부랑당이어요. 아저씨두 그렇다구 하면서 아니래시오?"

"이애가 시방 입심 겨룸을 하재나!"

이거 봐요. 또 꼼짝못하지요? 다아 이래요 글쎄……."

"아저씨?"

"왜 그러니?"

"아저씨두 맘 달리 잡수시오."

"건 어떻게 하는 말이냐?"

"걱정 안 되시우?"

"날 같은 사람이 걱정이 무슨 걱정이냐? 나는 네가 걱정이더라."

"나는 뭐 버젓하게 요량이 있는걸요."

"어떻게?"

"이만저만한가요!"

또 한바탕 주욱 설명을 했지요. 이야기를 다 듣더니 그 양반 한다는 소리 좀 보아요.

"너두 딱한 사람이다!"

"왜요?"

"……"

"아―니, 어째서 딱하다구 그러시우?"

"……"

"네? 아저씨?"

"……"

"아저씨?"

"왜 그래?"

"내가 딱하다구 그러셨지요?"

"아니다, 나 혼자 한 말이다."

"그래두……."

"이애?"

"네?"

"사람이란 것은 누구를 물론허구 말이다, 아첨하는 것같이 더러운 게 없느니라."

"아첨이오?"

"저― 위로는 제왕, 밑으로는 걸인, 그 모든 사람이 위선 시방 이 제도의 이 세상에서 말이다, 제가끔 제 분수대루 살어가는 데 있어서 말이다, 제 개성을 속여 가면서꺼정 생활에다가 아첨하는 것같이 더러운 것이 없고, 그런 사람같이 가련한 사람은 없느니라. 사람이란 건 밥 두 그릇이 하필 밥 한 그릇보다 더 배가 부른 건 아니니까."

"그건 무슨 뜻인데요?"

"네가 일본인 여자와 결혼을 해서 성명까지 갈고 모든 생활법도를 일본 화하겠다는 것이 말이다."

"네, 그게 좋잖어요?"

"그것이 말이다, 진실로 깊은 교양이나 어진 지혜의 판단에서 우러나온 것이라면 그도 모를 노릇이겠지. 그렇지만 나는 보매, 네가 그런다는 것은 다른 뜻으로 그러는 것 같다."

"다른 뜻이라니요?"

"네 주인의 비위를 맞추고, 이웃의 비위를 맞추고 하자고…….."

"그야 물론이지요! 다이쇼의 신용을 받어야 하고, 이웃 내지인들하구도 좋게 지내야지요. 그래야 할 게 아니겠어요?"

"……"

"아저씨는 아직두 세상 물정을 모르시오. 나이는 나보담 많구 대학교 공부까지 했어도 일찌감치 고생살이를 한 나만큼 세상 물정은 모릅니다. 시방이 어느 세상인데 그러시우?"

"이애?"

"네?"

"네가 방금 세상 물정이랬지?"

"네."

"앞길이 환하니 트였다구 그랬지?"

"네."

"환갑까지 십만 원 모은다구 그랬지?"

"네."

"네가 말하는 세상 물정하구 내가 말하려는 세상 물정하구 내용이 다르기도 하지만, 세상 물정이란 건 그야말로 그리 만만한 게 아니다."

"네?"

"사람이란 것 제아무리 날구 뛰어도 이 세상에 형적 없이 그러나 세차게 주욱 흘러가는 힘, 그게 말하자면 세상 물정이겠는데, 결국 그것의 지배하에서 그것을 따라가지 별수가 없는 거다."

"네?"

"쉽게 말하면 계획이나 기회를 아무리 억지루 만들어 놓아도 결과가 뜻대루는 안 된단 말이다."

"젠장, 아저씨두…… 요전 《킹구》라는 잡지에두 보니까, 나폴레옹이라는 서양 영웅이 그랬답디다. 기회는 제가 만든다구. 그리고 불가능이란 말은 바보의 사전에서나 찾을 글자라구요. 아 자꾸자꾸 계획하구 기회를 만들구 해서 분투 노력해 나가면 이 세상 일 안 되는 일이 어디 있나요? 한번 실패하거든 갑절 용기를 내가지구 다시 일어서지요. 칠전팔기 모르시오?"

"나폴레옹도 세상 물정에 순응할 때는 성공했어도, 그것에 거슬리다가 실패를 했더란다. 너는 칠전팔기해서 성공한 몇 사람만 보았지, 여덟 번 일어섰다가 아홉 번째 가서 영영 쓰러지구는 다시 일지 못한 숱한 사람이 있는 건 모르는구나?"

"그래두 두구 보시우. 나는 천하없어두 성공하구 말 테니…… 아저씨는 그래서 더구나 못써요? 일 해보기두 전에 안 될 줄로 낙심 먼저 하구……."

"하늘은 꼭 올라가 보구래야만 높은 줄 아니?"

원 마지막 가서는 할 소리가 없으니깐 동에도 닿지 않는 비유를 가져다 둘러대는 걸 보아요. 그게 어디 당한 말인고? 안 올라가 보면 뭐 하늘 높은 줄 모를 천하 멍텅구리도 있을까? 그만 해두려다가 심심하길래 또 말을 시켰지요.

"아저씨?"

"왜 그래?"

"아저씨는 인제 몸 다아 충실해지면 어떡허실려우?"

"무얼?"

"장차……."

"장차?"

"어떡허실 작정이세요?"

"작정이 새삼스럽게 무슨 작정이냐?"

"그럼 아저씨는 아무 작정 없이 살어가시우?"

"없기는?"

"있어요?"

"있잖구?"

"무언데요?"

"그새 지내 오던 대루……."

"그러면 저 거시키 무엇이냐 도루 또 그걸……?"

"그렇겠지."

"아저씨?"

"……"

"아저씨?"

"왜 그래?"

"인젠 그만두시우."

"그만두라구?"

"네."

"누가 심심소일루 그러는 줄 아느냐?"

"그렇잖구요?"

"……"

"아저씨?"

"……"

"아저씨?"

"왜 그래?"

"아저씨 올에 몇이지요?"

"서른셋."

"그러니 인제는 그만큼 해두고 맘잡어서 집안일 할 나이두 아니오?"

"집안일은 해서 무얼 하나?"

"그렇기루 들면 그 짓은 해서 또 무얼 하나요?"

"무얼 하려구 하는 게 아니란다."

"그럼, 아무 희망이나 목적이 없으면서 그래요?"

"목적? 희망?"

"네."

"개인의 목적이나 희망은 문제가 다르니까…… 문제가 안 되니까……."

"원, 그런 법도 있나요?"

"법?"

"그럼요!"

"법이라……!"

"아저씨?"

"……"

"아저씨?"

"왜 그래?"

"아주머니가 고맙잖습디까?"

"고맙지."

"불쌍하지요?"

"불쌍? 그렇지, 불쌍하다면 불쌍한 사람이지!"

"그런 줄은 아시느만?"

"알지."

"알면서 그러시우."

"고생을 낙으로, 그 쓰라린 맛을 씹고 씹고 하면서 그것에서 단맛을 알어내는 사람도 있느니라. 사람도 있는 게 아니라, 사람마다 무슨 일에고 진정과 정신을 꼬박 거기다가만 쓰면 그렇게 되는 법이니라. 그러니까 그

찜 되면 그때는 고생이 낙이지. 너의 아주머니만 두고 보더래도 고생이
고생이면서 고생이 아니고 고생하는 게 낙이란다."

"그렇다고 아저씨는 그걸 다행히만 여기시우?"

"아—니."

"그러거들랑 아저씨두 아주머니한테 그 은공을 더러는 갚어야 옳을 게
아니오?"

"글쎄, 은공을 모르는 건 아니지만……."

"그러니 인제 병이나 확실히 다아 나신 뒤엘라컨……."

"바뻐서 원……."

글쎄 이 한다는 소리 좀 보지요? 시치미 뚜욱 따고 누워서 바쁘다는군요!
사람 속 차릴 여망 없어요. 그저 어디로 대나 손톱만큼도 쓸모는 없고
남한데 사폐만 끼치고, 세상에 해독만 끼칠 사람이니, 뭐 하루바삐 죽어야
해요. 죽어야 하고, 또 죽어서 마땅해요. 그런데 글쎄 죽지를 않고 꼼지락
꼼지락 도로 살아나니 성화라구는, 내…….

탐구문제

(1) '치숙'이라는 제목의 의미를 설명해 보자.

(2) 조카가 아저씨를 비판하는 내용을 요약해 보자.

(3) 작가가 비판·풍자하는 대상은 누구이며, 이떤 점을 비판·풍자하고 있
    는지를 설명해 보자.

5. 서울 1964년 겨울

김승옥

　1964년 겨울을 서울에서 지냈던 사람이라면 누구나 알고 있겠지만, 밤이 되면 거리에 나타나는 선술집――오뎅과 군참새와 세 가지 종류의 술 등을 팔고 있고, 얼어붙은 거리를 휩쓸며 부는 차가운 바람이 펄럭거리게 하는 포장을 들치고 들어서게 되어 있고, 그 안에 들어서면 카바이드불의 길쭉한 불꽃이 바람에 흔들리고 있고, 염색한 군용(軍用) 잠바를 입고 있는 중년 사내가 술을 따르고 안주를 구워 주고 있는 그러한 선술집에서, 그날 밤, 우리 세 사람은 우연히 만났다. 우리 세 사람이란 나와 도수 높은 안경을 쓴 안(安)이라는 대학원 학생과 정체는 알 수 없었지만 요컨대 가난뱅이라는 것만은 분명하여 그의 정체를 꼭 알고 싶다는 생각은 조금도 나지 않는 서른 대여섯 살짜리 사내를 말한다. 먼저 말을 주고받게 된 것은 나와 대학원생이었는데, 뭐 그렇고 그런 자기 소개가 끝났을 때는 나는 그가 안 씨라는 성을 가진 스물 다섯 살짜리 대한민국 청년, 대학 구경을 해 보지 못한 나로서는 상상이 되지 않는 전공(專攻)을 가진 대학원생, 부자집 장남이라는 걸 알았고, 그는 내가 스물 다섯 살짜리 시골 출신, 고등학교는 나오고 육군 사관학교를 지원했다가 실패하고 나서 군대에 갔다가 임질에 한 번 걸려 본 적이 있고, 지금은 구청 병사계(兵事係)에서 일하고 있다는 것을 아마 알았을 것이다.

　자기 소개는 끝났지만, 그러고 나서는 서로 할 얘기가 없었다. 잠시 동안은 조용히 술만 마셨는데, 나는 새카맣게 구워진 군참새를 집을 때 할말이 생겼기 때문에 마음속으로 군참새에게 감사하고 나서 얘기를 시작했다.

"안형, 파리를 사랑하십니까?"

"아니오, 아직까진……" 그가 말했다. "김형은 파리를 사랑하세요?"

"예" 라고 나는 대답했다. "날을 수 있으니까요. 아닙니다. 날을 수 있는 것으로서 동시에 내 손에 붙잡힐 수 있는 것이니까요. 날을 수 있는 것으로서 손안에 잡아본 것이 있으세요?"

"가만 계셔 보세요." 그는 안경 속에서 나를 멀거니 바라보며 잠시 동안 표정을 꼼지락거리고 있었다. 그리고 말했다. "없어요. 나도 파리밖에는……"

낮엔 이상스럽게도 날씨가 따뜻했기 때문에 길은 얼음이 녹아서 흙물로 가득했었는데 밤이 되면서부터 다시 기온이 내려가고 흙물은 우리의 발밑에서 다시 얼어붙기 시작했다. 쇠가죽으로 지어진 내 검정 구두는 얼고 있는 땅바닥에서 올라오고 있는 찬 기운을 충분히 막아내지 못하고 있었다. 사실 이런 술집이란, 집으로 돌아가는 길에 잠깐 한잔하고 싶은 생각이 든 사람이나 들어올 데지, 마시면서 곁에 선 사람과 무슨 얘기를 주고받을 만한 데는 되지 못하는 곳이다. 그런 생각이 문득 들었지만 그 안경잡이가 때마침 나에게 기특한 질문을 했기 때문에 나는 〈이놈 그럴듯하다〉고 생각되어 추위 때문에 저려드는 내 발바닥에게 조금만 참으라고 부탁했다.

"김형, 꿈틀거리는 것을 사랑하십니까?" 하고 그가 내게 물었던 것이다.

"사랑하구말구요." 나는 갑자기 의기양양해져서 대답했다. 추억이란 그것이 슬픈 것이든지 기쁜 것이든지 그것을 생각하는 사람을 의기양양하게 한다. 슬픈 추억일 때는 고즈너기 의기양양해지고 기쁜 추억일 때는 소란스럽게 의기양양해진다.

"사관학교 시험에서 미역국을 먹고 나서도 얼마 동안, 나는 나처럼 대학 입학 시험에 실패한 친구 하나와 미아리에 하숙하고 있었습니다. 서울엔 그때가 처음이었죠. 장교가 된다는 꿈이 깨어져서 나는 퍽 실의에 빠져 있었습니다. 그때 영영 실의해 버린 느낌입니다. 아시겠지만 꿈이 크면 클수록 실패가 주는 절망감도 대단한 힘을 발휘하더군요. 그 무렵 재미를 붙인게 아침의 만원 된 버스간이었습니다. 함께 있는 친구와 나는 하숙집의 아침 밥상을 밀어 놓기가 바쁘게 미아리 고개 위에 있는 버스 정류장으로 달려갑니다. 개처럼 숨을 헐떡거리면서 말입니다. 시골에서 처음으로 서울에 올라온 청년들의 눈에 가장 부럽고 신기하게 비치는 게 무언지 아십니까? 부러운 건 뭐니뭐니 해도, 밤이 되면 빌딩들의 창에 켜지는 불빛, 아니 그 불빛 속에서 이리저리 움직이고 있는 사람들이고, 신기한 건 버스간 속에서 일 센티미터도 안 되는 간격을 두고 자기 곁에 예쁜 아가씨가 서 있다는 사실입니다. 때로는 아가씨들과 팔목의 살을 대고 있기도 하고 허벅다리를 비비고 서 있을 수도 있어서 그것 때문에 나는 하루 종일 시내버스를 이것저것 갈아 타면서 보낸 적도 있습니다. 물론 그날 밤엔 너무 피로해서 토했읍니다만⋯⋯"

"잠깐. 무슨 얘기를 하시자는 겁니까?"

"꿈틀거리는 것을 사랑한다는 얘기를 하려던 참이었습니다. 들어 보세요. 그 친구와 나는 출근 시간의 만원 버스 속을 쓰리꾼들처럼 안으로 비집고 들어갑니다. 그리고 자리를 잡고 앉아 있는 젊은 여자 앞에 섭니다. 나는 한 손으로 손잡이를 잡고 나서, 달려오느라고 좀 멍해진 머리를 올리고 있는 손에 기댑니다. 그리고 내 앞에 앉아 있는 여자의 아랫배 쪽으로 천천히 시선을 보냅니다. 그러면 처음엔 어른 눈에 뜨이지 않지만 시간이 조금 가고 내 시선이 투명해지면서부터 나는 그 여자의 아랫배가 조용히 오르내리는 것을 볼 수 있습니다.⋯⋯"

"오르내린다는 건⋯⋯ 호흡 때문에 그러는 것이겠죠?"

"물론입니다. 시체의 아랫배는 꿈쩍도 하지 않으니까요. 하여튼⋯⋯ 나는 그 아침의 만원 버스간 속에서 보는 젊은 여자 아랫배의 조용한 움직임을 보고 있으면 왜 그렇게 마음이 편안해지고 맑아지는지 모르겠습니다. 나는 그 움직임을 지독하게 자랑합니다."

"퍽 음탕한 얘기군요." 라고 안은 기묘한 음성으로 말했다. 나는 화가 났다. 그 얘기는, 내가 만일 라디오의 박사 게임 같은 데에 나가게 돼서 '세상에서 가장 신선한 것은?'이라는 질문을 받게 되었을 때, 남들은 상치니 5월의 새벽이니 천사의 이마니 하고 대답하겠지만 나는 그 움직임이 가장 신선한 것이라고 대답하려니 하고 일부러 기억해 두었던 것이었다.

"아니, 음탕한 얘기가 아닙니다." 나는 강경한 태도로 말했다. "그 얘기는 정말입니다."

"음탕하지 않다는 것과 정말이라는 것 사이엔 어떤 관계가 있죠?"

"모르겠습니다. 관계 같은 것은 난 모릅니다. 요컨대……"

"그렇지만 그 동작은 〈오르내린다〉는 것이지 꿈틀거린다는 것은 아니군요. 김형은 아직 꿈틀거리는 것을 사랑하지 않으시구면."

우리는 다시 침묵 속으로 떨어져서 술잔만 만지작거리고 있었다. 개새끼, 그게 꿈틀거리는 게 아니라고 해도 괜찮다, 하고 나는 생각하고 있었다. 그런데 잠시 후에 그가 말했다.

"난 방금 생각해 봤는데, 김형의 그 오르내림도 역시 꿈틀거림의 일종이라는 결론을 얻었습니다."

"그렇죠?" 나는 즐거워졌다. "그것은 틀림없이 꿈틀거림입니다. 난 여자의 아랫배를 가장 사랑합니다. 안형은 어떤 꿈틀거림을 사랑합니까?"

"어떤 꿈틀거림이 아닙니다. 그냥 꿈틀거리는 거죠. 그냥 말입니다. 예를 들면…… 데모도……"

"데모가? 데모를? 그러니까 데모……"

"서울은 모든 욕망의 집결지입니다. 아시겠습니까?"

"모르겠습니다." 라고 나는 할 수 있는 한 깨끗한 음성을 지어서 대답했다. 그때 우리의 대화는 또 끊어졌다. 이번엔 침묵이 오래 계속되었다. 나는 술잔을 입으로 가져갔다. 내가 잔을 비우고 났을 때 그도 잔을 입에 대고 눈을 감고 마시고 있는 게 보였다. 나는 이젠 자리를 떠나야 할 때가 되었다고 다소 서글픈 기분으로 생각했다. 결국 그렇고 그렇다. 또 한 번 확인된 것에 지나지 않다고 생각하면서, '자, 그럼 다음에 또……'라고 말할까 '재미있었습니다'라고 말할까, 궁리하고 있는데 술잔을 비운 안이 갑자기 한 손으로 내 한쪽 손을 살그머니 잡으면서 말했다.

"우리 거짓말을 하고 있었다고 생각하지 않으십니까?"

"아니오." 나는 좀 귀찮은 생각이 들었다. "안형은 거짓말을 했는지 모르지만 내가 한 얘기는 정말이었습니다."

"난 우리가 거짓말을 하고 있었던 것 같은 느낌이 듭니다." 그는 붉어진 눈두덩을 안경 속에서 두어 번 꿈벅거리고 나서 말했다. "난 우리 또래의 친구를 새로 알게 되면 꼭 꿈틀거림에 대한 얘기를 하고 싶어집니다. 그래서 얘기를 합니다. 그렇지만 얘기는 오 분도 안 돼서 끝나 버립니다."

나는 그가 무슨 이야기를 하고 있는지 알 듯하기도 했고 모를 것 같기도 했다.

"우리 다른 얘기 합시다." 하고 그가 다시 말했다.

나는 심각한 얘기를 좋아하는 이 친구를 곯려 주기 위해서, 그리고 한편으로는 자기의 음성을 자기가 들을 수 있는 취한 사람의 특권을 맛보고 싶어서 얘기를 시작했다.

"평화 시장 앞에 줄지어 선 가로등들 중에서 동쪽으로부터 여덟 번째 등은 불이 켜 있지 않습니다……" 나는 그가 좀 어리둥절해 하는 것을 보자 더욱 신이 나서 얘기를 계속했다. "……그리고 화신 백화점 육층의 창들 중에서는 그 중 세 개에서만 불빛이 나오고 있었습니다……"

그러자 이번엔 내가 어리둥절해질 사태가 벌어졌다. 안의 얼굴에 놀라운 기쁨이 빛나기 시작했기 때문이다.

그가 빠른 말씨로 얘기하기 시작했다.

"서대문 버스 정류장에는 사람이 서른 두 명 있는데 그 중 여자가 열일곱 명이고 어린애는 다섯 명, 젊은이는 스물 한 명, 노인이 여섯 명입니다."

"그건 언제 일이지요?"

"오늘 저녁 일곱 시 십 오 분 현재입니다."

"아" 하고 나는 잠깐 절망적인 기분이었다가 그 반작용인 듯 굉장히 기분이 좋아져서 털어놓기 시작했다.

"단성사 옆골목의 첫 번째 쓰레기통에는 초콜렛 포장지가 두 장 있습니다."

"그건 언제?"

"지난 십 사일 저녁 아홉 시 현재입니다."

"적십자 병원 정문 앞에 있는 호도나무의 가지 하나는 부러져 있습니다."

"을지로 3가에 있는 간판 없는 한 술집에는 미자라는 이름을 가진 색시가 다섯 명 있는데 그 집에 들어온 순서대로 큰미자, 둘째미자, 세째미자, 네째미자, 막내미자라고들 합니다."

"그렇지만 그건 다른 사람들도 알고 있겠군요. 그 술집에 들어가 본 사람은 꼭 김형 하나뿐이 아닐 테니까요."

"아 참, 그렇군요. 난 미처 그걸 생각하지 못했는데. 난 그 중에서 큰미자와 하룻저녁 같이 잤는데 그 여자는 다음날 아침 일수(日收)로 물건을 파는 여자가 왔을 때 내게 팬티 하나를 사 주었습니다. 그런데 그 여자가 저금통으로 사용하고 있는 한 되들이 빈 술병에는 돈이 백 십원 들어 있었습니다."

"그건 얘기가 됩니다. 그 사실은 완전히 김형의 소유입니다."

우리의 말투는 점점 서로를 존중해 가고 있었다. "나는……" 하고 우리는 동시에 말을 시작하기도 했다. 그럴 때는 번갈아서 서로 양보했다.

"나는……" 이번에는 그가 말할 차례였다. "서대문 근처에서 서울역 쪽으로 가는 전차의 트롤리가 내 시야 속에서 꼭 다섯 번 파란 불꽃을 튀기는 것을 보았습니다. 그건 오늘 밤 일곱시 십 오 분에 거길 지나가는 전차

였습니다."

"안형은 오늘 저녁엔 서대문 근처에서 살고 있었군요."

"예, 서대문 근처에서만……"

"난 종로 2가 쪽입니다. 영보 빌딩 안에 있는 변소 문의 손잡이 조금 밑에는 약 2센티미터 가량의 손톱 자국이 있습니다."

하하하하, 하고 그는 소리내어 웃었다.

"그건 김형이 만드러 놓은 자국이겠지요?"

나는 무안했지만 고개를 끄덕이지 않을 수 없었다. 그건 사실이었다.

"어떻게 아세요?" 하고 나는 그에게 물었다.

"나도 그런 경험이 있으니까요." 그가 대답했다.

"그렇지만 별로 기분 좋은 기억이 못 되더군요. 역시 우리는 그냥 바라보고 발견하고 비밀히 간직해 두는 편이 좋겠어요. 그런 짓을 하고나서는 뒷맛이 좋지 않더군요."

"난 그런 짓을 많이 했습니다만 오히려 기분이 좋았……" 좋았다고 말하려고 했는데, 갑자기 내가 했던 모든 그것에 대한 혐오감이 치밀어서 나는 말을 그치고 그의 의견에 동의하는 고갯짓을 해 버렸다.

그러자 그때 나는 이상스럽다는 생각이 들었다. 내가 약 삼십 분 전에 들은 말이 틀림없다면 지금 내 옆에서 안경을 번쩍이고 앉아 있는 친구는 틀림없는 부자집 아들이고 높은 공부를 한 청년이다. 그런데 왜 그가 이래야만 되는가?

"안형이 부자집 아들이라는 것은 사실이겠지요? 그리고 대학원생이라는 것도……" 내가 물었다.

"부동산만 해도 대략 삼천만 원쯤 되면 부자가 아닐까요? 물론 내 아버지의 재산이지만 말입니다. 그리고 대학원생이란 건 여기 학생증이 있으니까……"

그러면서 그는 호주머니를 뒤적거리면서 지갑을 꺼냈다.

"학생증까진 필요 없습니다. 실은 좀 의심스러운 게 있어서요. 안형 같은 사람이 추운 밤에 싸구려 선술집에 앉아서 나 같은 친구나 간직할 만한 일에 대해서 얘기하고 있다는 것이 이상스럽다는 생각이 방금 들었습니다."

"그건…… 그건……" 그는 좀 열띤 음성으로 말했다. "그건…… 그렇지만 먼저 물어 보고 싶은 게 있는데요. 김형이 추운 밤에 밤거리를 쏘 다니는 이유는 무엇입니까?"

"습관은 아닙니다. 나 같은 가난뱅이는 호주머니에 돈이 좀 생겨야 밤거리에 나올 수 있으니까요."

"글쎄, 밤거리에 나오는 이유는 뭡니까?"

"하숙방에 들어앉아서 벽이나 쳐다보고 있는 것보다는 나으니까요."

"밤거리에 나오면 뭔가 좀 풍부해지는 느낌이 들지 않습니까?"

"뭐가요?"

"그 뭔가. 그러니까 생(生)이라고 해도 좋겠지요. 난 김형이 왜 그런 질문을 하는지 그 이유를 조금은 알 것 같습니다. 내 대답은 이렇습니다. 밤이 됩니다. 난 집에서 거리로 나옵니다. 난 모든 것에서 해방된 것을 느낍니다. 아니, 실제로는 그렇지 않는지 모르지만 그렇게 느낀다는 말입니다. 김형은 그렇게 안 느낍니까?"

"글쎄요"

"나는 사물의 틈에 끼어서가 아니라 사물을 멀리 두고 바라보게 됩니다. 안 그렇습니까?"

"글쎄요. 좀……"

"아니 어렵다고 말하지 마세요. 이를테면 낮엔 그저 스쳐 지나가던 모든 것이 밤이 되면 내 시선 앞에서 자기들의 벌거벗은 몸을 송두리째 드러내 놓고 쩔쩔맨단 말입니다. 그런데 그게 의미가 없는 일일까요? 그런, 사물을 바라보며 즐거워한다는 일이 말입니다."

"의미요? 그게 무슨 의미가 있습니까? 난 무슨 의미가 있기 때문에 종로

2가에 있는 빌딩들의 벽돌 수를 헤아리는 일을 하는 게 아닙니다. 그냥……"

"그렇죠? 무의미한 겁니다. 아니 사실은 의미가 있는지도 모르지만 난 아직 그걸 모릅니다. 김형도 아직 모르는 모양인데 우리 한번 함께 그거나 찾아볼까요. 일부러 만들어 붙이지는 말고요."

"좀 어리둥절하군요. 그게 안형의 대답입니까? 난 좀 어리둥절한데요. 갑자기 의미라는 말이 나오니까."

"아, 참. 미안합니다. 내 대답은 아마 이렇게 될 것 같군요. 그냥 뭔가 뿌듯해지는 느낌이 들기 때문에 밤거리로 나온다고." 그는 이번엔 목소리를 낮추어서 말했다. "김형과 나는 서로 다른 길을 걸어서 같은 지점에 온 것 같습니다. 만일 이 지점이 잘못된 지점이라고 해도 우리 탓은 아닐 거예요." 그는 이번엔 쾌활한 음성으로 말했다. "자, 여기서 이럴 게 아니라 어디 따뜻한 데 가서 정식으로 한잔씩 하고 헤어집시다. 난 한바퀴 돌고 여관으로 갑니다. 가끔 이렇게 밤거리를 쏘다니는 밤엔 난 꼭 여관에서 자고 갑니다. 여관엘 찾아든다는 프로가 내게는 최고죠."

우리는 각기 계산하기 위해서 호주머니에 손을 넣었다. 그때 한 사내가 우리에게 말을 걸어 왔다. 우리 곁에서 술잔을 받아 놓고 연탄불에 손을 쬐고 있던 사내였는데, 술을 마시기 위해서 거기에 들어온 것이 아니라 불이 쬐고 싶어서 잠깐 들렀다는 꼴을 하고 있었다. 제법 깨끗한 코우트를 입고 있었고 머리엔 기름도 얌전하게 발라서 카바이드의 불꽃이 너풀댈 때마다 머리칼의 하일라이트가 이리저리 움직이고 있었다. 그러나 어디선지는 분명하지는 않았지만 가난뱅이 냄새가 나는 서른 대여섯 살짜리 사내였다. 아마 빈약하게 생긴 턱 때문이었을까. 아니면 유난히 새빨간 눈시울 때문이었을까. 그 사내가 나나 안(安) 중의 어느 누구에게라고 할 것 없이 그냥 우리 쪽을 향하여 말을 걸어 온 것이다.

"미안하지만 제가 함께 가도 괜찮을까요? 제게 돈을 얼마 있습니다만

……" 이라고 그 사내는 힘없는 음성으로 말했다.

그 힘없는 음성으로 봐서는 꼭 끼워달라는 건 아니라는 것 같았지만, 한편으로는 우리와 함께 가고 싶은 생각이 간절하다는 것 같기도 했다. 나와 안은 잠깐 얼굴을 마주보고 나서,

"아저씨 술값만 있다면……" 이라고 내가 말했다.

"함께 가시죠."라고 안도 내 말을 이었다.

"고맙습니다." 하고 그 사내는 여전히 힘없는 음성으로 말하면서 우리를 따라왔다.

안은 일이 좀 이상하게 되었다는 얼굴을 하고 있었고, 나 역시 유쾌한 예감이 들지는 않았다. 술좌석에서 알게 된 사람끼리는 의외로 재미있게 놀게 되는 것을 몇 번의 경험으로 알고 있었지만, 대개의 경우, 이렇게 힘없는 목소리로 끼어드는 양반은 없었다. 즐거움이 넘치고 넘친다는 얼굴로 요란스럽게 끼어들어야만 일이 되는 것이었다. 우리는 갑지가 목적지를 잊은 사람들처럼 사방을 두리번거리면서 느릿느릿 걸어갔다. 전봇대에 붙은 약 광고판 속에서는 이쁜 여자가 춤지만 할 수 있느냐는 듯한 쓸쓸한 미소를 띠고 우리를 내려다보고 있었고, 어떤 빌딩의 옥상에서는 소주 광고의 네온사인이 열심히 명멸하고 있었고, 소주 광고 곁에서는 약 광고의 네온사인이 하마터면 잊어버릴 뻔했다는 듯이 황급히 꺼졌다간 다시 켜져서 오랫동안 빛나고 있었고, 이젠 완전히 얼어붙은 길 위에는 거지가 돌덩이처럼 여기저기 엎드려 있었고, 그 돌덩이 앞을 사람들이 힘껏 웅크리고 빠르게 지나가고 있었다. 종이 한 장이 바람에 휙 날리어 거리의 저쪽에서 이쪽으로 날아오고 있었다. 그 종이 조각은 내 발밑에 떨어졌다. 나는 그 종이 조각을 집어들었는데 그것은 〈美姬 서비스, 特別廉價〉라는 것을 강조한 어느 비어호올의 광고지였다.

"지금 몇 시쯤 되었습니까?" 하고 힘없는 아저씨가 안에게 물었다.

"아홉 시 십 분 전입니다." 라고 잠시 후에 안이 대답했다.

"저녁들은 하셨습니까? 난 아직 저녁을 안 했는데, 제가 살 테니까 같이 가시겠어요?" 힘없는 아저씨가 이번엔 나와 안을 번갈아 보며 말했다.

"먹었습니다." 하고 나와 안은 동시에 대답했다.

"혼자서 하시죠." 라고 내가 말했다.

"그만두겠습니다." 힘없는 아저씨가 대답했다.

"하세요. 따라가 드릴 테니까요." 안이 말했다.

"감사합니다. 그럼……"

우리는 근처의 중국요리집으로 들어갔다. 방으로 들어가서 앉았을 때, 아저씨는 또 한 번 간곡하게 우리가 뭘 좀 들 것을 권했다. 우리는 또 한 번 사양했다. 그는 또 권했다.

"아주 비싼 걸 시켜도 괜찮겠습니까?" 라고 나는 그의 권유를 철회시키기 위해서 말했다.

"네, 사양마시고" 그가 처음으로 힘있는 목소리로 말했다. "돈을 써 버리기로 결심했으니까요."

나는 그 사내에게 어떤 꿍꿍잇속이 있는 것만 같은 느낌이 들어서 좀 불안했지만, 통닭과 술을 시켜 달라고 했다. 그는 자기가 주문한 것 외에 내가 말한 것도 사환에게 청했다. 안은 어처구니없는 얼굴로 나를 보았다. 나는 그때 마침 옆방에서 들려오고 있는 여자의 불그레한 신음소리를 듣고만 있었다.

"이 형도 뭘 좀 드시죠?"라고 아저씨가 안에게 말했다.

"아니 전……" 안은 술이 다 깬다는 듯이 펄쩍 뛰고 사양했다.

우리는 조용히 옆방의 다급해져 가는 신음소리에 귀를 기울이고 있었다. 전차의 끽끽거리는 소리와 홍수 난 강물 소리 같은 자동차들의 달리는 소리도 희미하게 들려오고 있었고 가까운 곳에선 이따금 초인종 울리는 소리도 들렸다. 우리의 방은 어색한 침묵에 싸여 있었다.

"말씀드리고 싶은 게 있는데요." 마음씨 좋은 아저씨가 말하기 시작했다.

"들어 주시면 고맙겠습니다.…… 오늘 낮에 제 아내가 죽었습니다. 세브란스 병원에 입원하고 있었는데……"그는 이젠 슬프지도 않다는 얼굴로 우리를 빤히 쳐다보며 말하고 있었다. "네에에." "그거 안되셨군요."라고 안과 나는 각각 조의를 표했다. "아내와 나는 참 재미있게 살았습니다. 아내가 어린애를 낳지 못하기 때문에 시간은 몽땅 우리 두 사람의 것이었습니다. 돈은 넉넉하지 못했습니다만 그래도 돈이 생기면 우리는 어디든지 같이 다니면서 재미있게 지냈습니다. 딸기철엔 수원에도 가고, 포도철엔 안양에도 가고, 여름이면 대천에도 가고, 가을엔, 경주에도 가 보고, 밤엔 함께 영화 구경, 쇼우 구경 하러 열심히 극장에 쫓아다니기도 했습니다……"

"무슨 병환이셨던가요?" 하고 안이 조심스럽게 물었다.

"급성 뇌막염이라고 의사가 그랬습니다. 아내는 옛날에 급성 맹장염 수술을 받은 적도 있고, 급성 폐렴을 앓은 적도 있다고 했습니다만 모두 괜찮았는데 이번의 급성엔 결국 죽고 말았습니다.……죽고 말았습니다."

사내는 고개를 떨구고 한참 동안 무언지 입을 우물거리고 있었다. 안이 손가락으로 내 무릎을 찌르며 우리는 꺼지는 게 어떻겠느냐는 눈짓을 보냈다. 나 역시 동감이었지만 그때 그 사내가 다시 고개를 들고 말을 계속했기 때문에 우리는 눌러앉아 있을 수밖에 없었다.

"아내와는 재작년에 결혼했습니다. 우연히 알게 됐습니다. 친정이 대구 근처에 있다는 얘기만 했지 한 번도 친정과는 내왕이 없었습니다. 난 처가 집이 어딘지도 모릅니다. 그래서 할 수 없었어요."

그는 다시 고개를 떨구고 입을 우물거렸다.

"뭘 할 수 없었다는 말입니까? 내가 물었다. 그는 내 말을 못 들은 것 같았다. 그러나 한참 후에 다시 고개를 들고 마치 애원하는 듯한 눈빛으로 말을 이었다.

"아내의 시체를 병원에 팔았습니다. 할 수 없었습니다. 난 서적 월부 판매 외교원에 지나지 않습니다. 할 수 없었습니다. 돈 사천 원을 주더군요. 난 두 분을 만나기 얼마 전까지도 세브란스 병원 울타리 곁에 서 있었습니다. 아내가 누워 있을 시체실이 있는 건물을 알아보려고 했습니다만 어딘지 알 수 없었습니다. 그냥 울타리 곁에 앉아서 병원의 큰 굴뚝에서 나오는 희끄무레한 연기만 바라보고 있었습니다. 아내는 어떻게 될까요? 학생들이 해부 실습하느라고 톱으로 머리를 가르고 칼로 배를 째고 한다는데 정말 그러겠지요?"

우리는 입을 다물고 있을 수밖에 없었다. 사환이 다꾸앙과 양파가 담긴 접시를 갖다 놓고 나갔다.

"기분 나쁜 얘길 해서 미안합니다. 다만 누구에게라도 얘기하지 않고서는 견딜 수 없었습니다. 한 가지만 의논해 보고 싶은데, 이 돈을 어떻게 하면 좋을까요? 저는 오늘 저녁에 다 써 버리고 싶은데요.'

"쓰십시오." 안이 얼른 대답했다.

"이 돈이 다 없어질 때까지 함께 있어 주시겠어요?" 사내가 말했다. 우리는 얼른 대답하지 못했다. "함께 있어 주십시오." 사내가 말했다. 우리는 승낙했다.

"멋있게 한번 써 봅시다." 라고 사내는 우리와 만난 후 처음으로 웃으면서, 그러나 여전히 힘없는 음성으로 말했다.

중국집에서 거리로 나왔을 때는 우리는 모두 취해 있었고, 돈은 천원이 없어졌고, 사내는 한쪽 눈으로 울고 다른 쪽 눈으로는 웃고 있었고, 안은 도망갈 궁리를 하기에도 지쳐 버렸다고 내게 말하고 있었고, 나는 "액센트 찍는 문제를 모두 틀려 버렸단 말야, 액센트 말야." 라고 중얼거리고 있었고, 거리는 영화에서 본 식민지의 거리처럼 춥고 한산했고, 그러나 여전히 소주 광고는 부지런히, 약 광고는 게으름을 피우며 반짝이고 있었고, 전봇대의 아가씨는 '그저 그래요'라고 웃고 있었다.

"이제 어디로 갈까?" 하고 아저씨가 말했다.

"어디로 갈까?" 안이 말하고,

"어디로 갈까?" 라고 나도 그들의 말을 흉내냈다.

아무데도 갈 데가 없었다. 방금 우리가 나온 중국집 곁에 양품점의 쇼윈도우가 있었다. 사내가 그쪽을 가리키며 우리를 끌어당겼다. 우리는 양품점 안으로 들어갔다.

"넥타이를 하나 골라 가져. 내 아내가 사 주는 거야." 사내가 호통을 쳤다. 우리는 알록달록한 넥타이를 하나씩 들었고, 돈은 육백 원이 없어져 버렸다. 우리는 양품점에서 나왔다.

"어디로 갈까?" 라고 사내가 말했다.

갈 데는 계속해서 없었다. 양품점의 앞에는 귤장수가 있었다.

"아내는 귤을 좋아했다."고 외치며 사내는 귤을 벌여 놓은 수레 앞으로 돌진했다. 삼백 원이 없어졌다.

우리는 이빨로 귤 껍질을 벗기면서 그 부근에서 서성거렸다.

"택시!" 사내가 고함쳤다.

택시가 우리 앞에 멎었다. 우리가 차에 오르자마자 사내는,

"세브란스로!" 라고 말했다.

"안 됩니다. 소용없습니다." 안이 재빠르게 외쳤다.

"안 될까?" 사내는 중얼거렸다. "그럼 어디로?"

아무도 대답하지 않았다.

"어디로 가시는 겁니까?" 라고 운전수가 짜증난 음성으로 말했다. "갈데가 없으면 빨리 내리쇼."

우리는 차에서 내렸다. 결국 우리는 중국집에서 스무 발짝도 더 벗어나지 못하고 있었다.

거리의 저쪽 끝에서 요란한 사이렌 소리가 나타나서 점점 가깝게 달려들었다. 소방차 두 대가 우리 앞을 빠르고 시끄럽게 지나쳐 갔다.

"택시!" 사내가 고함쳤다.

택시가 우리 앞에 멎었다. 우리가 차에오르자마자 사내는,

"저 소방차 뒤를 따라갑시다."라고 말했다.

나는 귤 껍질을 세 개째 벗기고 있었다.

"지금 불구경하러 가고 있는 겁니까?"라고 안이 아저씨에게 말했다.

"안 됩니다. 시간이 없습니다. 벌써 열 시 반인데요. 좀 더 재미있게 지내야죠. 돈은 이제 얼마 남았습니까?"

아저씨는 호주머니를 뒤져서 돈을 모두 털어 냈다. 그리고 그것을 안에게 건네줬다. 안고 나는 세어 봤다. 친 구백 원하고 동전이 몇 개, 십 원짜리가 몇 장이 있었다.

"됐습니다." 안은 다시 돈을 돌려주면서 말했다. "세상엔 다행히 여자의 특징만 중점적으로 내보이는 여자들이 있습니다."

"내 아내 얘깁니까?" 라고 사내가 슬픈 음성으로 물었다. "내 아내의 특징은 너무 잘 웃는다는 것이었습니다."

"아닙니다. 종삼(鍾三)으로 가자는 얘기였습니다." 안이 말했다.

사내는 안을 경멸하는 듯한 웃음을 띠며 고개를 돌려 버렸다. 그러는 사이에 우리는 화재가 난 곳에 도착했다. 삼십 원이 없어졌다. 화재가 난 곳은 아래층인 페인트 상점이었는데 지금은 미용학원 이층에서 불길이 창으로부터 뿜어나오고 있었다. 경찰들의 호각소리, 소방차들의 사이렌 소리. 불길 속에서 나는 탁탁 소리, 물줄기가 건물의 벽에 부딪쳐서 나는 소리. 그러나 사람들의 소리는 아무것도 나지 않았다. 사람들은 불빛에 비쳐 무안당한 사람들처럼 붉은 얼굴로 정물처럼 서 있었다.

우리는 발밑에 굴러 있는 페인트 든 통을 하나씩 궁둥이 밑에 깔고 웅크리고 앉아서 불구경을 했다. 나는 불이 좀더 오래 타기를 바랐다. 미용학원이라는 간판에 불이 붙고 있었다. 〈원〉자(字)에 불이 붙기 시작했다.

"김형, 우리 우리 얘기나 합시다." 하고 안이 말했다. "화재 같은 건 아무것도 아닙니다. 내일 아침 신문에서 볼 것을 오늘밤에 미리 봤다는 차이밖

에 없습니다. 저 화재는 김형의 것도 아니고 내 것도 아니고 이 아저씨 것도 아닙니다. 우리 모두의 것이 돼 버립니다. 그러나 화재는 항상 계속해서 나고 있는 건 아닙니다. 그러기 때문에 난 화재엔 흥미가 없습니다. 김형은 어떻게 생각하십니까?"

"동감입니다." 나는 아무렇게나 대답하며 이젠 〈학〉자에 불이 붙고 있는 것을 보았다.

"아니 난 방금 말을 잘못했습니다. 화재는 우리 모두의 것이 아니라 화재는 오로지 화재 자신의 것입니다. 화재에 대해서 우리는 아무것도 아닙니다. 그러기 때문에 난 화재에 흥미가 없습니다. 김형은 어떻게 생각하십니까?"

"동감입니다."

물줄기 하나가 불타고 있는 〈학〉으로 달려들고 있었다. 물이 닿는 곳에선 회색 연기가 피어올랐다. 힘없는 아저씨가 갑자기 힘차게 깡통으로부터 일어섰다.

"내 아냅니다."하고 사내는 환한 불길 속을 손가락질하며 눈을 크게 뜨고 소리쳤다. "내 아내가 머리를 막 흔들고 있습니다. 골치가 깨질 듯이 아프다고 머리를 막 흔들고 있습니다. 여보……"

"골치가 깨질 듯이 아픈 게 뇌막염의 증세입니다. 그렇지만 저건 바람에 휘날리는 불길입니다. 앉으세요. 불속에 아주머님이 계실 리가 있습니까?"라고 안이 아저씨를 끌어 앉히며 말했다. 그러고 나서 안은 나에게 나지막하게 속삭였다. "이 양반, 웃기는데요."

나는 꺼졌다고 생각하고 있던 〈학〉에 다시 불이 붙고 있는 것을 보았다. 물줄기가 다시 그곳으로 뻗어 가고 있었다. 그러나 물줄기는 겨냥을 잘 잡지 못하고 이리 저리 흔드리고 있었다. 불은 날쌔게 〈용〉을 핥고 있었다. 나는 〈미〉까지 어서 불붙기를 바라고 있었고 그리고 그 간판에 불이 붙는 과정을 그 많은 불구경꾼들 중에서 나 혼자만 알고 있기를 바랐다.

그러나 그때 문득 나는 불이 생명을 가진 것처럼 생각되어서, 내가 조금 전에 바라고 있던 것을 취소해 버렸다.

무언가 하얀 것이 우리가 웅크리고 앉아 있는 곳에서 불타고 있는 건물 쪽으로 날아가는 것이 보였다. 그 비둘기는 불속으로 떨어졌다.

"무엇이 불속으로 날아 들어갔지요?" 내가 안을 돌아다보며 물었다.

"예, 뭐가 날아갔습니다." 안은 나에게 대답하고 나서 이번엔 아저씨를 돌아다보며 "보셨어요?" 하고 그에게 물었다.

아저씨는 잠자코 앉아 있었다. 그때 순경 한 사람이 우리 쪽으로 달려왔다.

"당신이다."라고 순경은 아저씨를 한 손으로 붙잡으면서 말했다. "방금 무얼 불속에 던졌소?"

"아무것도 안 던졌습니다."

"뭐라구요?" 순경은 때릴 듯한 시늉을 하며 아저씨에게 소리쳤다. "내가 던지는 걸 봤단 말요. 무얼 불속에 던졌소?"

"돈입니다."

"돈?"

"돈과 돌을 손수건에 싸서 던졌습니다."

"정말이요?" 순경은 우리에게 물었다.

"예, 돈이었습니다. 이 아저씨는 불난 곳에 돈을 던지면 장사가 잘된다는 이상한 믿음을 가졌답니다. 말하자면 좀 돌았다고 할 수 있는 사람이지만 나쁜 짓은 결코 하지 않는 장사꾼입니다." 안이 대답했다.

"돈은 얼마였소?"

"일원짜리 동전 한 개였습니다." 안이 다시 대답했다.

순경이 가고 났을 때 안이 사내에게 물었다.

"정말 돈을 던졌습니까?"

"예"

"모두?"

212 · 언어와 문화

"예"

우리는 꽤 오랫동안 불꽃이 튀는 탁탁 소리에 귀를 기울이고 있었다. 한참 후에 안이 사내에게 말했다.

"결국 그 돈은 다 쓴 셈이군요…… 자, 이젠 약속이 끝났으니 우린 가겠습니다."

"안녕히 계십이오."라고 나는 아저씨에게 작별 인사를 했다.

안과 나는 돌아서서 걷기 시작했다. 사내가 우리를 쫓아와서 안과 나의 팔을 한 쪽씩 붙잡았다.

"나 혼자 있기가 무섭습니다. 그는 벌벌 떨며 말했다.

"곧 통행금지 시간이 됩니다. 난 여관으로 가서 잘 작정입니다." 안이 말했다.

"난 집으로 갈 겁니다." 내가 말했다.

"함께 갈 수 없겠습니까? 오늘 밤만 같이 지내 주십시오. 부탁합니다. 잠깐만 저를 따라와 주십시오." 사내는 말하고 나서 나를 붙잡고 있는 자기의 팔을 부채질하듯이 흔들었다. 아마 안의 팔에 대해서도 그렇게 했으리라.

"어디로 가자는 겁니까?" 나는 아저씨에게 물었다.

"여관비를 구하러 잠깐 이 근처에 들렀다가 모두 함께 여관으로 갔으면 하는데요."

"여관에요?" 나는 내 호주머니 속에 든 돈을 손가락으로 계산해 보며 말했다.

"여관비라면 모두 내가 내겠으니 그럼 함께 가시지요." 안이 나와 사내에게 말했다.

"아닙니다. 폐를 끼쳐 드리고 싶지 않습니다. 잠깐만 절 따라와 주십시오."

"돈을 빌리러 가는 겁니까?"

"아닙니다. 받아야 할 돈이 있습니다."

"이 근처예요?"

"예, 여기가 남영동(南營洞)이라면."

"아마 틀림 없는 남영동인 것 같군요." 내가 말했다.

사내가 앞장을 서고 안과 내가 그 뒤를 쫓아서 우리는 화재로부터 멀어져 갔다.

"빛 받으러 가기에는 시간이 너무 늦었습니다."

안이 사내에게 말했다.

"그렇지만 저는 받아야 합니다."

우리는 어느 어두운 골목길로 들어섰다. 골목의 모퉁이를 몇 개인가 돌고 난 뒤에 사내는 대문 앞에 전등이 켜져 있는 집 앞에서 멈췄다. 나와 안은 사내로부터 열 발짝쯤 떨어진 곳에서 멈췄다. 사내가 벨을 눌렀다. 잠시 후에 대문이 열리고, 사내가 대문 앞에 선 사람과 말하는 소리가 들렸다.

"주인 아저씨를 뵙고 싶은데요."

"주무시는데요."

"그럼 주인 아주머니는?"

"주무시는데요."

"꼭 뵈어야겠는데요."

"기다려 보세요."

대문이 다시 닫혔다. 안이 달려가서 사내의 팔을 잡아 끌었다.

"그냥 가시죠?"

"괜찮습니다. 받아야 할 돈이니까요."

안이 다시 먼저 서 있던 곳으로 걸어왔다. 대문이 열렸다.

"밤 늦게 죄송합니다." 사내가 대문을 향해서 고개를 숙이며 말했다.

"누구시죠?" 대문은 잠에 취한 여자의 음성을 냈다.

"죄송합니다. 이렇게 너무 늦게 찾아와서 실은……"

"누구시죠? 술 취하신 것 같은데……"

"월부 책값 받으러 온 사람입니다."

하고, 사내는 비명 같은 높은 소리로 외쳤다.

"월부 책값 받으러 온 사람입니다." 이번엔 사내는 문기둥에 두 손을 짚고 앞으로 뻗은 자기 팔 위에 얼굴을 파묻으며 울음을 터뜨렸다. "월부 책값 받으러 온 사람입니다. 월부 책값……" 사내는 계속해서 흐느꼈다.

"내일 낮에 오세요." 대문이 탕 닫혔다.

사내는 계속해서 울고 있었다. 사내는 가끔 '여보'라고 중얼거리며 오랫동안 울고 있었다. 우리는 여전히 열 발짝쯤 떨어진 곳에서 그가 울음을 그치기를 기다리고 있었다. 한참 후에 그가 우리 앞으로 비틀비틀 걸어왔다.

우리는 모두 고개를 숙이고 어두운 골목길을 걸어서 거리로 나왔다. 적막한 거리에는 찬바람이 세차게 불고 있었다.

"몹시 춥군요." 라고 사내는 우리를 염려한다는 음성으로 말했다.

"추운데요. 빨리 여관으로 갑시다." 안이 말했다.

"방을 한 사람씩 따로 잡을까요?" 여관에 들어갔을 때 안이 우리에게 말했다. "그게 좋겠지요?"

"모두 한방에 드는 게 좋겠어요." 라고 나는 아저씨를 생각해 말했다.

아저씨는 그저 우리 처분만 바란다는 듯한 태도로, 또는 지금 자기가 서 있는 곳이 어딘지도 모르다는 태도로 멍하니 서 있었다. 여관에 들어서자 우리는 모두 프로가 끝나 버린 극장에서 나오는 때처럼 어찌할 바를 모르고 거북스럽기만 했다. 여관에 비한다면 거리가 우리에게 더 좋았던 셈이었다. 벽으로 나누어진 방들, 그것이 우리가 들어가야 할 곳이었다.

"모두 같은 방에 들기로 하는 것이 어떻겠어요?" 내가 다시 말했다.

"난 지금 아주 피곤합니다." 안이 말했다. "방은 각각 하나씩 차지하고 자기로 하지요."

"혼자 있기가 싫습니다."라고 아저씨가 중얼거렸다.

"혼자 주무시는 게 편하실 거예요." 안이 말했다.

우리는 복도에서 헤어져 사환이 지적해 준, 나란히 붙은 방 세 개에 각각 한 사람씩 들어갔다.

"화투라도 사다가 놉시다." 헤어지기 전에 내가 말했지만,

"난 아주 피곤합니다. 하시고 싶으면 두분이나 하세요." 라고 안은 말하고 나서 자기의 방으로 들어가 버렸다. "나도 피곤해 죽겠습니다. 안녕히 주무세요." 라고 나는 아저씨에게 말하고 나서 내 방으로 들어갔다. 숙박계엔 거짓 이름, 거짓 주소, 거짓 나이, 거짓 직업을 쓰고 나서 사환이 가져다 놓은 자리끼를 마시고 나는 이불을 뒤집어 썼다. 나는 꿈도 안 꾸고 잘 잤다.

다음날, 아침 일찌기 안이 나를 깨웠다.

"그 양반, 역시 죽어 버렸습니다." 안이 내 귀에 입을 대고 그렇게 속삭였다.

"예?" 나는 잠이 깨끗이 깨어 버렸다.

"방금 그 방에 들어가 보았는데 역시 죽어 버렸습니다."

"역시……" 나는 말했다. "사람들이 알고 있습니까?"

"아직까진 아무도 모르는 것 같습니다. 우린 빨리 도망해 버리는 게 시끄럽지 않을 것 같습니다."

"자살이지요?"

"물론 그렇겠죠."

나는 급하게 옷을 주워입었다. 개미 한 마리가 방바닥을 내 발이 있는 쪽으로 기어오고 있었다. 개미가 내 발을 붙잡으려고 하는 것 같은 느낌이 들어서 나는 얼른 자리를 옮겨 디디었다.

밖의 이른 아침에는 싸락눈이 내리고 있었다. 우리는 할 수 있는 한 빠른 걸음으로 여관에서 떨어져 갔다.

"난 그 사람이 죽으리라는 걸 알고 있었습니다." 안이 말했다.

"난 짐작도 못 했습니다." 라고 나는 사실대로 얘기했다.

"난 짐작하고 있었습니다." 그는 코우트의 깃을 세우며 말했다. "그렇지만 어떻게 합니까?"

"그렇지요. 할 수 없지요. 난 짐작도 못했는데……" 내가 말했다.

"짐작했다고 하면 어떻게 하겠어요?" 그가 내게 물었다.

"씨팔 것, 어떻게 합니까? 그 양반 우리더러 어떡하라는 건지……"

"그러게 말입니다. 혼자 놓아 두면 죽지 않을 줄 알았습니다. 그게 내가 생각해 본 최선의, 그리고 유일한 방법이었습니다."

"난 그 양반이 죽으리라고는 짐작도 못 했으니까요. 씨팔 것, 약을 호주머니에 넣고 다녔던 모양이군요."

안은 눈을 맞고 있는 어느 앙상한 가로수 밑에서 멈췄다. 나도 그를 따라서 멈췄다. 그가 이상하다는 얼굴로 나에게 물었다.

"김형, 우리는 분명히 스물 다섯 살짜리죠?"

"난 분명히 그렇습니다."

"나도 그건 분명합니다." 그는 고개를 한 번 기웃했다.

"두려워집니다."

"뭐가요?" 내가 물었다.

"그 뭔가가, 그러니까……"그가 한숨 같은 음성으로 말했다. "우리가 너무 늙어 버린 것 같지 않습니까?"

"우린 이제 겨우 스물 다섯 살입니다." 나는 말했다.

"하여튼……" 하고 그가 내게 손을 내밀며 말했다.

"자, 여기서 헤어집시다. 재미 많이 보세요." 하고 나도 그의 손을 잡으며 말했다.

우리는 헤어졌다. 나는 마침 버스가 막 도착한 길 건너편의 버스 정류장으로 달려갔다. 버스에 올라서 창으로 내어다보니 안은 앙상한 나뭇가지 사이로 내리는 눈을 맞으며 무언지 곰곰히 생각하고 서 있었다.

탐구문제

(1) 이 작품의 시대적 배경에 대해 알아보자.

(2) 이 작품에 등장하는 인물들의 공통된 특징을 알아보자.

(3) 김승옥의 '무진기행'과 이 작품의 공통된 감수성에 대해 알아보자.

6. 삼포 가는 길

황석영

영달은 어디로 갈 것인가 궁리해 보면서 잠깐 서 있었다. 새벽의 겨울 바람이 매섭게 불어왔다. 밝아 오는 아침 햇볕 아래 헐벗은 들판이 드러났고, 곳곳에 얼어붙은 시냇물이나 웅덩이가 반사되어 빛을 냈다. 바람 소리가 먼데서부터 몰아쳐서 그가 섰는 창공을 베면서 지나갔다. 가지만 남은 나무들이 수십여 그루씩 들판가에서 바람에 흔들렸다. 그가 넉달 전에 이곳을 찾았을 때에는 한참 추수기에 이르러 있었고 이미 공사는 막판이었다. 곧 겨울이 오게 되면 공사가 새 봄으로 연기될 테고 오래 머물 수 없으리라는 것을 그는 진작부터 예상했던 터였다. 아니나다를까. 현장 사무소가 사흘 전에 문을 닫았고, 영달이는 밥집에서 달아날 기회만 노리고 있었던 것이다.

누군가 밭고랑을 지나 걸어오고 있었다. 해가 떠서 음지와 양지의 구분이 생기자 언덕의 그림자나 숲의 그늘로 가려진 곳에서는 언 흙이 부서지는 버석이는 소리가 들렸으나 해가 내려쪼인 곳은 녹기 시작하여 붉은 흙이 질척해 보였다. 다가오는 사람이 숲 그늘을 벗어났는데 신발 끝에 벌겋게 붙어 올라온 진흙 뭉치가 걸을 때마다 뒤로 몇 점씩 흩어지고 있었다. 그는 길가에 우두커니 서서 담배를 태우고 있는 영달이 쪽을 보면서 왔다. 그는 키가 훌쩍 크고 영달이는 작달막했다. 그는 팽팽하게 불러 오른 맹꽁이 배낭을 한 쪽 어깨에 느슨히 걸쳐 메고 머리에는 개털 모자를 귀까지 가려 쓰고 있었다. 검게 물들인 야전 잠바의 깃 속에 턱이 반 남아 파묻혀서 누군지 쌍통을 알아볼 도리가 없었다. 그는 몇 걸음 남겨 놓고 서더니 털모자의 챙을 이마빡에 붙도록 척 올리면서 말했다.

"천씨네 집에 기시던 양반이군."

영달이도 낮이 익은 서른 댓 되어 보이는 사내였다. 공사장이나 마을 어귀의 주막에서 가끔 지나친 적이 있는 얼굴이었다.

"아까 존 구경 했시다."

그는 털모자를 잠근 단추를 여느라고 턱을 치켜들었다. 그러고 나서 비행사처럼 양쪽 뺨으로 귀가리개를 늘어뜨리면서 빙긋 웃었다.

"천가란 사람, 거품을 물구 마누라를 개패듯 때려잡던데."

영달이는 그를 쏘아보며 우물거렸다.

"내...... 그런 촌놈은 참."

"거 병신 안 됐는지 몰라, 머리채를 질질 끌구 마당에 나와선 차구 짓밟구...... 야 그 사람 환장한 모양이더군."

이건 누굴 엿먹이느라구 수작질인가, 하는 생각이 들어서 불끈했지만 영달이는 애써 참으며 담뱃불이 손가락 끝에 닿도록 쭈욱 빨아 넘겼다. 사내가 손을 내밀었다.

"불 좀 빌립시다."

"버리슈."

담배 꽁초를 건네주며 영달이가 퉁명스럽게 말했다. 하긴 창피한 노릇이었다. 밥값을 떼고 달아나서가 아니라, 역에 나갔던 천가 놈이 예상 외로 이른 시각인 다섯 시쯤 돌아왔고 현장에서 덜미를 잡혔던 것이었다. 그는 옷만 간신히 추스르고 나와서 천가가 분풀이로 청주댁을 후려 패는 동안 방아실에 숨어 있었다. 영달이는 변명 삼아 혼잣말 비슷이 중얼거렸다.

"계집 탓할 거 있수, 사내 잘못이지."

"시골 아낙네치곤 드물게 날씬합디다. 모두들 발랑 까졌다구 하지만서두."

"여자야 그만이었죠. 처녀 적에 군용차두 탔답니다. 고생 많이 한 여자요."

"바가지한테 세금두 내구, 거기두 줬겠구만."

"뭐요? 아니 이 양반이……"

사내가 입김을 길게 내뿜으며 껄껄 웃어제꼈다.

"거 왜 그러시나. 아, 재미 본 게 댁뿐인 줄 아쇼? 오다가다 만난 계집에 너무 일심 품지 마셔."

녀석의 말버릇이 시종 그렇게 나오니 드러내 놓고 화를 내기도 뭣해서 영달이는 픽 웃고 말았다. 개피떡이나 인절미를 전방으로 호송되는 군인들께 팔았다는 것인데 딴은 열차를 타며 사내들 틈을 누비던 계집이 살림을 한답시고 들어앉아 절름발이 천가 여편네 노릇을 하려니 따분했을 것이었다. 공사장 인부들이나 떠돌이 장사치를 끌어들여 하숙도 치고 밥도 파는 사람인데, 사내 재미까지 보려는 눈치였다.

영달이 눈에 청주댁이 예사로 보였을 리 만무했다. 까무잡잡한 얼굴에 곱게 치떠서 흘기는 눈길하며, 밤이면 문밖에 나가 앉아 하염없이 불러대는 〈흑산도 아가씨〉라든가, 어쨌든 나중엔 거의 환장할 지경이었다.

"얼마나 있었소?"

사내가 물었다. 가까이 얼굴을 맞대고 보니 그리 흉악한 몰골도 아니었고, 우선 그 시원시원한 태도가 은근히 밉질 않다고 영달이는 생각했다. 그가 자기보다는 댓살쯤 더 나이 들어 보였다. 그리고 이 바람 부는 겨울 들판에 척 걸터앉아서도 만사 태평인 꼴이었다. 영달이는 처음보다는 경계하지 않고 대답했다.

"넉 달 있었소. 그런데 노형은 어디루 가쇼?"

"삼포에 갈까 하오."

사내는 눈을 가늘게 뜨고 조용히 말했다. 영달이가 고개를 흔들었다.

"방향 잘못 잡았수. 거긴 벽지나 다름없잖소. 이런 겨울철에."

"내 고향이오."

사내가 목장갑 낀 손으로 코 밑을 쓱 훔쳐냈다. 그는 벌써 들판 저 끝을 바라보고 있었다. 영달이와는 전혀 사정이 달라진 것이다. 그는 집으로 가는 중이었고 영달이는 또 다른 곳으로 달아나는 길 위에 서 있었기 때문이었다.

"참...... 집에 가는군요."

사내가 일어나 맹꽁이 배낭을 한쪽 어깨에다 걸쳐 매면서 영달이에게 물었다.

"어디 무슨 일자리 찾아가쇼?"

"댁은 오라는 데가 있어서 여기 왔었소? 언제나 마찬가지죠."

"자, 난 이제 가 봐야겠는걸."

그는 뒤도 돌아보지 않고 질척이는 둑길을 향해 올라갔다. 그가 둑 위로 올라서더니 배낭을 다른 편 어깨 위로 바꾸어 매고는 다시 하반신부터 차례로 개털 모자 끝까지 둑 너머로 사라졌다. 영달이는 어디로 향하겠다는 별 뾰죽한 생각도 나지 않았고, 동행도 없이 길을 갈 일이 아득했다. 가다가 도중에 헤어지게 되더라도 우선은 말동무라도 있었으면 싶었다. 그는 멍청히 섰다가 잰걸음으로 사내의 뒤를 따랐다. 영달이는 둑 위로 뛰어올라 갔다. 사내의 걸음이 무척 빨라서 벌써 차도로 나가는 샛길에 접어들어 있었다. 차도 양쪽에 대빗자루를 거꾸로 박아 놓은 듯한 앙상한 포플라들이 줄을 지어 섰는 게 보였다. 그는 둑 아래로 달려 내려가며 사내를 불렀다.

"여보쇼, 노형!"

그가 멈춰 서더니 뒤를 돌아보고 나서 다시 천천히 걸어갔다. 영달이는 달려가서 그 뒤편에 따라붙어 헐떡이면서

"같이 갑시다, 나두 월출리까진 같은 방향인데......."

했는데도 그는 대답이 없었다. 영달이는 그의 뒤통수에다 대고 말했다.

"젠장, 이런 겨울은 처음이오. 작년 이맘 때는 좋았지요. 월 삼천 원짜리 방에서 작부랑 살림을 했으니까. 엄동설한에 정말 갈데 없이 빳빳하게 됐는데요."

"우린 습관이 되어 놔서."

사내가 말했다.

"삼포가 여기서 몇 린 줄 아쇼? 좌우간 바닷가까지만도 몇 백리 길이요. 거기서 또 배를 타야 해요."

"몇 년 만입니까?"

"십 년이 넘었지. 가 봤자...... 아는 이두 없을 거요."

"그럼 뭣하러 가쇼?"

"그냥...... 나이 드니까, 가보구 싶어서."

그들은 차도로 들어섰다. 자갈과 진흙으로 다져진 길이 그런 대로 걷기에 편했다. 영달이는 시린 손을 잠바 호주머니에 처박고 연방 꼼지락거렸다.

"어이 육실허게는 춥네. 바람만 안 불면 좀 낫겠는데."

사내는 별로 추위를 타지 않는데, 털모자와 야전 잠바로 단단히 무장한 탓도 있겠지만 원체가 혈색이 건강해 보였다. 사내가 처음으로 다정하게 영달이에게 물었다.

"어떻게 아침은 자셨소?"

"웬걸요."

영달이가 열적게 웃었다.

"새벽에 몸만 간신히 빠져나온 셈인데......."

"나두 못 먹었소. 찬샘까진 가야 밥술이라두 먹게 될 거요. 진작에 떴을걸. 이젠 겨울에 움직일 생각이 안 납디다."

"인사 늦었네요. 나 노영달이라구 합니다."

"나는 정가요."

"우리두 기술이 좀 있어 놔서 일자리만 잡으면 별 걱정 없지요."

영달이가 정씨에게 빌붙지 않을 뜻을 비췄다.

"알고 있소, 착암기 잡지 않았소? 우리넨, 목공에 용접에 구두까지 수선할 줄 압니다."

"야 되게 많네. 정말 든든하시겠구만."

"십 년이 넘었다니까."

"그래도 어디서 그런 걸 배웁니까?"

"다 좋은 데서 가르치고 내보내는 집이 있지."

"나두 그런데나 들어갔으면 좋겠네."

정씨가 쓴웃음을 지으며 고개를 저었다.

"지금이라두 쉽지. 하지만 집이 워낙에 커서 말요."

"큰집……."

하다 말고 영달이는 정씨의 얼굴을 쳐다봤다. 정씨는 고개를 밑으로 숙인 채 묵묵히 걷고 있었다. 언덕을 넘어섰다. 길이 내리막이 되면서 강변을 따라서 먼 산을 돌아 나간 모양이 아득하게 보였다. 인가가 좀처럼 보이지 않는 황량한 들판이었다. 마른 갈대밭이 헝클어진 채 휘청대고 있었고 강 건너 곳곳에 모래 바람이 일어나는 게 보였다. 정씨가 말했다.

"저 산을 넘어야 찬샘골인데. 강을 질러가는 게 빠르겠군."

"단단히 얼었을까."

강물은 꽁꽁 얼어붙어 있었다. 얼음이 녹았다가 다시 얼곤 해서 우툴두툴한 표면이 그리 미끄럽지는 않았다. 바람이 불어, 깨어진 살얼음 조각들을 날려 그들의 얼굴을 따갑게 때렸다.

"차라리, 저쪽 다릿목에서 버스나 기다릴 걸 잘못했나 봐요."

숨을 헉헉 들이키던 영달이가 투덜대자 정씨가 말했다.

"자주 끊겨서 언제 올지도 모르오. 그보다두 현금을 아껴야지. 굶어두 돈 있으면 든든하니까."

"하긴 그래요."

"월출 가면 남행 열차를 탈 수는 있소. 거기서 기차 탈려구?"

"뭐..... 돼가는대루. 그런데 삼포는 어느 쪽입니까?"

정씨가 막연하게 남쪽 방향을 턱짓으로 가리켰다.

"남쪽 끝이오."

"사람이 많이 사나요, 삼포라는 데는?"

"한 열 집 살까? 정말 아름다운 섬이오. 비옥한 땅은 남아 돌아가구, 고기두 얼마든지 잡을 수 있구 말이지."

영달이가 얼음 위로 미끄럼을 지치면서 말했다.

"야아 그럼, 거기 가서 아주 말뚝을 박구 살아 버렸으면 좋겠네."

"조오치, 하지만 댁은 안될 걸."

"어째서요."

"타관 사람이니까."

그들은 얼어붙은 강을 건넜다. 구름이 몰려들고 있었다.

"눈이 올 거 같군. 길 가기 힘들어지겠소."

정씨가 회색으로 흐려 가는 하늘을 걱정스럽게 올려다보았다. 산등성이로 올라서자 아래쪽에 작은 마을의 집들이 점점이 흩어져 있는 게 한 눈에 들어왔다. 가물거리는 지붕 위로 간신히 알아볼 만큼 가느다란 연기가 엷게 퍼져 흐르고 있었다. 교회의 종탑도 보였고 학교 운동장도 보였다. 기다란 철책과 철조망이 연이어져 마을 뒤의 온 들판을 둘러싸고 있는 것도 보였다. 군대의 주둔지인 듯했는데, 마을은 마치 그 철책의 끝에 간신히 매어 달려 있는 것 같았다.

그들은 읍내로 들어갔다. 다과점도 있었고, 극장, 다방, 당구장, 만물상점 그리고 주점이 장터 주변에

여러 채 붙어 있었다. 거리는 아침이라서 아직 조용했다. 그들은 어느 읍내에나 있는 서울 식당이란 주점으로 들어갔다. 한 뚱뚱한 여자가 큰

솥에다 우거지국을 끓이고 있었고 주인인 듯한 사내와 동네 청년 둘이 떠들어대고 있었다.

"나는 전연 눈치를 못 챘다구, 옷을 한 가지씩 빼어다 따루 보따리를 싸 놨던 모양이라."

"새벽에 동네를 빠져나간 게 틀림없습니다."

"어젯밤에 윤하사하구 긴밤을 잔다구 그래서, 뒷방에서 늦잠자는 줄 알았지 뭔가."

"새벽에 윤하사가 부대루 들어가자마자 튄 겁니다."

"옷값에 약값에 식비에...... 돈이 보통 들어간 줄 아나, 빚만 해두 자그마치 오만 원이거든."

영달이와 정씨가 자리에 앉자 그들은 잠깐 얘기를 멈추고 두 낯선 사람들의 행색을 살펴보았다. 영달이는 연탄 난로 위에 두 손을 내려뜨리고 비벼대면서 불을 쪼였다. 정씨가 털모자를 벗으면서 말했다.

"국밥 둘만 말아 주쇼."

"네, 좀 늦어져두 별일 없겠죠?"

뚱뚱한 여자가 국솥에서 얼굴을 들고 미리 웃음으로 얼버무리며 양해를 구했다.

"좌우간 맛있게만 말아 주쇼."

여자가 국자를 요란하게 놓고는 한숨을 내리쉬었다.

"개쌍년 같으니!"

정씨도 영달이처럼 난로를 통째로 껴안을 듯이 바싹 다가앉아서 여자를 물끄러미 올려다보았다.

"색시가 도망을 쳤지 뭐예요. 그래서 불도 꺼졌고, 국거리도 없어서 인제 막 시작을 했답니다." 하고 나서 여자가 남자들에게 외쳤다.

"아니 근데 당신들은 뭘 앉아서 콩이네 팥이네 하구 있는 거에요? 냉큼 가서 잡아오지 못하구선, 얼마 달아나지 못했을 테니 따라가서 머리채를 끌구 와요."

　주인 남자가 주눅이 든 목소리로 대답했다.

　"필요없네. 아무래도 월출서 기차를 탈 테니까 정거장 목만 지키면 된다구."

　"그럼 자전거 타구 빨리 가서 기다려요."

　"이거 원 날씨가 이렇게 추워서야."

　"무슨 얘기예요, 그 백화라는 년이 돈 오만 원이란 말요."

　마을 청년이 끼어들었다.

　"서울식당이 원래 백화 땜에 호가 났던 거 아닙니까. 그 애가 장사는 그만이었죠."

　"군인들이 백화라면, 군화까지 팔아서라두 술을 마실 정도였으니까."

　뚱뚱이 여자가 빈정거렸다.

　"웃기네 그래 봤자 지가 똥갈보라. 내 장사 수완 덕이지 뭐. 그년 요새 좀 아프다는 핑계루...... 이건 물을 긷나, 밥을 제대루 하나, 손님을 받나, 소용없어. 그년두 육 개월이면 찬샘 바닥서 진이 모조리 빠진 거예요. 빚이나 뽑아 내면 참한 신마이루 기리까이할려던 참이었어. 아, 뭘해요? 빨리 가서 역을 지키라니까."

　마누라의 호통에 주인 사내가 깜짝 놀란 듯이 어깨를 움츠렸다.

　"알았대니까......"

　"얼른 갔다 와요. 내 대포 한턱 쓸게."

　남자들 셋이 우르르 밀려 나갔다. 정씨가 중얼거렸다.

　"젠장, 그 백화 아가씨라두 있었으면 술이나 옆에서 쳐 달랠걸."

　"큰일예요, 글쎄 저녁마다 장정들이 몰려오는데......."

　"아가씨 서넛은 있어야지."

　"색시 많이 두면 공연히 번거러워요. 이런 데서야 반반한 애 하나면 실속이 있죠, 모자라면 꿔다 앉히구...... 왜 좀 놀다 갈려우? 내 불러다 주께."

"왜 이러슈, 먼 길 가는 사람이 아침부터 주색 잡다간 저녁에 이 마을서 장사지내게."

"자 국밥이오."

배추가 아직 푹 삭질 않아서 뻣뻣했으나 그런 대로 먹을 만하였다. 정씨가 국물을 허겁지겁 퍼넣고 있는 영달에게 말했다.

"작년 겨울에 어디 있었소?"

들고 있던 국그릇을 내려놓고 영달이는

"언제요?"

하고 나서 작년 겨울이라고 재차 말하자 껄껄 웃기 시작했다.

"좋았지 정말, 대전 있었습니다. 옥자라는 애를 만났었죠. 그땐 공사장에서 별볼일두 없었구 노임두 실했어요."

"살림을 했군."

"의리있는 여자였어요. 애두 하나 가질 뻔했었는데, 지난 봄에 내가 실직을 하게 되자, 돈 모으면 모여서 살자구 서울루 식모 자릴 구해서 떠나갔죠. 하지만 우리 같은 떠돌이가 언약 따위를 지킬 수 있나요.

밤에 혼자 자다가 일어나면 그 애 때문에 남은 밤을 꼬박 새우는 적두 있읍니다."

정씨는 흐려진 영달이의 표정을 무심하게 쳐다보다가, 창 밖으로 고개를 돌리고는 조용하게 말했다.

"사람이란 곁에서 오랫동안 두고 보지 않으면 저절로 잊게 되는 법이오."

뒤란으로 나갔던 뚱뚱이 여자가 호들갑을 떨면서 돌아왔다.

"아유 어쩌나…… 눈이 올 것 같애. 하늘에 먹구름이 잔뜩 끼고, 바람이 부는군. 이놈의 두상이 꼴에 도중에서 가다 말고 돌아올 게 분명하지."

정씨가 뚱뚱보 여자의 계속될 수다를 막았다.

"월출까지는 몇 리요?"

"한 육십리돼요."

"뻐스는 있나요?"

"오후에 두 대쯤 있지요. 이년을 따악 잡아갖구 막차루 돌아올 텐데……
참, 어디까지들 가슈?"

영달이가 말했다.

"바다가 보이는 데까지."

"바다? 멀리 가시는군. 요 큰길루 가실 거유?"

정씨가 고개를 끄덕이자 여자는 의자에 궁둥이를 붙인 채로 앞으로 다
가 앉았다.

"부탁 하나 합시다. 가다가 스물 두엇쯤 되고 머리는 긴데다 외눈 쌍까풀
인 계집년을 만나면 캐어 봐서 좀 잡아오수, 내 현금으루 딱, 만 원 내리다."

정씨가 빙그레 웃었다. 영달이가 자신 있다는 듯이 기세 좋게 대답했다.

"그럭허슈, 대신에 데려오면 꼭 만 원 내야 합니다."

"암 내다뿐이요. 예서 하룻밤 푹 묵었다 가시구려."

"좋았어."

그들은 일어났다. 문을 열고 나오는 그들의 뒷덜미에다 대고 여자가 소
리쳤다.

"머리가 길구 외눈 쌍꺼풀이예요. 잊지 마슈."

해가 낮은 구름 속에 들어가 있어서 주위는 누런 색안경을 통해서 내다
본 것처럼 뿌옇게 보였다. 바람이 읍내의 신작로 한복판에서 회오리 기둥
을 곤두세우고 있었다. 그들은 고개를 처박고 신작로를 따라서 올라갔다.
영달이가 담배 한 갑을 샀다. 들판을 스치고 지나가는 바람소리가 날카롭
게 들려 왔다.

그들이 마을 외곽의 작은 다리를 건널 적에 성긴 눈발이 날리기 시작하
더니 허공에 차츰 흰색이 빡빡해졌다. 한 스무 채 남짓한 작은 마을을 지
날 때쯤 해서는 큰 눈송이를 이룬 함박눈이 펑펑 쏟아져 내려왔다. 눈이
찰지어서 걷기에는 그리 불편하지 않았고 눈보라도 포근한 듯이 느껴졌

다. 그들의 모자나 머리카락과 눈썹에 내려앉은 눈 때문에 두 사람은 갑자기 노인으로 변해 버렸다. 도중에 그들은 옛 원님의 송덕비를 세운 비각 앞에서 잠깐 쉬어 가기로 했다. 그 앞에서 신작로가 두 갈래로 갈라져 있었던 것이다. 함석판에 뻥끼로 쓴 이정표가 있긴 했으나, 녹이 슬고 벗겨져 잘 알아볼 수도 없었다. 그들은 비각 처마 밑에 웅크리고 앉아서 담배를 피웠다. 정씨가 하늘을 올려다보며 감탄했다.

"야 그놈의 눈송이 탐스럽기도 하다. 풍년 들겠어."

"눈 오는 모양을 보니, 근심 걱정이 싹 없어지는데......."

"첨엔 기분두 괜찮았지만, 이렇게 오다가는 길 가기가 그리 쉽지 않겠는걸."

"까짓 가는 데까지 가구 내일 또 갑시다. 저기 누가 오는군."

흰 두루마기를 입고 중절모를 깊숙이 내려쓴 노인이 조심스럽게 걸어오고 있었다. 노인의 모자챙과 접힌 부분 위에 눈이 빙수처럼 쌓여 있었다. 정씨가 일어나 꾸벅하면서

"영감님 길 좀 묻겠습니다요."

"물으슈."

"월출 가는 길이 아랩니까, 저 윗길입니까?"

"윗길이긴 하지만....... 재가 있어 놔서 아무래두 수월친 않을 거야, 아마 교통도 두절된 모양인데."

"아랫길은요?"

"거긴 월출 쪽은 아니지만 고을 셋을 지나면 감천이라구 나오지."

영달이가 물었다.

"감천에 철도가 닿습니까?"

"닿다마다."

"그럼 감찬으루 가야겠구만."

정씨가 인사를 하자 노인은 눈이 가득 쌓인 모자를 위로 들어 보였다. 노인은 윗길 쪽으로 가다가 마을을 향해 꺾어졌다. 영달이는 비각 처마

끝에 회색으로 퇴색한 채 매어져 있는 새끼줄을 끊어냈다. 그가 반으로 끊은 새끼줄을 정씨에게도 권했다.

"감발 치구 갑시다."

"견뎌 날까."

새끼줄로 감발을 친 두 사람은 걸음에 한결 자신이 갔다. 그들은 아랫길로 접어들었다. 길은 차츰 좁아졌으나, 소 달구지 한 대쯤 지날 만한 길은 그런 대로 계속되었다. 길 옆은 개천과 자갈밭이었고 눈이 한 꺼풀 덮여 있었다. 뒤를 돌아보면, 길 위에 두 사람의 발자국이 줄기차게 따라왔다.

마을 하나를 지났다. 그들은 눈 위로 이리저리 뛰어 다니는 아이들과 개들 사이로 지나갔다. 마을의 가게 유리창마다 성에가 두껍게 덮여 있었고 창 너머로 사람들의 목소리가 들려 왔다. 두 번째 마을을 지날 때엔 눈발이 차츰 걷혀 갔다. 그들은 구멍가게에서 소주 한 병을 깠다. 속이 화끈거렸다.

털썩, 눈 떨어지는 소리만이 가끔씩 들리는 송림 사이를 지나는데, 뒤에 처져서 걷던 영달이가 주첨 서면서 말했다.

"저것 좀 보슈."

"뭘 말요?"

"저쪽 소나무 아래."

쭈그려 앉은 여자의 등이 보였다. 붉은 코우트 자락을 위로 쳐들고 쭈그린 꼴이 아마도 소변이 급해서 외진 곳을 찾은 모양이다. 여자가 허연 궁둥이를 쳐들고 속곳을 올리다가 뒤를 힐끗 돌아보았다.

"오머머!"

여자가 재빨리 코우트 자락을 내리고 보퉁이를 집어 들면서 투덜거렸다.

"개새끼들 뭘 보구 지랄야."

영달이가 낄낄 웃었고, 정씨가 낮게 소곤거렸다.

"외눈 쌍꺼풀인데 그래."

"어쩐지 예감이 이상하더라니……"

여자는 어딘가 불안했는지 그들에게로 다가오기를 꺼려하며 주춤주춤했다. 영달이가 말했다.

"잘 만났는데 백화 아가씨, 참샘에서 뺑소니치는 길이구만."

"무슨 상관야, 내 발루 내가 가는데."

"주인 아줌마가 댁을 만나면 잡아다 달라던데."

여자가 태연하게 그들에게로 걸어 나왔다.

"잡아가 보시지."

백화의 얼굴은 화장을 하지 않았는데도 먼길을 걷느라고 발갛게 달아있었다. 정씨가 말했다.

"그런 게 아니라…… 행선지가 어디요? 이 친구 말은 농담이구."

여자는 소변 보다가 남자들 눈에 띄인 일보다는 영달이의 거친 말솜씨에 몹시 토라져 있었다. 백화가 걸음을 빨리하며 내쏘았다.

"제따위들이 뭐라구 잡아가구 말구야. 뜨내기 주제에."

"그래 우리두 너 같은 뜨내기 신세다. 참샘에 잡아다 주고 여비라두 뜯어 써야겠어."

영달이가 여자의 뒤를 바싹 쫓아가며 농담이 아님을 재차 강조했다. 여자가 휙 돌아서더니, 믿을 수 없을 만큼 재빠르게 영달이의 앞가슴을 밀어냈다. 영달이는 미처 피할 겨를도 없이 눈 위에 궁둥방아를 찧고 나가 떨어졌다. 백화가 한 팔은 보퉁이를 끼고, 다른 쪽은 허리에 척 얹고 서서 영달이를 내려다보았다.

"이거 왜 이래? 나 백화는 이래봬도 인천 노랑집에다, 대구 자갈마당, 포항 중앙대학, 진해 칠구, 모두 겪은 년이라구. 조용히 시골 읍에서 수양하던 참인데…… 야아, 내 배 위로 남자들 사단 병력이 지나갔어.

국으로 가만있다가 조용한 데 가서 한 코 달라면 몰라두 치사하게 뚱보 돈 먹자구 나한테 공갈 때리면 너 죽구 나 죽는 거야."

영달이는 입을 벌린 채 일어설 줄을 모르고 백화의 일장 연설을 듣고 있었다. 정씨는 웃음을 참느라고 자꾸만 송림 쪽으로 고개를 돌렸다. 영달이가 멋쩍게 궁둥이를 털면서 일어났다.

"우리두 의리가 있는 사람들이다. 치사하다면, 그런 짓 안해."

세 사람은 나란히 눈 쌓인 길을 걸었다. 백화가 말했다.

"그럼 반말 놓지 말라구요."

영달이는 입맛을 쩍쩍 다셨고, 정씨가 물었다.

"어디까지 가오?"

"집에요."

"집이 어딘데……"

"저 남쪽이예요. 떠난 지 한 삼 년 됐어요."

영달이가 말했다.

"얘네들은 긴밤 자다가두 툭하면 내일 당장에라두 집에 갈 것처럼 말해요."

백화는 아까와 같은 적의는 나타내지 않았다. 백화는 귀 옆으로 흘러내리는 머리카락을 자꾸 쓰다듬어 올리면서 피곤한 표정으로 영달이를 찬찬히 바라보았다.

"그래요. 밤마다 내일 아침엔 고향으로 출발하리라 작정하죠. 그런데 마음뿐이지, 몇 년이 흘러요. 막상 작정하고 나서 집을 향해 가보는 적두 있어요. 나두 꼭 두 번 고향 근처까지 가 봤던 적이 있어요. 한 번은 동네 어른을 먼발치서 봤어요, 나 이름이 백화지만 가명이예요. 본명은…… 아무에게도 가르쳐 주지 않아."

정씨가 말했다.

"서울 식당 사람들이 월출역으루 지키러 가던데……"

"이런 일이 한두 번인가요 머. 벌써 그럴 줄 알구 감천 가는 길루 왔지요. 촌놈들이니까 그렇지, 빠른 사람들은 서너 군데 길목을 딱 막아 놓아요. 나 그 사람들께 손해 끼친 거 하나두 없어요. 빚이래야 그치들이 빨아 먹은 나머지구요. 아유, 인젠 술하구 밤이라면 지긋지긋해요. 밑이 쭉 빠져 버렸어. 어디 가서 여승이나 됐으면...... 냉수에 목욕재계 백 일이면 나두 백화가 아니라구요, 씨팔."

걸을수록 백화는 말이 많아졌고, 걸음은 자꾸 쳐졌다. 백화는 여러 도시에서 한창 날리던 시절이 얘기를 늘어놓았다. 여자가 결론지은 얘기는 결국 화류계의 사랑이란 돈 놓고 돈 먹기 외에는 모두 사기라는 것이었다. 그 여자는 자기 보퉁이를 꾹꾹 찌르면서 말했다.

"아저씨네는 뭘 갖구 다녀요? 망치나 톱이겠지 머. 요 속에는 헌 속치마 몇 벌, 빤스, 화장품, 그런 게 들었지요. 속치마 꼴을 보면 내 신세하구 똑같아요. 하두 빨아서 빛이 바래구 재봉실이 나들나들하게 닳아 끊어졌어요."

백화는 이제 겨우 스물 두 살이었지만 열 여덟에 가출해서, 쓰리게 당한 일이 많기 때문에 삼십이 훨씬 넘은 여자처럼 조로해 있었다. 한 마디로 관록이 붙은 갈보였다. 백화는 소매가 헤진 헌 코우트에다 무릎이 튀어나온 바지를 입었고, 물에 불은 오징어처럼 되어 버린 낡은 하이힐을 신고 있었다. 비탈길을 걸을 때, 영달이와 정씨가 미끄러지지 않도록 양쪽에서 잡아 주어야 했다. 영달이가 투덜거렸다.

"고무신이라두 하나 사 신어야겠어. 댁에 때문에 우리가 형편없이 지체되잖나."

"정 그러시면 두 분이서 먼저 가면 될 거 아녜요. 내가 고무신 살 돈이 어딨어?"

"우리두 의리가 있다구 그랬잖어. 산 속에다 여자를 떼놓구 갈 수야 없지. 그런데...... 한 푼두 없단 말야?"

백화가 깔깔대며 웃었다.

"여자 밑천이라면 거기만 있으면 됐지, 무슨 돈이 필요해요?"

"저러니 언제 한 번 온전한 살림 살겠나 말야!"

"이거 봐요. 댁에 같은 훤칠한 내 신랑감들은 제 입에 풀칠두 못해서 떠돌아다니는데, 내가 어떻게 살림을 살겠냐구."

영달이는 백화의 입담을 감당할 수가 없었다. 세 사람은 감천 가는 도중에 있는 마지막 마을로 들어섰다. 마을 어귀의 얼어붙은 개천 위로 물오리들이 종종걸음을 치거나 주위를 선회하고 있었다. 마을의 골목길은 조용했고, 굴뚝에서 매캐한 청솔 연기 냄새가 돌담을 휩싸고 있었는데 나직한 창호지의 들창 안에서는 사람들의 따뜻한 말소리들이 불투명하게 들려왔다. 영달이가 정씨에게 제의했다.

"허기가 져서 떨려요. 감천엔 어차피 밤에 떨어질 텐데, 여기서 뭣 좀 얻어먹구 갑시다."

"여긴 바닥이 작아 주막이나 가게두 없는 거 같군."

"어디 아무 집이나 찾아가서 사정을 해보죠."

백화도 두 손을 코우트 주머니에 찌르고 간신히 발을 떼면서 말했다.

"온몸이 얼었어요. 밥은 고사하고, 뜨뜻한 아랫목에서 발이나 녹이구 갔으면."

정씨가 두 사람을 재촉했다.

"얼른 지나가지. 여기서 지체하면 하룻밤 자게 될 테니, 감천엘 가면 하숙두 있구, 우리를 태울 기차두 있단 말요."

그들은 이 적막한 산골 마을을 지나갔다. 눈 덮인 들판 위로 물오리 떼가 내려앉았다가는 날아오르곤 했다. 길가에 퇴락한 초가 한 간이 보였다. 지붕의 한 쪽은 허물어져 입을 벌렸고 토담도 반쯤 무너졌다. 누군가가 살다가 먼 곳으로 떠나간 폐가임이 분명했다. 영달이가 폐가 안을 기웃해 보며 말했다.

"저기서 신발이라두 말리구 갑시다."

백화가 먼저 그 집의 눈 쌓인 마당으로 절뚝이며 들어섰다. 안방과 건넌방의 구들장은 모두 주저앉았으나 봉당은 매끈하고 딴딴한 흙바닥이 그런

대로 쉬어 가기에 알맞았다. 정씨도 그들을 따라 처마 밑에 가서 엉거주춤 서 있었다. 영달이는 흙벽 틈에 삐죽이 솟은 나무 막대나 문짝, 선반 등속의 땔 만한 것들을 끌어모아다가 봉당 가운데 쌓았다. 불을 지피자 오랫동안 말라 있던 나무라 노란 불꽃으로 타올랐다. 불길과 연기가 차츰 커졌다. 정씨마저도 불가로 다가앉아 젖은 신과 바지 가랑이를 불길 위에 갖다 대고 지그시 눈을 감았다. 불이 생기니까 세 사람 모두가 먼 곳에서 지금막 집에 도착한 느낌이 들었고, 잠이 왔다. 영달이가 긴 나무를 무릎으로 꺾어 불 위에 얹고, 눈물을 흘려 가며 입김을 불어 대는 모양을 백화는 이윽히 바라보고 있었다.

"댁에...... 괜찮은 사내야. 나는 아주 치사한 건달인 줄 알았어."

"이거 왜 이래. 괜히 나이롱 비행기 태우지 말어."

"아녜요. 불때는 꼴이 제법 그럴 듯해서 그래요."

정씨가 싱글벙글 웃으면서 영달에게 말했다.

"저런 무딘 사람 같으니, 이 아가씨가 자네한테 반했다...... 그 말이야."

"괜히 그러지 마슈. 나두 과거에 연애해 봤소. 계집년이란 사내가 쐬빠지게 해줘두 쪼끔 벌릴까 말까 한단 말입니다. 이튿날 해만 뜨면 말짱 헛것이지."

"오머머. 어디 가서 하루살이 연애만 해본 모양이네. 여보세요, 화류계 연애가 아무리 돈에 운다지만 한 번 붙으면 순정이 무서운 거예요. 내가 처음 이 길 들어서서 독하게 사랑해 본 적두 있었어요."

지붕 위의 눈이 녹아서 투덕투덕 마당 위에 떨어지기 시작했다. 여자는 나무 막대기를 불 속에 넣고 휘저으면서 갑자기 새촘한 얼굴이 되었다. 불길에 비친 백화의 얼굴은 제법 고왔다.

"그런데...... 몇 명이었는지 알아요? 여덟 명이었어요."

"진짜 화류계 연애로구만."

"들어봐요. 사실은 그 여덟 사람이 모두 한 사람이나 마찬가지였거든요."

백화는 주점 〈갈매기집〉에서의 나날을 생각했다. 그 여자는 날마다 툇마루에 걸터앉아서 철조망의 네 귀퉁이에 높다란 망루가 서 있는 군대 감옥을 올려다보았던 것이다. 언덕 위에 흰 뼁끼로 칠한 반달형 퀸셋 막사와 바라크가 늘어서 있었고 주위에 코스모스가 만발해 있어, 그 안에 철장이 있고 죄지은 사람들이 하루 종일 무릎을 꿇고 있으리라고는 믿어지질 않았다. 하루에 한 번씩, 긴 구령 소리에 맞춰서 붉은 줄을 친 군복에 박박 깎인 머리의 군 죄수들이 바깥으로 몰려나왔다. 죄수들이 일렬로 서서 세면과 용변을 보는 모습이 보였었다. 그들은 간혹 대여섯 명씩 무장 헌병의 감시를 받으며 작업을 하러 내려오는 때도 있었다. 등에 커다란 광주리를 메고 고개를 숙인 채로 그들은 줄을 지어 걸어왔다.

"처음에 부산에서 잘못 소개를 받아 술집으로 팔렸었지요. 거기에 갔을 땐 벌써 될대루 되라는 식이어서 겁나는 것두 없었구요. 나이는 어렸지만 인생살이가 고달프다는 것두 깨달았단 말예요."

어느 날 그들은 마을의 제방공사를 돕기 위해서 삼십여 명이 내려왔다.

출감이 멀지 않은 사람들이라 성깔도 부리지 않았고 마을 사람들도 그리 경원하지 않았다. 그들이 밖으로 작업을 나오면 기를 쓰고 찾는 것은 물론 담배였다. 백화는 담배 두 갑을 사서 그들 중의 얼굴이 해사한 죄수에게 쥐어 주었다. 작업하는 열흘간 백화는 그들의 담배를 댔다. 날마다 그 어려뵈는 죄수의 손에 몰래 쥐어 주고는 했다. 다음부터 백화는 음식을 장만해서 감옥 면회실로 그를 만나러 갔다. 옥바라지 두 달 만에 그는 이등병 계급장을 달고 백화를 만나러 왔다. 하룻밤을 같이 보내고 병사는 전속지로 떠나갔다.

"그런 식으로 여덟 사람을 옥바라지했어요. 한 달, 두 달 하다 보면 그이는 앞사람들처럼 하룻밤을 지내구 떠나가군 했어요."

백화는 그런 일 때문에 갈매기집에 있던 시절, 옷 한가지도 못해 입었다. 백화는 지나간 삭막한 삼 년 중에서 그때만큼 즐겁고 마음이 평화로왔던 시절은 없었다. 그 여자는 새로운 병사를 먼 전속지로 떠나 보내는 아침마다 차부로 나가서 먼지 속에 버스가 가리울 때까지 서 있곤 했었다. 백화는 그 뒤부터 부대 근처를 전전하며 여러 고장을 흘러 다녔다.

아직 초저녁이 분명한데 날씨가 나빠서인지 곧 어두워질 것 같았다. 눈은 더욱 새하얗게 돋보였고, 사위는 고요한데 나무 타는 소리만이 들려왔다.

"감옥뿐 아니라, 세상이란 게 따지면 고해 아닌가……"

정씨는 벗어서 불가에다 쬐고 있던 잠바를 입으면서 중얼거렸다.

"어둡기 전에 어서 가야지."

그들은 일어났다. 아직도 불길 좋게 타고 있는 모닥불 위에 눈을 한 움큼씩 덮었다. 산천이 차츰 희미하게 어두워졌다. 새들이 이리 저리로 깃을 찾아 숲에 모여들고 있었다. 영달이가 백화에게 물었다.

"그래 이젠 어떡할 셈요, 집에 가면……"

백화가 대답을 않고 웃기만 했다. 정씨가 말했다.

"시집가야지 뭐."

"시집은 안 가요. 이제 와서 무슨 시집이예요. 조용히 틀어박혀 집의 농사나 거들지요. 동생들이 많아요."

사방이 어두워지자 그들도 얘기를 그쳤다. 어디에나 눈이 덮여 있어서 길을 잘 분간할 수가 없었다. 뒤에 처졌던 백화가 눈덮인 길의 고랑에 빠져 버렸다. 발이라도 삐었는지 백화는 꼼짝 못하고 주저앉아 신음을 했다. 영달이가 달려들어 싫다고 뿌리치는 백화를 업었다. 백화는 영달이의 등에 업히면서 말했다.

"무겁죠?"

영달이는 대꾸하지 않았다. 백화가 어린애처럼 가벼웠다. 등이 불편하지도 않고 어쩐지 가뿐한 느낌이었다. 아마 쇠약해진 탓이리라 생각하니 영달이는 어쩐지 대전에서의 옥자가 생각나서 눈시울이 화끈했다. 백화가 말했다.

"어깨가 참 넓으네요. 한 세 사람쯤 업겠어."

"댁이 근수가 모자라니 그렇다구."

그들은 일곱 시쯤에 감천 읍내에 도착했다. 마침 장이 섰었는지 파장된 뒤인데도 읍내 중앙은 흥청대고 있었다. 전 부치는 냄새, 고기 굽는 냄새, 곰국 냄새가 풍겨왔다. 영달이는 이제 백화를 옆에서 부축하고 있었다. 발을 디딜 때마다 여자가 얼굴을 찡그렸다. 정씨가 백화에게 물었다.

"어느 방향이오?"

"전라선이예요."

"나는 호남선 쪽인데. 여비는 있소?"

"군용차를 사정해서 타구 가면 돼요."

그들은 장터 모퉁이에서 아직도 따뜻한 온기가 남아 있는 팥시루떡을 사 먹었다. 백화가 자기 몫에서 절반을 떼어 영달에게 내밀었다.

"더 드세요. 날 업구 왔으니 기운이 배나 들었을 텐데."

역으로 가면서 백화가 말했다.

"어차피 갈 곳이 정해지지 않았다면 우리 고향에 함께 가요. 내 일자리를 주선해 드릴께."

"내야 삼포루 가는 길이지만, 그렇게 하지?"

정씨도 영달이에게 권유했다. 영달이는 흙이 덕지덕지 달라붙은 신발 끝을 내려다보며 아무 말이 없었다. 대합실에서 정씨가 영달이를 한쪽으로 끌고 가서 속삭였다.

"여비 있소?"

"빠듯이 됩니다. 비상금이 한 천 원쯤 있으니까."

"어디루 가려우?"

"일자리 있는 데면 어디든지……"

스피커에서 안내하는 소리가 웅얼대고 있었다. 정씨는 대합실 나무 의

자에 피곤하게 기대어 앉은 백화 쪽을 힐끗 보고 나서 말했다.

"같이 가시지. 내 보기엔 좋은 여자 같군."

"그런 거 같아요."

"또 알우? 인연이 닿아서 말뚝 박구 살게 될지. 이런 때 아주 뜨내기 신셀 청산해야지."

영달이는 시무룩해져서 역사 밖을 멍하니 내다보았다. 백화는 뭔가 쑤군대고 있는 두 사내를 불안한 듯이 지켜보고 있었다. 영달이가 말했다.

"어디 능력이 있어야죠."

"삼포엘 같이 가실라우?"

"어쨌든......."

영달이가 뒷주머니에서 꼬깃꼬깃한 오백 원짜리 두 장을 꺼냈다.

"저 여잘 보냅시다."

영달이는 표를 사고 삼립빵 두 개와 찐 달걀을 샀다. 백화에게 그는 말했다.

"우린 뒷 차를 탈 텐데...... 잘 가슈."

영달이가 내민 것들을 받아 쥔 백화의 눈이 붉게 충혈되었다.

그 여자는 더듬거리며 물었다.

"아무도...... 안 가나요."

"우린 삼포루 갑니다. 거긴 내 고향이오."

영달이 대신 정씨가 말했다. 사람들이 개찰구로 나가고 있었다. 백화가 보퉁이를 들고 일어섰다.

"정말, 잊어버리지...... 않을께요."

백화는 개찰구로 가다가 다시 돌아왔다. 돌아온 백화는 눈이 젖은 채 웃고 있었다.

"내 이름 백화가 아니예요. 본명은요......이점례예요."

여자는 개찰구로 뛰어나갔다. 잠시 후에 기차가 떠났다.

그들은 나무 의자에 기대어 한 시간쯤 잤다. 깨어 보니 대합실 바깥에 다시 눈발이 흩날리고 있었다.

기차는 연착이었다. 밤차를 타려는 시골 사람들이 의자마다 가득 차 있었다. 두 사람은 말없이 담배를 나눠 피웠다. 먼 길을 걷고 나서 잠깐 눈을 붙였더니 더욱 피로해졌던 것이다. 영달이가 혼잣말로

"쳇, 며칠이나 견디나......."

"뭐라구?"

"아뇨, 백화란 여자 말요. 저런 애들...... 한 사날두 시골 생활 못 배겨나요."

"사람 나름이지만 하긴 그럴 거요. 요즘 세상에 일이 년 안으루 인정이 휙 변해 가는 판인데......"

정씨 옆에 앉았던 노인이 두 사람의 행색과 무릎 위의 배낭을 눈 여겨 살피더니 말을 걸어 왔다.

"어디 일들 가슈?"

"아뇨, 고향에 갑니다."

"고향이 어딘데......."

"삼포라구 아십니까?"

"어 알지, 우리 아들놈이 거기서 도자를 끄는데......"

"삼포에서요? 거 어디 공사 벌릴 데나 됩니까. 고작해야 고기잡이나 하구 감자나 매는데요."

"어허! 몇 년 만에 가는 거요?"

"십 년."

노인은 그렇겠다며 고개를 끄덕였다.

"말두 말우 거긴 지금 육지야. 바다에 방둑을 쌓아 놓구, 추럭이 수십 대씩 돌을 실어 나른다구."

"뭣땜에요?"

"낸들 아나, 뭐 관광 호텔을 여러 채 짓는담서 복잡하기가 말할 수 없데."

"동네는 그대루 있을까요?"

"그대루가 뭐요. 맨 천지에 공사판 사람들에다 장까지 들어섰는 걸."

"그럼 나룻배두 없어졌겠네요."

"바다 위로 신작로가 났는데, 나룻배는 뭐에 쓰오. 허허 사람이 많아지니 변고지, 사람이 많아지면 하늘을 잊는 법이거든."

작정하고 벼르다가 찾아가는 고향이었으나, 정씨에게는 풍문마저 낯설었다. 옆에서 잠자코 듣고 있던 영달이가 말했다.

"잘 됐군. 우리 거기서 공사판 일이나 잡읍시다."

그때에 기차가 도착했다. 정씨는 발걸음이 내키질 않았다. 그는 마음의 정처를 잃어버렸던 때문이었다.

어느 결에 정씨는 영달이와 똑같은 입장이 되어 버렸다.

기차는 눈발이 날리는 어두운 들판을 향해서 달려갔다.

탐구문제

(1) 이 작품의 시대적 배경에 대해 알아보자.

(2) 이 작품에서 '삼포'가 상징하는 바에 대해 설명해 보자.

(3) 근대화와 진정한 삶의 의미관계를 알아보자.

7. 나비를 잡는 아버지

현 덕

황혼의 종로로 방향을 돌려

버스는 떠난다. 경쾌스럽게.

건드러진 노랫소리가 푸른 언덕을 넘어온다.

바우는 송아지를 뜯기며 밤나무 그늘에 앉아, 그림 그리는 책을 펴 들었다. 송아지가 움직이는 대로 자리를 옮아앉으며 옆으로 풀을 뜯는 송아지 모양을 그리느라 열심히 들여다보고 연필을 놀리고 하더니 잠시 멈추고 귀를 기울인다. 그리고 "흥!" 하고 빈정거리는 웃음을 한 번 웃고는 그 소리가 듣기 싫다는 듯 그 편에 등을 대고 돌아앉는다.

'겨우 서울 가서 공부한다고 배워 가지고 온 것이 유행가 나부랑이냐. 그리고 나비 잡는 것하고.'

지난 해 봄에 바우와 경환이는 한 날에 그 곳 소학교를 졸업을 하였다. 그리고 경환이는 서울로 상급 학교를 가고 바우 자기는 집에서 꾸벅꾸벅 땅이나 파며 있지 않으면 아니 될 때, 바우는 무척 슬퍼하고 억울해 하고 따라서 경환이를 부러워도 하였다. 바우 자기가 값 없이 보내는 그 하루하루에 경환이는 좋은 학교, 훌륭한 선생 아래서 날마다 새로워 가고 높아 갈 것을 생각할 때 바우는 가만히 있지 못했다. 그 상급학교에 가지 못하는 벌충을 여기다 하려는 듯이 틈 있는 대로 그림을 그리었고 또 그것으로 즐거움이 되었다.

　그리고 얼마 전에 그 경환이가 하기 휴가를 하고 서울서 집에 돌아왔다. 그러나 전보다 얼굴빛이 희어지고, 바지통이 넓은 양복에 흰 테두리 한 모자를 멋있게 쓴 것이 달라졌을 뿐, 서울이 얼마나 좋고 자기 다니는 학교가 얼마나 훌륭한 곳인가를 자랑하는 것과 또는 활동사진 배우 중 누구는 어떻고 누구는 어쩌고, 그리고 잡된 유행가를 부르며 동네 어린 아이들을 몰고 다니며 나비를 잡는 것이 하는 일이었다. 아마 경환이 자기는 이러는 것으로, 전일 보통 학교 때 늘 바우에게 성적으로 머리를 눌려 오던 분풀이를 하려는 듯이 빼기며 다니는 것이다. 바우는 그 꼴이 곱게 보일 수 없었다.

　　꽃피는 남산으로 방향을 돌려서
　　버스는 떠난다. 가로수 그늘.
　노랫소리는 점점 가까워 온다. 그리고 잠시 언덕 너머가 떠들썩하더니 호랑나비 한 마리가 피로한 나래로 갈팡질팡 날아와 밤나무 가지에 야트막하게 앉는다. 바우는 그 나비를 쉽게 잡을 수 있었다. 그리고 잠깐 그 호사스런 모양, 찬란한 빛깔을 들여다보다가 도로 날려 보내려 할 즈음, 언덕 위로 동네 아이들의 머리가 불쑥불쑥 나타나며 뒤미처 경환이가 나비 잡는 채를 휘두르며 뛰어내려온다. 경환이는 바우가 앉아 있는 밤나무 그늘로 들어서며,
　"너, 호랑나비 어디로 날아가는 거 봤니?"
　하다가 바우 손에 잡히어 있는 나비를 보고는 반색을 한다.
　"나 다우."
　하고 으레 줄 것으로 알고 손을 내미는 것이나 바우는 그 손을 툭 쳐 버리고 몸을 돌린다.
　"넌 무슨 까닭으로 어린애들을 몰고 다니며 앰한 나비를 못 살게 하는 거냐?"

"뭐?"

하고 경환이는 뜻하지 않은 말에 잠시 멍하니 바라보다는,

"누가 장난으로 잡는 거냐. 학교서 숙제를 냈어. 동물 표본을 만들어 오라구."

"장난 아니믄, 벌써 너 나비 잡기 시작한 지가 며칠이냐. 그 동안에 못 잡아도 백 마리는 잡았겠구나. 거 다 동물 표본 만들고도 모자라서 또 잡는 거냐?"

"모두 못 쓰게 잡았으니까 그렇지. 날개가 상하구."

하다가는 경환이는 변색을 하고 한 발자국 다가서며,

"넌 남이 나빌 잡건 말건 무슨 상관이냐, 건방지게."

"나두 상관할 만해서 그런다."

"너 때문으로 해서 담부턴 나비 구경을 못 하게 되겠으니까 허는 말이다."

하고 바우는 경환이 얼굴을 마주 노리다가.

"니가 동물 표본을 만들기에 나비가 필요하다면 난 그림 그리는 데 필요한 나비야. 너만 위해서 생긴 나비는 아니지."

그러나 경환이는 "흥!" 하고 코웃음을 친다. 바우는 한층 음성을 높여 계속한다.

"그리고 어린 아이들에게 잡된 유행가는 너 왜 가르치는 거냐. 부르고 싶으면 네나 부르지."

이 말엔 매우 괘씸한 모양, 경환이는 낯을 붉히며 대든다.

"이 동네서 나 하는 거 시비할 사람 없어. 건방지게 왜 이래."

하는 그 말 속엔 분명 자기는 마름집 외아들로서 지위가 높은 몸, 너 같은 소나 뜯기는 놈에게 시비를 받을 몸이 아니라는 빈정거림이 있다. 바우는 썩 비위가 상해서 "흥!" 하고 마주 코웃음을 치고 그리고 좀더 골을 올리려고 두 손가락에 날개를 접어 쥔 나비를, 이것 너 줄까, 하는 시늉

으로 경환이 등을 향해 두어 번 겨누다는 그대로 공중으로 날려 버린다. 나비는, 방향이 없이 어지러이 한 바퀴 맴을 돌더니 언덕 아래로 높았다 낮았다 날아간다.

경환이는 갑자기 몸을 날려 그 나비를 쫓아간다. 그러다가 나비가 아래 논 가운데로 날아가자 뒤돌아서 바우를 무섭게 한 번 눈을 흘겨보고, 그리고 돌 하나를 집어 근처에서 풀을 뜯고 있는 송아지를 때리고는 언덕 아래로 달아났다.

그러나 경환이의 심술은 이것만으로 고만두지 않았다.

송아지에게 먹을 만치 풀을 뜯기고 언덕 아래로 몰고 내려와 수수밭 모퉁이를 돌아섰을 때 바우는 다시금 놀랐다.

개울 건너 바우네 참외밭에서 경환이란 놈이 나비 잡는 채를 휘두르며 날뛰고 있다. 그까짓 송장나비를 쫓아 구두 신은 발로 지금 한창 참외가 열기 시작하는 넝쿨을 함부로 질겅질겅 밟으며 이리 뛰고 저리 뛰고 한다. 일부러 그러는 것이 분명하다. 나비를 잡는 척 참외밭으로 몰아넣고 참외 넝쿨을 결딴내는 것이리라. 바우는 눈이 뒤집혔다. 더욱이 그 참외밭은 장차 햇곡식 나기 전까지의 바우 집식구들의 식량을 거기다 예산하고 있는 것이요, 바우 자기도 잘 열면 책 한 권쯤 사 달라려고 벼르고 있던 터다.

바우는 나는 듯 개울을 건너 뒤로 쫓아가 한 번 등줄기를 우리고 그리고,

"인마, 눈 없어? 이거 못 봐?"

하고 낭자한 그 자취를 손으로 가리키며,

"넌 남의 집 농사 결딴내두 상관없니, 인마."

그러나 경환이는,

"우리 집 땅 내가 밟았기로 무슨 상관야."

하고 기가 막히다는 듯, 피이 하고 고개를 옆으로 돌린다.

그러나 사실 기가 막히기는 바우다.

"우리 집 땅?"

하고 허 참, 하늘을 쳐다보고 탄식하고,

"땅은 너희 집 거라두 참이 넝쿨은 우리 집 거 아니냐. 누가 너희 집 땅을 밟는대서 말야? 우리 집 참이 넝쿨을 결딴내니까 말이지."

그러나 경환이는 머리에 썼던 운동 모자를 벗으며 한 발자국 다가선다.

"너희 집 참이 넝쿨을 그렇게 소중히 알면서, 어째 남이 나비 잡는 건 훼방을 노는 거냐. 나두 장난으로 잡는 건 아냐."

"장난이 아닌지도 몰라도 넌 나비를 잡는 거고 우리 집 참이 넝쿨은 거기서 양식도 팔고 그래야 할 것이거든. 그래, 나비가 중하냐, 사람 사는 게 중하냐."

바우는 팔을 저어 시늉하며 어느 것이 소중하냐고 턱을 대는데 경환이는,

"나두 거기 학교 성적이 달린 거야."

하고 피이 하고 업신여기는 웃음을 짓더니,

"너희 집 집안 살림을 내가 알게 뭐냐."

하고 같은 웃음으로 좌우를 돌아본다. 개울 건너 길가에 동네 아이들이 모여 서 있고 그 뒤로 지게를 진 어른들도 서 있다. 바우는 낮이 화끈 달았다.

"뭐, 인마."

하고 대뜸 상대의 멱살을 잡고,

"그래서 남의 참이밭 결딴내는 거냐. 나빈 우리 집 참이밭에만 있구 다른 덴 없어, 인마?"

경환이는 멱살을 잡히우고 이리저리 목을 저으며,

"이게 유도 맛을 보지 못해 이래. 너 다 그랬니, 다 그랬어?"

하고 으르다가 날래게 궁둥이를 들이대고 팔을 낚아 넘겨 치려 하나

그러나 원체 나무통처럼 버티고 서 있는 바우의 몸은 호리호리한 경환의 허릿심으로는 꺾이지 않았다. 도리어 바우가 슬쩍 딴죽을 걸고 밀자 경환이 자신이 쿵 나둥그러졌다. 그러나 쓰러졌다가 다시 일어설 때 경환이는 손에 돌을 집어 들고 그리고 얼굴에 울음을 만들고는,

"이 자식아, 남 나비 잡는 사람, 왜 때리고 훼방을 노는 거야, 왜?"

하고 비겁하게 돌 든 손을 머리 위로 쳐들어 겨누는 것이다. 결국 싸움은, 이 때껏 아이들 등 뒤에 입을 벌리고 서서 보고만 있던 동네 어른 하나가 성큼성큼 개울을 건너가 사이를 뜯어 놓고 그리고 경환이를 참외밭 밖으로 이끌어 나간 것으로 끝났으나, 그러나 경환이가 손목을 이끌려 가면서 연해 뒤를 돌아보며, 어디 두고 보자고, 벼르던 그 말이 허사가 아니었다.

바우가 자기 집 장독간 앞에서 벌통을 들여다보고 앉아 있는데 경환이 집에서 부엌 심부름을 하는 계집아이가 왔다. 바우는 까닭 없이 가슴이 성큼했다.

"바우 어머니, 집에 있수?"

하고 계집아이는 안방과 부엌을 기웃거리다가 마당에 서 있는 바우를 보고,

"너, 우리 집 서울 학생 때렸니?"

고 쳐다보다가 대답이 없으니까,

"너 야단났다. 우리 집 아씨가 막 역정이 나서 너희 어머니 불러 오래, 얘."

마침 우물에서 돌아오는 바우 어머니를 보고 계집아이는 다시 한 번 그 말을 옮겨 들려 주며 함께 문 밖으로 사라졌다.

"난 잘못한 거 없으니까."

하면서 바우는 가슴이 두근거리었다. 일 없이 뒤꼍으로 갔다 마당으로 나왔다 하며, 어머니가 돌아올 때를 기다리면서 조마조마한다.

먼저 아버지가 뒷밭에서 돌아왔다. 이맛살을 찌푸린 얼굴로 아버지는 기색이 좋지 못하다. 호미를 마당 가운데 던지더니 아버지는 갑자기 큰 소리를 냈다.

"참이밭에서 누구하구 싸웠니?"

바우는 벌통 앞에 돌아앉아서 말이 없다.

"너두 눈 있거든 참이밭에 좀 가 봐. 넝쿨 하나고 성한 게 있나. 인마, 그 밭에 도지가 을만지 아니. 벼루 열 말야. 참이는 안 되두 낼 것은 내야 지. 그리고 허구헌 날 먹을 건 먹어야지. 그런 걱정은 없구, 인마, 참이밭 에서 싸움이 뭐냐, 싸움이."

바우는 벌통 앞에서 일어서며 볼멘 소리로,

"누가 싸웠나, 경환이가 나빌 잡는다고 참이밭에서 막 넝쿨을 밟길래 말린 거지."

그러나 아버지는 일층 음성을 거슬렀다.

"내가 뭐랬어. 참이밭 근처서 멀리 떠나지 말고 지키랬지. 그놈의 그림 책 이리 내놔라. 그것만 잡고 앉았으면 정신 없다가 참이밭을 결단내는 것도 몰랐지, 인마."

하고 그 그림책을 찾는 것처럼 두리번거리고 뒤꼍으로 가며 아버지는 혼자말로, 서울 가서 공부한 것이 나비 잡는다고 남의 집 참이밭 결단내는 거냐고 중얼중얼 울타리에서 호박잎을 따고 있다. 아마 부러진 참외 넝쿨 을 그것으로 이어 보려는 것이리라. 조금 후 아버지는 호박잎을 따 가지고 나오며,

"너희 어머니 어디 갔니?"

그러나 바우는 경환이 집에서 어머니를 불러 갔다는 말은 아니 나왔다. 묵묵히 바우는 대답이 없다. 하지만 아버지는 더 묻지 않아도 좋았다. 바 로 그 어머니가 상기한 얼굴로 대문을 들어섰다.

어머니는 다짜고짜로 바우에게로 달려가 등줄기를 우리고는,

"자식이 어떻게 했으면 어미 망신을 그렇게 시키니. 어서 나비 잡아 가지고 가서 빌어라, 빌어."

그리고 아버지를 향하고는,

"당신도 가 보우. 바깥사랑에서 부릅디다."

아버지는 어리둥절하여 바우와 어머니를 번갈아 쳐다보다가,

"어떻게 된 일야, 응?"

그러나 어머니는 바우를 향해서만 또,

"남 나빌 잡거나 말거나 내버려 두지 어쭙잖게 다니며 훼방을 노는 거냐?"

"누가 훼방을 놀았나. 남의 참외밭에 들어가 그러길래 못 하게 말린 거지."

"아, 니가 밤나뭇골 언덕에서 손에 잡았던 나비까지 날려 보내며 뭐라구 그랬다는데 그래."

그리고 어머니는 경환이 집 안주인이 꾸중꾸중하더라는 것, 그리고 바우가 나비를 잡아 가지고 와서 경환이에게 빌지 않으면 내년부턴 땅 얻어 부칠 생각을 말라더란 말을 옮기며 또 바우에게,

"어서 나비 잡아 가지고 가서 빌어라, 빌어."

아버지는 연해 꿍꿍 땅이 꺼지는 못마땅한 소리로 뒷짐을 지고 마당을 오락가락하며 무섭게 눈을 흘겨 바우를 본다. 그리고 바우는 어머니가 등을 미는 대로 부엌으로, 뒤꼍으로 피하다가는 대문 밖으로 나갔다. 그러나 담 밑에 붙어 서서 움직이지 않은 바우를 어머니는 쫓아 나와 다조진다.

"이렇게 고집을 부리고 안 가면 어떡헐 셈이냐. 땅 떨어져도 좋겠니? 너두 소견이 있지."

그러나 바우는 어슬렁어슬렁 길로 나가더니 우물 앞 정자나무 앞에 이르자 걸음을 멈추고, 그리고 동네 노인들이 장기를 두고 앉아 있는 것을 넋을 놓고 들여다보고 서 있다. 장기가 두 캐가 뜯나고 세 캐가 끝나고

모였던 사람이 헤어져도 바우는 자리를 뜨지 않는다. 바우는 다만 자기가 조금도 잘못한 것이 없는 것, 그러니까 누구에게든 머리를 굽힐 까닭이 없다는 고집이 정자나무통만큼 뻣뻣할 뿐이었다.

해가 저물었다. 지붕 너머로 바우 굴뚝에도 연기가 오르고 그리고 그 연기가 좋아 든 때에야 바우는 슬슬 눈치를 살피며 대문을 들어섰다. 그러나 건넌방 쪽에 눈이 갔을 때 바우는 크게 놀랐다. 아궁이 앞에, 위하던 그림 그리는 책이 조각조각 찢기어 허옇게 흩어져 있다. 바우는 그 앞에 이르러 멍멍히 내려다보고 서 있는데 등 뒤에서 아버지 음성이 났다.

"인마, 남은 서울 학교 다녀서 다 나비도 잡고 그러는 건데 건방지게 왜 다니며 훼방을 노는 거냐, 훼방을."

그리고 바우가 그림 그리는 것과 그것은 아랑곳없는 일일 텐데 아버지는,

"담부터 내 눈앞에 그 그림 그리는 꼴 보이지 말어라. 네깟 놈이 그림 그걸루 남처럼 이름을 내겠니, 먹고 살게 되겠니?"

하고 돌아서 문 밖으로 나가려다가 다시 돌아서며 아버지는,

"나빈 잡아갔지?" 하고 다져 묻는다. 바우는 고개를 숙인 채 묵묵하다. 아버지는 기가 막힌 듯 잠시 건너다보기만 하다가 언성을 높였다.

"이 때껏 나가서 뭘 했어. 인마, 간봄에 늙은 아비가 땅 얼어 부치느라고 갖은 애 다 쓰던 것을 네 눈으로도 보았지. 가뜩한데 너까지 말썽일 게 뭐냐. 어서 가서 빌지 못하겠어?"

아버지는 담뱃대 끝으로 바우의 수그린 머리를 찌를 듯 겨눈다. 그러는 대로 바우는 무침무침 피할 뿐 조금도 걸음을 옮기려 하지 않는다.

"그래도 네 고집만 세울 테냐. 그럴라거든 아주 나가거라, 아주 나가."

하고 아버지는 빗자루를 들고 나섰다. 이런 때 어머니가 방에서 나와 그걸 빼앗아 던져 버리고,

"가서 빌기만 허면 뭘 하우. 나빌 잡아 가야지. 그리고 지금은 어둬서

잡겠수. 내일 잡아 가라지."

　그리고 어머니는 바우의 등을 밀며,

　"어서 올라가 저녁이나 먹어라."

　하지만 아버지는 여전히 못마땅한 눈으로 흘겨보며,

　"저런 놈 저녁은 먹여 뭘 해. 아주 내쫓으라니깐 그래."

　하고 자기가 먼저 문 밖으로 나간다.

　어머니는 그 아버지가 들어오기 전에 어서 저녁을 먹으라고 권한다. 그러나 바우는 서 있는 자리에 그대로 고개를 숙이고 어머니가 달랠수록 더 짜증만 낸다. 한종일 아버지 어머니에게 애매한 미움을 받고 또 그림책을 찢기우고 한 그 억울한 감이 가슴 속에 벅차 다른 무엇이 들어갈 여지가 없었다.

　이튿날 아침이다. 건넌방 모퉁이서 바우는 아버지와 얼굴이 마주쳤다. 아버지는 어제와 다름없는 그 얼굴 그 음성으로 부엌에서 아침을 짓는 어머니를 향해 소리쳤다.

　"오늘도 저놈이 제 고집만 세우고 나빌 잡아 가지 않거든 밥 주지 말어."

　그리고 바우를 향해서는,

　"오늘은 나빌 잡아 가지고 가 봐야 허지, 그러지 않으려거든 영 집에 들어올 생각 말어라, 인마."

　그 아버지가 보이지 않는 곳에 이르자 어머니는 부엌에서 나와 작은 음성으로 바우를 달랜다.

　"아버지 속상하시게 하지 말고 오늘은 나빌 잡아 가지고 가 봐라. 땅이 떨어지거나 하면 너는 좋겠니? 생각해 봐라."

　바우는 여전히 말이 없다. 어머니는 그것을 바우가 순종하는 뜻으로 여긴 모양, 부엌에서 아침을 차리기에 분주하였다.

　"얼른 밥 차려줄게 먹고 나가 봐."

그러나 바우는 어머니가 밥상을 날라 오기 전에 자기가 먼저 슬며시 집 밖으로 나갔다. 밥을 열 끼를 굶는 한이 있더라도 그 경환이 앞에 나비를 잡아 가지고 가서 머리를 숙이기는 무엇보다 싫었다. 아들의 그만한 체면쯤 보아줄 줄 모르고 자기네 요구만 고집하는 아버지가, 그리고 어머니까지 바우는 무척 야속했다. 노여웠다.

바우는 동구 밖 아랫마을로 가는 길가 축동 버드나무 그늘 밑에 고개를 숙여 생각에 잠기며 걷는다. 아침부터 요란스리 매미는 울고 그리고 속상하게 눈에 보이는 것은 여기저기 풀 위로 너훌거리는 나비다. 바우는 그 나비를 피해 가는 듯 문득 걸음을 바꿔 뒷산으로 올라갔다. 거기서 바우는 일상 하던 버릇으로 풀을 베어 널고, 그 위에 벌렁 나둥그러져 하늘을 쳐다본다. 집에서보다 갑절 어버이에게 대한 야속함과 노여움이 사무친다.

'아버지 말대로 정말 집을 나오고 말까. 그러면 아버지도 뉘우칠 때가 있겠지. 그리고 서울 같은 도회로 나가서 어떻게 고학이라도 해 볼까.'

바우는 정말 그렇게 해 볼 것처럼 벌떡 일어선다. 그리고 걸음 걸리는 대로 따라 산 아래로 내려간다. 산 중턱쯤 이르렀다. 건너다보이는 맞은편 언덕을 넘어 메밀밭 두덩에 허연 사람의 그림자가 엎드렸다 일어섰다 하며 무엇을 쫓는 모양으로 움직인다.

'흥! 경환이 저놈이 또 나비를 잡는구나.'

하고 바우는 입가에 업신여기는 웃음을 짓는다. 산을 또 좀 내려와 바라볼 때 경환이로 본 그것은 어른이 분명했다.

'흥, 경환이란 놈이 저희 집 머슴을 시켜 나비를 잡게 하는구나.'

그리고 바우는 또 한 번 같은 웃음을 웃는다.

바우는 산을 내려와 맞은편 언덕 위로 올라섰다. 그리고 가까운 거리에서 메밀밭을 내려다보았을 때 그는 놀라 입을 다물지 못했다. 경환이 집 머슴으로 본 사람은 남 아닌 바로 자기 아버지였다. 아버지는 농립을 벗어

들고 나비를 쫓아 엎드렸다 일어섰다 하며 그 똑똑지 못한 걸음으로 밭두 덩을 지척지척 돌고 있다.

바우는 머리를 얻어맞은 듯 멍하니 아래를 바라보고 서 있다. 그러다가 갑자기 언덕 모래 비탈을 지르르 미끄러져 내려가며 그렇게 빠른 속력으로, 지금까지 잠기어 있던 어두운 마음에서 벗어나 그 아버지가 무척 불쌍하고 정답고 그리고 그 아버지를 위하여서는 어떠한 어려운 일이든지 못할 것이 없을 것 같고. 바우는 울음이 되어 터져 나오려는 마음을 가슴 가득히 참으며 언덕 아래 모밀밭을 향해 소리쳤다.

"아버지."

     "아버지."

         "아버지~~~~~!"

《집을 나간 소년》, 아문각 1946

탐구문제

(1) 본문에서 시대적 배경을 알 수 있는 내용을 찾아보자.
(2) 등장인물들의 내적 갈등과 외적 갈등을 생각해 보자.
(3) 본인의 경험에 비추어 이 소설의 마지막 장면(나비를 잡는 아버지의 모습)에서 바우의 심정이 어떠하였을지 상상하여 보자.

1. 동승

함세덕

등장인물   정 심 : 상좌승
          도 념 : 사미승, 14세
          미망인 : 서울 안대갓집 딸
          초 부(樵夫)
          인 수
          미망인의 친척들
          과 부 : 구경꾼
          새 댁 : 구경꾼
          노 인 : 구경꾼
          총 각 : 구경꾼
          참예인(참예인)들
          젊은 승들

때   초겨울

장소   동리에서 멀리 떨어진 심산고찰(深山古刹)

무대   숲을 뚫고 가는 산길이 산문(山門)에 들어간다. 원내(院內)에 비
          각, 그 뒤로 산신당, 칠성당의 기와지붕, 제 올리는 오색 기치가
          펄펄 날린다. 후면은 비탈 우변(右邊) 바위 틈에 샘에서 내려오는
          물을 받는 물통이 있다. 제 올린다는 소문을 들은 구경꾼떼들 산문

으로 들어간다. 청청한 목탁소리와 염불소리, 이따금 북소리.

도념, 물지게에 걸터앉은 채, 멀거니 동리를 내려다보고 있다. 이따름 허공을 응시하다가는, 고개를 탁 떨어뜨리고 흐느낀다.

초부(樵夫), 나무를 한 짐 안고 들어와 지게에 얹는다.

도념	인수 아버지, 정말 바른 대루 얘기해주세요. 우리 어머니 언제 오신다고 하셨어요?
초부	내년 봄보리 베구 나면 오신다더라.
도념	또 거짓말?
초부	거짓말이 뭐니? 세상없어도 이번엔 꼭 데리러 오실 걸.
도념	바위 틈에 할미꽃이 피기가 무섭게, 보리 베나 하구 동네만 내려다 봤어요. 인수 아버지네 보리를 벌써 다섯 번째 베었지만 어디 어세요?
초부	내년만은 틀림없을 게다.
도념	동지, 섣달, 정월, 2월, 3월, 4월 아이구 아직두 여섯 달이나 남았군요?
초부	뭘, 세월은 유수 같다고 하지 않니?
도념	여섯 달을 또 어떻게 기다려요?
초부	눈 꿈쩍할 사이야.
도념	또 봄보리 베구 나서 안 오시면 도라지꽃이 필 때 온다고 넘어갈라구?
초부	이번만은 장담하마. 틀림없을게다. (도념의 팔을 밭잡고 백화목 밑으로 끌고가며) 이리 오너라. 내가 여섯 달을 빨리 기다리는 법을 가르쳐 주마.
도념	그만둬요. 또 속이려구?

초부   한 번만, 더 속으려무나.

초부, 도념을 나무에 세우고 머리 위에 세 치쯤 간격을 두고 도끼를 들
어 금을 긋는다.

도념   (발돋움을 하며) 이거 너무 높지 않아요? 작년 봄에 그은 금은,
        두 치밖에 안 됐어요.

초부   높은 게 뭐니? 네가 이 금까지 자랄 땐 여섯 달이 다 가구, 뒷산
        엔 꾀꼬리가 울구, 법당 뒤에 목련꽃이 화안히 필 게다. 그럼
        난 또 보리를 베기 시작하마.

도념   눈이 오나, 비가 오나, 하루 안빠지구 아침이면 키를 재봤어요.
        그은 금까지 키는 다 컸어두 어머니는 안오시던데요 뭐?

도념 물지게를 지고 일어선다. 서너 걸음 걷다가 기침하며 퍽 쓰러진다.

초부   (달려가 붙들며) 아니, 물은 하루종일 길으라던?

도념   할 수 있나요.

초부   제기, 마당에다 배를 띄울라나부다.

도념   가마솥에 세 번이나 꼭 차게 길어 부었는데두 모자라는걸요.

초부   그걸 다 어따 쓴다디?

도념   어따 쓰는 게 뭐예요? 이틀을 두구 부쳤는데, 그 설거지가 좀
        해요?

초부   거 참 누군지 굉장히 지낸다.

도념   왜, 우리 절 도사들이 댁에는 안 갔어요? 서울 안대갓집 제 올
        리니 시주하라구 갔었을 텐데?

초부   오셨더라. 아, 오전 사십구일 제 지냈으면 그만이지, 백일제는
        또 뭐니?

도념   저—칠성당두 그이 할머니가 지으셨대요. 작년에 종각 기둥이
      썩어서 쓰러지게 됐을 때두 그 댁에서 고쳐 주구요.

초부   참, 언젠가 스님도 그러시더라. 서울 안대갓집 아니면 이 절을
      버티어 나갈 수가 없다구.

도념   못 꾸려나가구말구요. 우리 절은 본산(本山)처럼 추구하는 게
      없구, 시주받는 시주받는 것두 적거든요. 그런데 그 대갓집에
      서는 해마다 쌀을 열 가마씩 공양해주구, 한번 제를 올리는 날
      이면 노구메를 두 솥씩 세 솥씩 지어 줘요. 그래서 제가 끝나면
      그 밥을 말렸다가 다음 젯날까지 두구두구 먹는걸요.

구경 오는 부인네들 한떼가 숨을 가쁘게 쉬며 올라온다.

과부   극락이 이렇게 높다면, 난 지옥엘 갈망정 안 갈래유.

새댁   숨 좀 돌려 가지구 들어갑시다. (원내를 기웃거리다 안을 가리
      키며 초부에게) 저이가 서울서 온 분이에요?

초부   나가며, 난 이 절 사람이 아니오. (도념을 가리키며) 얘더러
      물어보슈.

초부, 다시 나무를 긁으러 내려간다.

도념   네, 저이가 바루 서울서 오신 안대갓집 아기씨세요.

과부   어디?

새댁   지금 법당 앞에서 신발 신는 이가 바루 그 대갓집 딸이라는구료.

도념   (자랑하는 듯이) 저 아씨는 언제든지 하아얀 두루매기에다 하
      아얀 털목도리를 하구 오신답니다.

과부   대갓집 딸이란 아닌게아니라 다르군요. 인품이 절절 흐르는 데.

도념	머리에두 모두 금붙이만 꽂았어요. 참 이쁘지요?
새댁	(웃으며) 이 녀석아. 이쁜지 미운지, 네가 아니?
도념	왜 몰라유? 이 절에 오는 사람 중에 저 아씨같이 예쁜 이는 없어요. 목도리를 벗으면 목이 눈같이 하아예요.
과부	조그만 녀석이 그게 무슨 소리야?
새댁	그럼 넌 예전부터 알았겠구나?
도념	그럼은요. 어렸을 때부터 안 걸요. 그이가 처음 불공을 드릴 때, 「난 아이가 없어 축원까지 드리는데 어쩌면 어머닌 너를 이 절에다 두구 돌보지도 않니」하면서 울더라구 하겠지요.
과부	에구 고것이야. 말두 음전하겐하네.
도념	참, 어데서들 오셨지요?
새댁	여기서 한 100리 떨어진 가좌을서 왔어.
도념	저, 그 동네에 혹시 저 대갓집 따님 같은 이 사시는 것 모르세요.
과부	그런 인 없어. 왜?
도념	우리 어머니두 꼭 저이같이 생기셨거든요.
새댁	그래?
도념	만나시거든 꼭 나한테 좀 알려주세요.
과부	그래라.

여자 구경꾼들 산문으로 들어간다.
남자 구경꾼들 또 한 패가 올라온다.

총각	얘, 재 다 지냈니?
도념	아아니요. 조금 있으며 끝나요. 어서들 들어가 보세요.
노인	누군지 자식 한번 똑똑하겐 났군?
총각	그러게 말이에요.

노인 얘가 이렇게 출중하게 생겼을 땐 애 어머닌 얼마나 이뻤겠나?

도념, 원망스러운 듯이 구경꾼들을 쳐다본다. 고개를 푹 숙이고 물지게를 지고 비틀거리며 나간다.

총각 얘, 내가 좀 드어다주랴?

도념 스님 보시면 꾸중하셔요.

노인 아아니 왜 꾸중을 하시니?

도념 아침에두 저어기서 나무하는 이가 길어 준다구 하시기에 맡겼다가 혼난걸요. 서방 대사들은 가시덤불이나 바위 위에 앉은 채 3년씩 4년씩 식음을 전폐하구 난행 고행을 하시며 수업을 하시는데, 너는 요까짓 물 긷는 괴로움두 못 참느냐구 하시면서 야단야단하셨어요. (하고 원내로 들어선다)

총각 재가 그 처녀중이 나가지구 삼밭에다 버리구 간 애랍니다.

노인 처녀중이?

총각 네, 지금은 없어졌지만, 10여년 전에 이 산 넘어에 여승들만이 사넌 니암(尼庵)이 있었대요.

노인 그럼, 파계(破戒)를 한 셈이군?

총각 그렇지요. 아주 신앙이 굳은 여자였는데. 아무래도 젊은 사람들이란 할 수 없나 봐요.

노인 남자는 뭐하는 사람인데?

총각 사냥꾼이라군요. 매일 사냥하러 이 산에 드나드는 중에 둘이 눈이 맞었다나 봅니다.

노인 그럼 지금두 살아 있긴 하겠군?

총각 살아 있다나 봅니다.

노인 그럼, 스님이 오늘까지 쟬 주워다가 키우셨겠군?

총각 그렇지요. 즈 어머니가 재가 아홉 살 때 한 번 다녀갔다는군요.

허지만 쟤는 보지두 못했지요. 스님한테만 갈 적에, 내년 봄보리 베구 나서 꼭 데릴러 온다구 하더니 이내 깜깜 무소식이라는군요.

노인 그럼, 스님께서 즈이 부모 사는데를 아시긴 하겠군?

총각 아시지만 당최 안 가르쳐 주시는 모양이에요.

도념, 물을 붓고 빈 물지게를 지고 다시 온다. 구경꾼들 「쉬.」하고 말을 뚝 그친다.

도념 왜들 안 들어가구 스셨어요?

총각 지금 들어갈란다.

도념 지금 내 얘기들 하셨지요?

총각 아―니.

도념 아니가 뭐예요.

노인 우리가 네 얘기를 왜 하니?

도념 그럼 왜 내가 나오니까 얘기하시다가 뚝 끊치세요?

총각 네가 그렇게 생각하니까 그렇지.

도념 뭘요? 절에 오는 사람들치구 내 얘기 안 하는 사람 있나요? 모두들 소군소군만 하지, 한 사람두 나한테 우리 어머니 사시는 데를 가르쳐 주는 이는 없어요.

노인 모두 모르니까그러겠지.

남자 구경꾼들 원내로 들어간다. 초부의 아들 인수, 새 꾸러미를 허리에 차고 느름치기를 들고 소리를 하며 들어온다.

인수 새야 새야 파랑새야, 녹두밭에 앉지 마라, 녹두꽃이 떨어지면

청포장수 울고 간다. (원내로 들어가려고 한다)

도념   (쫓아가 앞을 막으며) 못 들어가.

인수   왜? 다아들 들어가는데 왜 나만 못 들어가?

도념   새 꾸러미를 들구 어델 글어가려구 이래? 스님 보시면 펄펄 뛰실텐데.

인수   꾸중 들어두 내가 듣지 네가 들어?

도념   으응? 너를 왜 절 안에 드령보냈냐구 날 가지구 꾸중하시니까 걱정이지.

인수   산문으로 안 들어가면 그만이지 (비탈로 내려서며) 이 길루 돌아서 가두 꾸중하셔?

도념   (당황하며) 너 그 길룬 못 간다.

인수   오옳다. 너 또 덫을 쳐놨구나? 흥! 똥 묻은 개가 겨 묻은 개 나무랜다구 저는 토끼를 산채루 박 잡으면서 내가 새 좀 잡는다구 절에도 못 들어가게 했겠다. 어디 보자. (하고 산문과 비탈길 사이로 나간다)

동리 어린이들 한 패가 산문에서 나와 인수의 노래를 따라 부르며 비탈길로 나란히 내려간다. 도념, 나무에 기대 서서 어린아이들을 멀거니 바라본다,. 무슨 설움이 복받치는지 나무에 얼굴을 파묻고 허희한다. 상좌승 (25세쯤) 정심, 산문에서 나온다.

정심   도념아, 재 다 끝났다. 어서 들어가 마님들 진지상 봐라.

도념   (무언)

정심   너 또 동네 내려가구 싶은 게구나?

도념   알면서 왜 물으세요.

정심   너는 언제나 스님의 말씀을 터득한단 말이냐?

도념   나두 쟤들처럼 좀 맘놓구 놀구 싶어요.

정심   넌, 아직두 그런 생각밖에 할게 없니? 스님께서 뭐라고 하시
       든? 우리들은 인간 속세 가운데서 그 중 유복한 사람들이라구
       늘 하시지 않든?

도념   유복이 무슨 유복이에요.

정심   그게 무슨 소리니?

도념   1년에 한 번이라두 동네에 내려가서 놀라구 하신 적이 있어요?
       남들은 단오날은 그네를 뛰구 노는데 여기서는 재만 지내지
       않아요? 정월이라구 윷 한 번을 놀게 한 적이 있어요?

정심   아무래도 네가 요새 안(菴)에서 섭(攝)한 모양이다. 요새가 그
       중 위험한 때야. 만일 믿음이 약해 꾀임에 넘어간다면, 어때까
       지 쌓은 공덕두 다 허사가 되구 만다.

도념   좌상께서는 어깨동무하구 노래 하며 내려가는 동네애들을 보
       시면서두 그러세요?

정심   그럼 너, 저 애들이 유복하단 말이야?

도념   네. 어머니 아버지가 있구, 동생들 누나들이 있구, 참 재미나게
       산다니, 그게 정말 유복이지 뭐예요?

정심   스님께서 그 소릴 들으셨다면 또 펄쩍 뛰시겠다. 사람이 부모
       를 따르는 거나 동네에 가서 살구 싶어한다는 것은 모두 번뇌
       때문이라구 말씀하시던 것을 또 잊은 게구나? 산하구 절밖에
       세상을 모르구 사는 것이니까 우리들 신세야말로 부처님께 치
       하하지 않으면 안 된다구 하시지 않더냐?

도념   그 말은 귀에 젖었으니까 그만하시구, 저한테 우리 어머니 얘
       길 몰래 좀 들려주실 수 없어요?

정심   본 적 없어.

도념   몰요? 또 속이시려구. 우리 어머니가 날 버리구 이 절을 도망

하시던 해까지 3년이나 같이 계셨다구글 그러던데요 뭐?

정심 그건 공연히 하는 소리들이야.

도념 꼭 좀 가르쳐 주세요, 네. 스님 몰래 지금 계신 데를 좀 가르쳐 주세요.

정심 벌써 그때가 10년 전 일인데, 낸들 지금 어떻게 알겠니?

도념 스님이 가르쳐 주지 말라구 하셔서 그렇지요?

정심 스님두 모르셔.

도념 모르시는 게 뭐예요? 5년 전에 여기 다녀까지 가셨다는데? 어쩌면 나만 살짝 빼놓구 못 모게 하셔? 과상은 얼굴은 아시겠지요? 어떻게 생기셨지요?

정심 하두 오래 돼서 그것두 잊어버렸다.

도념 대강 어렴풋이라두 생각은 나시겠지요?

정심 눈앞에 모습이 가물가물하다가는 희미해져 버리니까 통 기억이 안난다.

도념 생각나시는 대루만두 좋으니 좀 얘기해주세요.

정심 작년에두 얘기했지만, 저 서울 안대갓집 아씨같이 생기신 것만은 틀림없다.

도념 정말 그렇게 이쁘셨어요?

재가 끝났나 보다. 원내에서 북소리 요란히 들린다.

정심 아이 그만 캐라. 넌 오늘 밤에 강 받을 경문을 다 외놓기나 하구 이러니?

도념 못 욌어요.

정심 또 스님께 꾸중을 듣게 됐구나. (한숨을 쉬고, 혼잣말로) 나두 나이를 먹을수록, 너는 감히 상상두 못할 여러 가지 번뇌가 들

끓구 있단다. 그 중에두 여인에 대한 사랑과 욕정의 번뇌는 날
로 나를 괴롭혀가기만 한다. 그렇기 때문에, 매일 밤 고덕하신
스님의 강의를 받구두 번죄에서 해탈(解脫)치 못하는구나. 너
는 아직 어리니까 나 같은 괴로움을 못 가진 것만도 행복하다
구 생각해야 한다. 뭣 때문에 동네 내려갈 궁리를 하구 어머닐
그리워하며 경문 공부까지 게을리한단 말이냐?

도념   인제 참말 진저리가 나서 경문을 못 외겠어요.

정심   마음이 밤낮 딴 곳에 가 있으니까 그렇지?

도념   한참 읽구 있으면 경전 속에 어머니의 얼굴이 스스로 떠올라와요.

정심   그것만두 아니야. 가만히 보니까 요새 모두 너 하는 짓이 수상
하더라.

도념   수상하긴 뭣이 수상하다구 그러세요?

정심   너, 어젯밤에 법당엔 왜 들어갔니?

도념   (돌연 낭패해진다. 평정을 지으며) 경문을 외우다 힐끗 보니까,
촛불이 꺼졌겠지요. 그래 불을 켜놓으려구 들어갔어요.

북소리와 법당에서 나오는 참예인들의 왁자지껄한 떠드는 소리

정심   모두들 나오시는 모양이다.

도념   으응? 아씨가 왜 이리 나오실까요?

장안부자 안대갓집 딸, 시름없이 나온다.
하아얀 소복을 입었다. 얼굴엔 수심이 가득히 끼었다.

정심   (허리를 굽혀) 얼마나 가슴 아프시겠습니까?

미망인   가만 막힐 따름이지 슬프지두 않군요.

도념, 황홀한 눈으로 미망인을 주시한다.

정심   남달리 영악하구 귀여운 도련님이었으니까, 부처님꺼서 몸소 가까이 두시려구 불러가신 모양입니다.

미망인   그 애는 극락엘 갔으니 좋겠지만, 내야 그래두 살아 있는 것만 어디 합니까?

정심   인간 번뇌 모르구 타계(他界)하는 게 얼마나 행복합니까?

미망인   그 애 하나를 낳으려구 꼭 백일 기도를 했었어요. 오늘 백일재를 지낼 줄이야 꿈엔들 생각했겠어요?

정심   상심되시겠습니다.

미망인   (비로소 도념이 자기를 뚫어질 듯 바라보고 있는 것을 발견한다) 쟤가 4월 파일날 내가 불탄제 올리러 왔을 때 산목련(山木蓮) 꺾어 주던 애지요?

정심   그랬던가요?

미망인   (도념에게) 아니 너 그 동안 퍽 컸구나.

도념   (수줍어 고개를 숙인다)

미망인   네가 준 그 목련꽃, 갖다가 병에 꽂아 뒀는데, 보름이나 살더랬어.

도념   (희한한 듯) 그래요? 여기선 방에 갖다두면 향불내에 단박에 시들어버려요. 역시 동넨 좋군요?

정심   그날 아씨께서 내려가신 후, 애는 산에서 저절루 나는 생물을 두구 보지 꺾었다구 스님께 여간 꾸중을 듣지 않았답니다.

미망인   아이 저를 어쩌나, 나 때문에?

도념 울 듯 울 듯 미망인을 바라본다.

미망인   그렇게 나를 자꾸 보지 마라.

정심　도념아, 그만 들어가라.

도념　네.

미망인　(나가려는 도념을 붙들며) 그대도 두세요. 잠깐만 더 있다 가게. (도념에게) 아까 내가 방에 들어갔을 때두 창 틈으로 들여다보구 있었지?

도념　아아니요.

미망인　아니가 뭐야? 내가 두 눈으로 확실히 봤는데? 그리고 승방에 갔을 때두 벽 뒷문으로 내다보구서 뭘?

도념　좌상께서 우리 어머니 얼굴두 꼭 아주머니같이 이쁘다고 하셨어요. 그래서 난 아주머니만 보면 왜 그런지 괜히 좋아요.

미망인　응? 나같이 생기셨어?

도념　(울음 섞인 소리로) 그렇지만 마음만은 야차(夜叉)같이 악독하시대요. 그래서 저를 데려가시지 않느대요.

미망인　그러시길래 널 버리구 가셨지?

도녀　그런데 왜 목도리를 안 하구 나오셨어요.

미망인　(약간 놀라며) 목도리? 응, 방에 벗어났어. 골치가 좀 아프길래 바람 좀 쐬려구 나왔지.

정심　얜 동네 애들 설날 기다리듯, 아씨댁 재 올리는 날만 기다린답니다.

미망인　나를 그렇게 보구 싶어했어요?

정심　그럼은요. 아주 〈하이얀 털목도리 한 부인〉이라고 아씰 부른답니다.

미망인　(도념의 두 손을 뺨에다 갖다대며) 나두 왜 그런지 너를 볼 적마다 마음이 끌렸었단다. 너 이 절 떠나서 살구 싶지 않니?

정심　아씨, 이게 무슨 말씀이십니까?

도념　살구 싶어요. 동네 내려가서 살구 싶어요. 하지만 스님이 못

내려가게 하시는걸요.

미망인 　스님껜 내가 잘 말씀 여쭤 볼게. 오늘이 백일제 마지막 날이니까, 우리 인철이두 편안히 극락에 갔을거야. 그러니까 너 우리 집에 가서 나를 어머니라구 부르구 살잔 말이다.

도념 　정말이세요? 거짓말 아니시지요? 절 속이시는 건 아니시겠지요?

미망인 　내가 언제 거짓말했니?

도념 　아아니요, 허지만 모두들 나한테 거짓말만 하니까 통 믿을 수가 없어요.

미망인 　그럼 나만은 거짓말 안 하는 사람인 줄 알면 되지 않니?

도념 　네, 저를 꼭 데려가 주세요.

정심 　도념아, 어데다 어리광을 피구이러니? 아씨, 얘를 양자 삼으실 생각만은 아예 마십쇼. 스님께서 절대루 허락 안 하실 겁니다.

도념 　아니에요. 아주머니께서 잘 말씀 여쭤면 됩니다. 스님께서두 절더러 꼭 따라가라구 하실 거예요.

미망인 　염려 마라. 너 입때까지 서울 못 가봤지?

도념 　네, 어기서 멀다지요?

미망인 　한 400리 간단다.

도념 　가보진 못했지만 스님께 말씀은 많이 들었어요.

미망인 　무슨 말씀?

도념 　옛날에는 대궐이 있었다구요.

미망민 　지금두 있어.

도념 　우리 본산 대웅보전(大雄寶殿)이나 약사당(藥師堂)보다 수십 배나 크다지요?

미망인 　그럼, 그 뒤루 삥 돌려 성이 있구 동서남북 사대문이 있어. 옛날에 저녁종만 치면 대문을 닫구 댕기지를 못하게 했단다.

도념 　스님께서두 궁전은 같은 속세 중에서도 그 중 깨끗하구 귀한 곳이라구 하셨어요. 그리고 절더러, 「사람이 십선(十善)의 왕위(王位)에 태어나 궁중에 살게 되려면 전생에 그 만한 공덕(功德)을 싸놓지 않으면 안 되니까, 너두 열심히 도를 닦아, 금생(今生)에 좋은 일을 많이 해놓아 후생에 가서 고귀한 몸이 되도록하라.」구 하셨어요.

정심   그렇지만 아씨 댁은 궁전이 아니라 민간의 집이야.

도념   서울은 마찬가지지 뭐예요? 좌상, 좌상께서두, 스님께 잘 말씀해주시요.

미망인 (도념을 조용히 바라보며) 날더러 「어머니.」하구 불러 봐.

도념   (가늘게) 어머니!

미망인 (그를 꺼안으며) 일생 너를 친자식같이 생각하구 내 곁에서 안 놓을 테다.

정심   (눈물을 닦으며) 스님이 허락하시면 좋겠습니다만 원체가 완고하신 양반이구 또 얘 어머니 과거가 과거니만치 좀처럼 승낙하실 것 같지 않군요.

미망인 너 여기 있거라. 내가 가서 스님께 말씀 여쭙고 올게.

정심   양자 달라구 하는 이가 어디 한분 두분이었나요?

미망인 원내로 들어간다. 정심 뒤따른다. 도념 입에다 손을 대고 「인수 아버지.」하고 부른다. 멀—리 「인수 아버지.」하고 산울림 퍼져온다. 초부 「왜 그러니.」하며 갈퀴를 들고 들어온다.

도념   (좋아하며) 난 서울 가요. 난 서울 가게 됐어요.

초부   서울?

도념   네.

초부   너 또 도망가려구 하는 게 아니냐?

도념 도망이 뭐예요? 하아얀 털복도리 한 부인이 날 데려가 쉬영아들을 삼는뎄는데.

초부 쉬양아들? 너 그게 정말이니?

도념 그럼은요. 지금 스님께 승낙 맡으러 가셨어요.

초부 도념이 운 틔었구나.

도념 난 속으루 벌써부터, 언제든지 그 부인 입에서 이 말이 나올 줄 알았어요.

초부 네가 하로밤 새에 대갓집 귀영아들이 된다니, 아주 그야말루 꿈 같구나?

도념 그이가 불공 그리기 전에, 나한테 한 얘기가 있어요.

초부 뭐라구 했길래?

도념 「아이 그 애 참 의젓하게두 생겼다. 쉬영하들 삼았으면 좋겠네.」 아, 이러더니 그 말이 정말이었군요.

초부 나도 서울 가면 한 번 찾아가마.

도념 네, 꼭 오세요. 사랑에다 모셔 놓구 한 상 잘 차려 드릴께요. 인수 아버지 좋아하는 술두 많이 드리구요.

초부 그래라. (하늘을 쳐다보며) 어쩨 눈이 올아나부다.

도념 퍽퍽 쏟아져두 좋아요. 샘가에 빙판이 지면 또 물을 어떻게 긴나 하구 걱정했지만 인젠 괜찮아요. 서울 아씨 댁엔 씨종들이 많으니까 제가 안 길어두 될 거예요. (2, 3보 나가다가 돌연 생각난 듯이 발을 멈추며) 애구 깜박 잊어버렸드랬네. (하고 급히 비탈길로 달려간다)

초부 (펄쩍 뛰며) 너 또 토끼 덫을쳐 놓은 게구나?

도념 (돌아보며) 걸쳤을 거예요. (하고 쏜살같이 내려간다. 초부, 부근의 낙엽을 긁는다.)

도념의 소리 인수 아버지, 인수 아버지.

초부   (내려다보며) 걸쳤니?

도념의 소리 네, 여간 크지 않아요, 망 좀 잘 봐주세요.

초부   그래라.

이때 주지, 미망인과 원내에서 나온다.

초부   (절하며) 스님, 안녕하셨습니까?

주지   음, 많이 했나?

초부   어젯밤 바람엔 도토리가 상당히 많이 떨어졌습죠.

주지   묵이나 잘 쑤거든 한 목판 갖다 주게.

초부   네.

주지   참, 그리구 어렵지만 들어가서 손님들 상 좀 날러 주게. 손이
       모자라 쩔쩔매구들 있으니. (미망인에게) 말씀만은 고맙습니
       다마는, 절대루 속세에 안 내보낼 작정이니까. 오늘 아야기는
       이대루 거둬 두시지요.

초부, 원내로 들어가며 손을 돌려 도념에게 스님 오신 신호를 한다. 그
러나 도념은 모르는 모양이다.

미망인   허지만 저 애 앞길두 생각해주셔야 하지 않겠어요? 이대루 절
        에서 늙히실 작정이시라면 모를까……

주지   늙히지요. 이 더러운 속세에 털끝만치나 서방정토(西方淨土)
        의 모습을 갖춘 ht이 있다면 그것은 이 절 밖에 없으니까요.

미망인   세상에서 죄를 짓구 들어왔다면 모를까, 아직껏 동네 구경두
        못한 것을 일생 여기서 보내게 하신다는 건…… 뭐라구 했으면

좋을까. 좀 가혹하시다구……?

주지 속세 구경 못한 게 얼마나 다행합니까?

미망인 그렇지만 벌써 부모 생각을 하구 세상에 가서 살구 싶어하지 않아요? 더군다나 나이 먹으면 여기 있는대두 세상 사람들의 번뇌는 자연히 갖게 될 거라구 생각해요.

주지 설혹 갖게 되더라두 단지 그리워하구 보구 싶어할 따름이지, 술을 먹구, 계집을 탐하구, 부처님이 말리시는 육계(六戒)를 태연히 범할 염려는 없거든요.

미망인 그런 것을 하게 제가 가만두나요?

주지 아무리 말리신대두 자연 듣구 보는게 그것밖에 더 있습니까?

미망인 왜요? 집에서 내보내지 않구 여기서처럼 경문 읽게 하구 수업 시키면, 스님께 가의받는 거나 다름없지 않아요?

주지 이 사방이 탁 트인 산간에서 동네 내려가구 싶어하는 녀석이, 서울 가서 행길에 안 나가려구 하겠습니까?

미망인 그럼, 저한테 몇해만 맡겨 주세요. 데리고 있다가 도루 돌려보내드릴 테니.

주지 저는 다—만 번뇌의 기반에서 도념이를 미연에 박기 위해 이러는 겁니다. 한 번 발을 내려놓구 다시 생각하면 그때는 버얼써 제 자신이 얼마나 깊은 구령에서 헤매구 있다는 것을 발견할 것입니다. 마치 발을 뺄 수가 없이 전신이 죄구렁으로 휩쓸려 들어가거든요. 저두 속세에서 발을 끊구 불문에 귀의할 때까지는 이만저만한 수업과 고행을 쌓은 게 아닙니다. 제가 당해 보구 하는 것이니 자꾸 조르지 말아주십시오.

미망인 그럼 도념이 장래니 행복이니 다 빼놓구, 다만 저를 위해 꼭 양자루 주십시오.

주지 글쎄, 자꾸 이러시면 제가 여간 난처하지 않습니다.

미망인	남편을 잃은 지 3년이 못 되어, 외아들마저 이렇게 잃구 보니 눈 앞에 땅이 다 꺼질 듯하군요. 마음이 서운하던 참에 그 애가 자꾸 나를 따르는 것을 보니까 불현듯이 정이 솟아오릅니다. 지금부터는 그 애한테라두 마음을 붙이구 살아야지, 외로워서 단 한 시간을 못살 것 같군요.
주지	아씨의 마음만은 누구보다도 제가 잘 압니다.
미망인	아신다면서 이렇게 애원하다시피 하는데두 승낙 못하시겠단 말씀이세요?
주지	아씨, 노엽게 생각 말어 주십쇼.
미망인	그럼 한 1년만 데리구 있다가 다시 올려보내 드리지요.
주지	……
미망인	그럼 반년두 안되겠어요?
주지	아씨께서 양해해주시기를 저는 바랄 뿐입니다.
미망인	그럼 도념일 불러다 제 생각을 한 번 들어보시지요? 지가 날 따라가겠다면 저에게 맡겨 주시고, 싫다면 저두 억지는 안 하 겠어요.
주지	물어보나마나 그 녀석은 지금 당장 따라가겠다구 날뛸 겁니다.
미망인	그럼 승낙하시지 뭘 그러세요?
주지	아무튼 저에게 생각할 여유를 좀 주십쇼. 오늘루 꼭 데리구 가셔 야만 할 것두 아니시니까, 좌우간 일간 댁으로 기별해드리지요.
미망인	그럼, 전 승낙하신 걸루 믿겠어요. 그리고 어미님께두 그렇게 여쭈겠어요. (하고 원내로 들어간다)
주지	이 녀석이 일하다 말구 또 어델 갔을까? 에이 걱정덩어리 같으니.

초부, 원내에서 나오며 스님이 나오셨다고 초조히 신호를 한다. 그러나 도념은 전연 열중하여 알아채지 못한다.

초부   다 날러 드렸습니다.

주지   에구, 수고했네.

도념의 소리   토끼똥 많은 데다 쳐놓으면 영락없어요.

초부   (황급히 도념의 소리를 막으려고 고합을 지른다) 인수야, 인수
        야, 저놈이 겁두 없이 또 저 나무 꼭대기에 올라갔군! 선뜻 내
        려오지 못하겠니? 에이구, 저눔의 나무 위에 새집지어 놓은 것
        만 보면 맥이 풀려요.

도념의 소리   인수 아버지, 스님 아직 안 나오셨지요?

초부   나, 나무 쓰러질 때마다 새, 새끼가 죽거든입쇼. 이 인제부터는
        도끼질을 하기 전에 미리 둥어리를 옮겨 놓구 패야겠어요.

주지   (냉철히) 지금 그게 도념이 소리지?

초부   아닙니다. 모, 모르겠습니다.

도념의 소리   인수 아버지, 잠깐만 와보세요. 아주 댓자예요.

주지   저 소리가 아니야? (비탈을 향하여) 도념아, 도념아, 너 거기서
        뭘하구 있니?

도념의 떨리는 소리   아무것도 안 합니다.

주지   아무것도 안 하는데 거긴 왜 웅크리고 앉었니? (돌연 경악하며
        일보 뒤로 물러서며) 너 또 토끼를 잡았구나? 이리 올라오너
        라. 냉큼 못 올라오겠니?

도념의 소리   스님, 토끼를 놔줄 테니 용서해주십시오.

주지   그대로 가지고 빨리 올라오너라.

도념, 도끼를 들고 올라온다.

주지   누가 잡으라고 하든? 어서 대답 못하겠니?

도념   스님, 다시는 안 그러겠습니다.

주지 꽃두 두구 보라구 했거늘, 하물며 네 발 달린 산 짐싱을 잡아? 너 오계를 외봐라.

도념 불살생(不殺生)·불육식(不肉食)·불간음(不姦淫)·불유도(不愉盜)·불음주(不飮酒).

주지 (말이 끝나기 전에 추상같이) 계율 중에도 살생이 그 중 큰 죄라는 것을 경문을 들려 줄 적마다 타일렀지?

도념 네.

주지 모르고 했다면 모르되, 알면서 왜 했니? 응? 알면서 왜 했어? (원내를 향햐여) 정심아, 정심아.

도념 스님, 다시는 안 그러겠습니다. 다시는 안 그러겠습니다.

정심, 원내에서 급히 나온다.

정심 부르셨습니까?

주지 빨리 이 녀석을 갖다 산신당(山神堂)에 가둬 둬라. 한 사흘 갇혀서 굶구 나면 덫에 걸친 토끼가 얼마나 불쌍하다는 것을 알 테니.

도념 스님, 한 번만 용서해주십쇼.

주지 안돼. (정심에게) 그리고 참나무 회초리 둘만 해오너라.

정심 다시는 안 그러겠다구 비는데 이번만 용서해주시지요.

주지 아—니 너는 시키는 일이나 할 것이지, 무슨 대꾸니? 냉끔 끌구 가지 못하겠니?

정심, 도념에게 동행을 촉구한다.

초부 (무슨 생각을 했는지 돌연 도념의 손에서 토끼를 빼앗으며) 스님, 사실은 덫은 제가 쳤지 도념이가 친게 아닙니다.

주지　자네가 쳐놓은 데서 저 녀석이 토끼를 잡아들구 나올 리가 없어.

초부　제가 나무하는 동안, 덫을 감깐 봐달라구 했었습지요.

인수, 원내에서 소리를 하며 나오다가 이 광경을 목격한다.

인수　(부의 말을 막으며) 아니에요, 스님

초부　(아들을 쥐어박으며) 닥뜨려, 이 자식아. (주지에게) 덫은 정말
　　　이지 제가 쳤지 도념이가 친 게 아닙니다.

주지　정말 자네가 쳤나?

초부　네.

주지　도념아, 그러니?

도념　(정심의 뒤에 가 가려 선 채 무언)

주지　누가 쳤어? 바른 대루 선뜻 대답해라.

초부　제가 쳤습죠.

주지　도념아, 그러니?

도념　(자기도 의침치 않고) 네.

주지　(초부를 보고) 아—니 나무나 해다 때지, 자네더러 누가 토끼
　　　잡아 달라던가.

초부　뵈올 낯 없습니다.

주지　(인수의 허리에서 새 꾸러미를 발견하고 또 한 번 대경한다.)
　　　에구 이 녀석, 넌 또 웬 새 새끼를 이렇게 잡았니? 응? 당장
　　　내려가거라. 자네두 내려가라구. 그리구 다시는 이 절에 발 들
　　　여놓지 말게. 자네 부자 때문에 우리 도념이까지 죄짓겠네.

인수, 성이 나 가지고 대꾸하려고 빗죽빗죽하는 것을 부가 눈을 부릅뜨

며 말린다.

초부   긁은 거나 마져 봐 가지고 내려가겠습니다.
주지   가더래두 그 토끼는 내 눈앞에서 놔주구 가게.
초부   네.

초부 토끼를 놓아 준다. 토끼 펄펄 날 듯이 질주한다. 초부 지게를 지고 안 가려는 아들을 떠다밀며 나간다.

주지   저렇게 펄펄 나는 걸 백죄 잡으려구 한담? (도념에게) 외(外)에 사람들 함부루 들이지 말라구 했는데 왜 들였니? (정심에게) 넌 들어가 보던 일 봐라.

정심 「네.」하고 다시 들어간다.

도념   못 들어가게 했는데 비탈길루 돌아서 들어갔어요.
주지   (도념을 나무들걸 위에 앉힌 후) 난 그런 줄 모르구 공연히 너만 가지구 나무랬구나. 내가 잘못했다. 참 그리구 서울 안대 갓집 아씨께서 널 데려다가 한 반년 동안 쉬영아들 삼고 싶다구 하시더라. 내가 다른 사람 같으면 절대루 승낙하지 않을 거지만, 그 아씨 말씀이라 생각해서 2,3일 내루 기별해드린다구 했다.
도념   스님, 감사합니다.
주지   서울 가서두 내가 이른 말 하나라두 거슬린다면 당장 도루 불러올테야.
도념   네.

주지   그리구, 갈 때는 내가 경전을 줄 테니 가지구 가서 열심히 읽
          구, 올라올 땐 내 앞에서 다 외야 하다.

도념   네, 갈 땐 저 혼자 가게 됩니까?

주지   아씨는 오늘 내려가시구, 너는 내가 대갓댁에 가서 너한테 관
          한 여러 가지 말씀두 여쭐 겸 사날 후에 데리구 갈 테다. 그런
          줄 알구, 그 동안 세수두 말갛게 하구, 손톱 발톱두 깨끗이 깎
          구 가서 웃음거리 안 되도록 해라.

도념   네.

주지   사람이란 첫째 예의범절을 단정히 해야 하는 법이니라.

인수, 암상이 잔뜩 나가지고 나갔던 길에서 다시 뛰어 올라 온다. 초부,
낙엽덤을 안은 채 「인수야 인수야.」하고 규성을 치며 쫓아올라 온다. 그러
나 때는 이미 늦는다.

주지   너 이 녀석, 다시 오지 말라니까 왜 또 올라왔니?

인수   왜 남더러 이 녀석 저 녀석 하세요? 진짜 큰 것은 누가 잡았는
          데요?

주지   뭐 어째?

인수   우리 아버지가 너무 순하니까, 만만해서 그러시는군요?

도념   너, 버릇 없이 어디다 대들구 그러니?

인수   이눔아, 넌 국으루 있어. 스님, 덫은 누가 쳤는데요? 법당에 가
          셔서 관세음보살 뒤를 뒤져 보세요, 뭐가 나오나? 그것 보시면
          누가 토끼를 잡았나 아실걸요? (도념을 훑어보며) 나쁜 자식
          같으니. 죄다 우리 아버지한테 죄를 씌우구 있지.

주지   (도념에게) 너 여기 꼼짝 말구 섰거라.

급히 경내로 들어간다.

초부   (지게 작대기로 인수의 등을 내리갈기며) 선뜻 내려가지 못하겠니?

인수   아버지 가만히 계셔요. (도념을 놀리며) 꼴 좋─다.

도념   너 까불면 나한테 죽는다.

인수   흑, 염소뿔 시이다. 오─라, 그 토끼 껍질 베끼던 칼룰 날 죽일려구? 애비 없는 후레자직은 사람도 막 죽이나? 날 죽이면 넌 지옥에 가서 아흔아홉 번 죽어.

도념 더 이상 참을 수 없다는 듯이 달려들어 난타한다. 양인, 멱상을 붙들고 뒹굴며 싸운다. 안대갓집 딸 산문에서 나오다 달려가 뜯어말린다. 초부도 말린다.

미망인   놔라, 놔. 도념아, 이 손 놔. 어서.

도념, 인수의 멱살 잡았던 손을 놓고 제 분에 못 이겨 울어버린다.

인수   중, 중, 까까중, 덤불 밑에 할타중, 물 건너 팽가중. (놀리며 내려간다.)

미망인   (옷에 흙을 털어 주며) 고만 울어라 눈물 닦구. 쌈은 왜 하니?

도념   ……(운다)

미망인   내일 모레 우리집에 가면 저런 녀석 꼴 안 볼 텐데 뭘 그러니? 어서 울지 마라. 뚝 그치구.

도념   댁에 가두…… 모두들 애미 없는 후레자식이라구 놀려먹으면 어떻해요?

미망인   어따가 감히 그런 소리를 해? 내가 가만두나? 아까처럼 한 번
         웃어봐, 응, 어서.

도념   (금시에 풀리며 벙끗 웃는다.)

미망인   (꼭 껴안으며) 아이구 이뻐라.

도념   우리 어미닌 살아 계씬지 돌아가셨는지두 모르는데, 나만 댁에
         가서 호강할 걸 생각하니 자꾸 미안한 생각이 나요.

미망인   (서글퍼지며) 아무래도 나보담은 어머니가 좋지?

도념   네.

미망인   어머니두 나처럼 생기셨다니까 나처럼 부잣집에서 사실거야.

도념   아니에요. 고생하실 거예요.

미망인   어떻게 알어?

도념   지난 정월 보름날 잣불을 켜봤드랫어요. 스님께서 도념 어머
         니가 잘사나 못사나 보자구 하셔서 모두들 돌아앉아 켰드랬든
         데, 어머니 불이 그냥 피시시 죽겠지요.

이때 원내에서 스님의 「도념아 도념아.」 부르는 노성.

미망인   얘, 어서 대답해라.

도념   싫어요.

미망인   또 뭘 잘못한 게구나.

주지의 소리 도념아, 도념아.

미망인   어서 대답하구 빨리 가봐라. 역정이 잔뜩 나신 모양이다.

도념   안 가겠어요. 가두실려거든 가두시라지요. 겁나지 않아요.

미망인   이게 무슨 소리니?

돌연 원내가 소원해지면서 참예인들의 비명, 규환, 쾅쾅거리고 마루를

뛰어내리는 소리 등등.

미망인　별안간 이게 웬일들이야?

구경꾼 여자들 지껄이며 나온다.

미망인　왜들 어느새 나오시우?
과부　　재 헛 지냈소.
새댁　　에구, 끔찍끔찍해라.
미망인　아아니, 왜요? 무슨 일이 있어요?
과부　　토끼 죽은 걸 존상 뒤에 놓구 재를 올렸으니, 헛 지낸 거지 뭐
　　　　예요?
미망인　토끼 죽은 거라니요?

미망인 급히 원내로 들어가려고 한다. 이때 남바구를 쓴 미망인의 친청
모 공포에 부들부들 떨며 원내에서 나온다.

친정모　(딸을 붙들며) 들어가지 마라, 부처님 역정 나셨다. 이 일을
　　　　어떡하면 좋단 말이냐? 입때 축원한게 아니라 부처님 욕하구
　　　　있었다. 나무아미타불, 나무아미타불.
미망인　아—니, 누가 그런 짓을 했어요?
친정모　나두 모르겠다. 저기 스님이 들고 나오시는구먼.

주지, 토끼 목도리 한 뭉탱이를 손끝에 들고 노기 심두에 달하여 나온
다. 뒤따라 정심과 승들, 참예인들, 구경꾼 남자들.

주지 도념아, 너 이게 웬 거니? 살생을 하구 거짓말을 하구, 네가
점점 가시덤불 속으로 들어가구 있구나?

미망인 얘가 토끼를 이렇게 잡았을 리가 없습니다. 누가 주었나 보지요.

젊은 승 팔아두 두 냥씩은 받을 텐데, 하나두 아니구 여섯씩 그걸 누가
줍니까?

친정모 누가 주었더래두 어따 감춰둘 데가 없어 성스러운 보살님 존상
뒤에다 감춰 둔단 말이냐?

주지 나는 설마하니, 내 눈을 속이구 네가 이런 악착한 짓을 하는
줄이야 꿈에두 몰랐었다. 믿는 나무에 곰이 핀다더니 똑 맞았
어. 에구 끔찍해라. 내야 속았지만, 억만중생의 민심을 환하게
들여다보구 계씨는 부처님두 속으실 줄 알았느냐? (돌연 몸을
떨며) 나무아미타불 관세음보살.

참예인들·승들 각기 합장하며 「나무아미타불 관세음보살.」 따라 왼다.

친정모 에구 무서라. 어쩌면 애가 눈두 깜짝 안 하구 섰네. 적으나면
「잘못했습니다.」 하고 빌 게 아니냐?

주지 (조용히, 그러나 엄숙히 문답조로) 내가 언젠가 이 산의 옛이야
기를 들려준 적이 있었지.

도념 (한마디 한마디 똑똑히) 네, 수나라 대군이 고구려를 쳐들어와
을지문덕 장군이 나아가 막던 때였습니다.

주지 그때 이 산에 성을 쌓구 적군을 막던 병사들이 몇 상들이라구
했지?

도념 열네 살, 열다섯 살들이라구 하셨습니다.

주지 그 소리가 부끄러 어떻게 아가리루 나오니? 네 나이 지금 몇
살이냐?

도념   열네 살입니다.

주지   어따, 열넷을 처먹었니? 살살 거짓말이나 하구, 쨀금거리구 다
            니며 요런 못된 짓만 하니. 그때 화살을 맞구 쓰러져 가면서
            종을 치던 병사두 이 절 사미승이었구 이름두 도념이었느니라.
            하룻밤 갇히구 종아리 맞을 것이 무서워 죄를 나무꾼에게 씌우
            고 너는 빠지려고 했단 말이냐?

도념   그게 무서워 그런 건 아닙니다.

주지   그럼 왜 그랬니?

도념   오늘 갇히면 아씨 따라가지 못하게 되겠기에 눈 꾹 감고 거짓
            말을 했습니다.

일동, 물을 끼얹은 듯 조용해진다. 미망인 감정의 격동을 진정하려고
애를 쓴다.

주지   (약간 측은하지만) 당장 죽더래두 비겁한 짓을 말라구 했거늘
            오늘 못 갈까 봐 거짓말을 했어?

도념   스님, 제 잘못은 제가 잘 압니다.

주지   이 토끼를 잡은 잘못두 안단 말이냐.

도념   네.

주지   알면서 왜 했니?

도념   아씨 목도리 두르신 게 어떻게 이쁜지, 나두 어머니가 데릴러
            오신다면 드리려구 맨들었습니다.

미망인 격하여 돌아서서 운다.

주지   (심란한 마음이 들어) 그 에미 소리 좀 작작해라. 그 죗덩어리

를 생각하구 네가 또 죄를 짓는단 말이냐? (한숨을 쉬며) 이게 다 인과 때문이다.

젊은 승 하필 영혼 축원하는 불전에 살생한 제물을 받쳤으니, 부처님께서 얼마나 노하셨을까!

친정모 아주 백정(白丁) 행세를 하는 구먼? (지팡이로 땅을 치며) 엥, 우리 인철이가 극락문을 들어가다 말구, 가시문으로 내쫓겠겠다. (주지를 보고) 무얼 정신없이 생각쿠 있소?

주지 마님 뵈올 낯 없습니다. (정심에게) 빨리 가서 법당을 말갛게 소세(梳洗)해라. 마당 쓸구, 물 뿌리구.

정심과 승들 원내로 들어간다.

노인 가는 날이 장날이라더니, 정녕 반대였군?

총각 그러게 말입니다. 허우정정 산 넘어왔다 허탕방만 쳤군요. 내려가시지요.

참예인들, 서로 지껄이며 불평에 찬 소리를 던지고 하나씩 둘씩 내려간다.

미망인 (달려가 막으며) 왜들 가세요? 들어들 가세요. 대수롭지 않은 일을 가지고 왜들 이러세요?

주지 (참예인들을 보고) 어서들 도로 들어가시지요.

미망인의 친구들, 참예인들, 도로 원내로 들어간다. 무대에는 주지와 미망인과 도념 3인만 남는다.

주지 이 애를 세상에 내려보냈다가는, 정말 야차(夜叉)를 맨들겠습니다. 아주 단념하십쇼.

정심, 창망히 다시 나온다.

정심   아씨께서 먼첨 들어오셔야만 좌석이 진정되겠습니다.

주지   어서 들어가 보십쇼.

정심을 따라 미망인, 원내로 들어간다.

도념   (홀연히) 스님, 전 세상에 가서 살구 싶어요.

주지   닥듸려, 무얼 잘했다구 또 그런 소릴 하구 있니?

도념   절더러 거짓말한다구만 그러지 마시구, 저한테 어미니 계신데
    를 가르쳐 주십쇼.

주지   네 어미란 대죄를 지은 자야. 너에겐 어미라기보다는 대천지
    원수라는 게 마땅하겠다. 파계를 한 네 에미 죄의 피가 그 피를
    받은 네 심즐에 가뜩 차 있으니까. 너는 남이 한 번 헤일 염주
    면 두 번 헤어야 한다.

도념   왜 밤낮 어머니 욕만 하십니까? 아름다운 관세음보살님은 그
    얼굴처럼 마음두 인자하시다구 하시지 않으셨어요? 절에 오는
    사람마다 모두들 우리 엄마는 이뻤을 것이라구 허는 걸 보면
    스님 말씀 같은 그런 무서운 죄를 지으셨을 리가 없어요.

주지   그런 부처님에게만 여쭙는 소리야. 너 유식론(唯識論)에 씌인
    경문알지?

도념   네.

주지   외면사보살 내면여야차(外面似菩薩 內面如夜叉)라 하셨느니
    라. 네 에미는 바루 이 경문과 같은 얼굴은 보살님같이 아름답
    지만, 마음은 야차같이 무서운 독물이야.

도념   스님, 그렇게 악마 같을 리가 없습니다.

주지   네 아비의 죄가 네 어미에게두 옮아서 그러니라.

도념   옮다니요?

주지   네 아비는 사냥꾼이거든, 하루에두 산 산 짐승을 수십 마리씩 잡어, 부처님의 가슴을 서늘하게 한 대악무도한 자야. 빨리 법당으로 들어가자. 냉수에 목욕하구, 내가 부처님께 네가 저지른 죄를 모다 깨끗이 씻어주도록 기도해주마.

도념   싫어요 싫어요. 하루종일 향불 냄새를 쐬면 골치가 어찔어찔해요.

주지   이게 무슨 죄받을 소리니? (조용히 달래며) 도념아, 너 저 연못을 봐라. 5월이 되면 꽃의 피고, 잎사귀엔 구슬 같은 이슬이 구르구 있지 않니? 저렇게 잔잔한 연못두 한 겹 물만 퍼내구 보면 시꺼면 개 흙투성이야. 그것뿐인 줄 아니? 10년 묵은 이무기가 용이 왜서 하늘루 올라갈랴구 혓바닥을 낼름거리며 비오기만 기다리구 있단다. 동네두 꼭 저 연못과 마찬가지야. 겉으루 보면 모두 즐겁구 평화한 듯하지만 속에는 모든 죄악과 진애(塵埃)가 들끓는 그야말루 경문에 아로새겨 있는 글자 그대루 오탁(五濁)의 사바(娑婆)니라.

도념   아니에요. 모두들 그렇지 않대요. 연못 속에는 연근이라는 뿌럭지가 있지 이무기는 없대요.

주지   누가 그러든? 누가 그래?

도념   동네 사람들 올라올 적마다 물어봤어요.

주지   그럼 동네 녀석들 하는 소리는 정말이구 내 말은 거짓말이란 말이지? 경전이, 부처님 말씀이 모두 거짓말이란 말이지? 오! 이런 불가사리 같은 녀석 봤나? (하고 펄펄 뛴다.)

도념   스님, 바른 대루 말이지 저는 이 절에 있기가 싫습니다.

주지 　듣자듣자 하니까 나중에 못하는 소리가 없구나? 오, 그 눈으로
　　　　날 보지 마라. 살생을 하더니 전신에 살이 뻗친 모양이다.

미망인 원내에서 나온다. 뒤따라 그의 모.

도념 　（미망인에게 매달리며） 어머니, 저를 데려가 주세요.
미망인 　응, 염려 마라.
주지 　염려 마라니요? 아씨는 그저 애를 데려가실 작정이십니까?
미망인 　그럼은요.
친정모 　못한다. 넌 애 하는 짓을 지금껏 두 눈으로 똑똑히 보구두 그
　　　　러니?
미망인 　어머니, 봤기에 더한층 데려가구 싶은 생각이 솟았어요. 얼마
　　　　나 어머니를 그리워했으면 그런 짓을 다 했겠어요? 지금 이
　　　　애를 바른 길루 이끌어갈라면, 내 사랑 속에서 키우는 것밖에
　　　　딴 도리가 없어요.
친정모 　애는 전생에 제 부모의 죄를 받구 태어났기 때문에, 아무리 구
　　　　할랴구 해두 구할 수 없단다. 홍역 마마하듯 이렇게 피하지 못
　　　　할 죄가 하나씩 둘씩 발행하지 않니? 애보담, 우리 인철이 영혼
　　　　축원할 도리나 걱정해라.
미망인 　인철인 기왕 죽은 애니까 제를 다시 지내면 그만 아니에요?
친정모 　애가 토끼 목도리를 존상 뒤에다 감춰만 됐다면 모를까, 젊은
　　　　별좌（別座） 얘길 들으니까 어젯밤에 떡 그 더러운 것을 관세음
　　　　보살님 목에다 걸어 놓구 물끄러미 바라다보구 있었다는구나.
미망인 　（울며 미친 듯이） 어머니, 난 애 애당초에 생각이나 안 먹었으
　　　　면 모를까, 한 번 먹어논 것이라 잃구는 살 수가 없어요. 없이
　　　　는 살 수가 없어요.

주지 　아씨께서 진정으로 얘를 사랑하신다면, 눈 앞에 두구 노리개를 삼으실랴구 하시지 말구 애 매디매디에 사무쳐 있는 전생의 죄 속에서 영혼을 구하게 이 절에 둬주십시오. 자기 한 몸의 죄만 아니라 제 아비 제 어미 죄도 씻어야 할 테니까. 얘는 여간한 공덕을 쌓기 전에는 저승에 가서 무소은 지옥을 면치 못하게 될 것입니다.

도념 　스님, 죽어서 지옥에 가더래두 난 내려가겠어요. 찾아오는 사람을 막지 않구 떠나는 사람을 붙들지 않는 것이 우리 절 주의라구 늘 말씀하시지 않으셨습니까?

주지 　(열화같이 노하며) 수다스러. 한 번 못 간다면 못 가는 줄 알어라. (미망인을 보고 선언하듯) 아씨께서 서방님을 잃으시고 외아들마저 일으신 것두 다 전생에 죄가 많으셨던 탓입니다. 아씨 죄두 미처 멋지 못하시구 이 죄덩이를 데려다가 어떻게 하실랴구 이러십니까? 두 분 다시 이 이야기를 끄내시려거든 다신 이 절에 오시지 마십시오.

주지, 뒤도 안 돌아보고 원내로 들어간다. 친정모도 뒤따른다. 미망인, 주지의 말에 찔리어 전신을 부르르 떤다. 염하다 놓친 사람 모양으로 털벅 나무등걸에 주저 앉아 운다.

도념 　어머님, 이대루 그냥 도망이라두 가시지요.

미망인 　그렇게는 못한다. 넌 이 절에 남아서 스님의 말씀 잘 듣구 있어야 한다.

도념 　촛불만 깜박깜박하는 법당을 또 어떻게 혼자 지켜요? 굳은비가 줄줄 내리는 밤이나 부엉이가 우는 새벽엔 무서워 죽겠어요.

미망인 　너한테는 그게 숙명이니까 내 힘루는 어떻게 할 도리가 없구나.

미망인, 도념을 누구에게 **빼앗길** 듯이 세차게 안고 운다. 정심, 산문에서 나온다.

정심　도념아, 빨리 종 쳐라.
도념　(눈물을 닦고) 네.

정심, 산문 앞의 등잔에 불을 켜고 다시 원내로 들어간다.

미망인　내가 원체 죄가 많은 년이니까 너를 데리고 갔다가 너한테까지 또 무슨 화가 끼칠지, 난 그게 무서워졌다. 어서 들어가자. 그 대신 내가 한 달에 한 번씩 보름날 달 밝은 밤엔 꼭 널 보러 오마.

미망인, 우는 도념을 달래 가지고 원내로 들어간다. 주위는 차츰차츰 어두워진다. 이윽고 범종소리 들려온다. 멀리 산울림. 초부, 나무를 안고 나와 지게에 얹고, 담배를 한 대 피운다. 흩날리는 초설을 머리에 받은 채 슬픈 듯한 표정으로 종소리를 듣는다.

―사이―

이윽고 종소리 그친다. 도념, 고깔을 쓰고 바랑을 걸머쥐고, 깽매기를 들고 나온다.

초부　(지게를 지고 일어서며) 지금 그 종, 네가 쳤니?
도념　그럼은요. 언제 내가 안 차구 다른 이가 쳤나요?
초부　밤낮 나무해 가지구 비탈 내려가면서 듣는 소리지만 오늘은

왜 그런지 유난히 슬프구나. (일어서다가 도념의 옷차림을 발
견하고) 아니 너 갑자기 바랑은 왜 걸머지구 나오니?

도념   이번 가면 다신 안 올지 몰라요.

초부   왜? 스님이 동냥 나가라구 하시든?

도념   아아니요. 몰래 나가려구 해요.

초부   이렇게 눈이 오는데 잘 데두 없을 텐데, 어딜 간다구 이러니?
       응, 갈 곳이나 있니?

도념   조선팔도 다 돌아다닐걸료 뭐.

초부   하 애, 그런 생각말구, 어서 가서 스님 말씀 잘 듣구 있어라.

도념   벌써 언제부터 나가려구 별렀는데요? 그렇지만 스님을 속이고
       몰래 도망가기가 차마 발이 떨어지지 않아서 못 갔어요.

초부   어머니 아버질 찾기나 했으면 좋겠지만 찾지두 못하면 다시
       돌아 올 수도 없구, 거지밖에 될 게 없을 텐데 잘 생각해서 해라.

도념   꼭 찾을 거예요. 내가 동냥 달라구 하니까 방문 열구 웬 부인이
       쌀을 퍼주며 나를 한참 바라보고 있더니 별안간 「도념아, 내
       아들, 이게 웬일이냐.」하구 맨발바닥으로 뛰어내려 오든 꿈을
       여러 번 꾸었어요.

초부   가려거든 빨리 가자. 퍽퍽 쏟아지기 전에. 이 길루 갈 테니?

도념   비탈길루 가겠어요.

초부   그럼 잘―가라, 난 이 길루 가겠다.

도념   네, 안녕히 가세요.

초부, 나무를 지고 내려간다. 도념 두어 걸음 나갈 때 법당에서의 주지
의 독경소리. 발을 멈추고 생각난 듯이 바랑에서 표주박을 꺼내 잣을 한
웅큼 담아서 산문 앞에 놓는다.

도념   (무릎을 꿇고) 스님, 이 잣은 다람쥐가 겨울에 먹으려구 등걸 구멍에다 모아둔 것을 제가 아침에 몰래 꺼내 뒀었어요. 어머니 오시면 드리려구요. 동지 섣달 긴긴 밤 잠이 안 오시어 심심하실 때 깨무십시오. (산문에 절을 한 후) 스님, 안녕히 계십시오.

멀리 동리를 내려다보고 길—게 한숨을 쉰다. 정숙. 원내에서는 목탁과 주지의 염불소리만 청청히 들릴 뿐, 눈은 점점 펑펑 내리기 시작한다. 도념, 산문을 돌아다보며 비탈길을 내려간다. 〈끝〉

탐구문제

(1) 불교의 인과응보에 대해 알아보자.
(2) 도념의 삶이 인과적인지, 아닌지에 대해 토론해 보자.
(3) 도념의 '하산' 이후의 삶에 대해 생각해 보자.

1. 무소유

법 정

"나는 가난한 托鉢僧이오. 내가 가진 거라고는 물레와 교도소에서 쓰던 밥 그릇과 염소젖 한 깡통, 허름한 腰布 여섯 장, 수건, 그리고 대단치도 않은 評判 이것뿐이오."

마하트마·간디가 1931년 9월 런던에서 열린 제2차 圓卓會議에 참석하기 위해 가던 도중 마르세이유 세관원에게 소지품을 펼쳐 보이면서 한 말이다. K. 크리팔라니가 엮은 『간디 語錄』을 읽다가 이 구절을 보고 나는 몹시 부끄러웠다. 내가 가진 것이 너무 많다고 생각되었기 때문이다. 적어도 지금의 내분수로는.

사실, 이 세상에 처음 태어날 때 나는 아무것도 갖고 오지 않았었다. 살만큼 살다가 이 지상의 籍에서 사라져 갈 때에도 빈 손으로 갈 것이다. 그런데 살다 보니 이것저것 내 몫이 생기게 된 것이다. 물론 일상에 소용되는 물건들이라고 할 수도 있다. 그러나 없어서는 안될 정도로 꼭 요긴한 것들만일까? 살펴볼수록 없어도 좋을 만한 것들이 적지 않다.

우리들은 필요에 의해서 물건을 갖게 되지만, 때로는 그 물건 때문에 적잖이 마음이 쓰이게 된다. 그러니까 무엇인가를 갖는다는 것은 다른 한 편 무엇인가에 얽매인다는 것이다. 필요에 따라 가졌던 것이 도리어 우리

를 부자유하게 얽어맨다고 할 때 주객이 전도되어 우리는 가짐을 당하게
된다는 말이다. 그러므로 많이 갖고 있는 것은 흔히 자랑거리로 되어 있지
만, 그만큼 많이 얽히어 있다는 측면도 동시에 지니고 있는 것이다.

나는 지난 해 여름까지 이름있는 蘭草 두 盆을 정성스레 정말 정성을
다해 길렀었다. 3년 전 거처를 지금의 茶來軒으로 옮겨 왔을 때 어떤 스님
이 우리 방으로 보내준 것이다. 혼자 사는 거처라 살아있는 생물이라고는
나하고 그 애들뿐이었다. 그 애들을 위해 관계 서적을 구해다 읽었고, 그
애들의 건강을 위해 하이포넥슨가 하는 비료를 바다 건너가는 친지들에게
부탁하여 구해 오기도 했었다. 여름철이면 서늘한 그늘을 찾아 자리를 옮
겨 주어야 했고, 겨울에는 필요 이상으로 실내 온도를 높이곤 했었다.

이런 정성을 일찍이 부모에게 바쳤더라면 아마 효자 소리를 듣고도 남
았을 것이다. 이렇듯 애지중지 가꾼 보람으로 이른 봄이면 은은한 향기와
함께 연두빛 꽃을 피워 나를 설레게 했고, 잎은 초승달처럼 항시 청청했
다. 우리 茶來軒을 찾아온 사람마다 싱싱한 蘭을 보고 한결같이 좋아라
했다.

지난 해 여름 장마가 개인 어느 날 봉선사로 耘虛老師를 뵈러 간 일이
있었다. 한낮이 되자 장마에 갇혔던 햇볕이 눈부시게 쏟아져 내리고 앞
개울 물소리에 어울려 숲속에서는 매미들이 있는대로 목청을 돋구었다.

아차! 이때에야 문득 생각이 난 것이다. 난초를 뜰에 내놓은 채 온 것이
다. 모처럼 보인 찬란한 햇볕이 돌연 원망스러워졌다. 뜨거운 햇볕에 늘어
져 있을 난초 잎이 눈에 아른거려 더 지체할 수가 없었다. 허둥지둥 그
길로 돌아왔다. 아니나다를까 잎은 축 늘어져 있었다. 안타까와 안타까와
하며 샘물을 길어다 축여주고 했더니 겨우 고개를 들었다. 하지만 어딘지
생생한 기운이 빠져버린 것 같았다.

나는 이때 온 몸으로, 그리고 마음 속으로 절절히 느끼게 되었다. 執着
이 괴로움인 것을. 그렇다, 나는 난초에게 너무 집념해 버린 것이다. 이

집착에서 벗어나야겠다고 결심했다. 蘭을 가꾸면서는 산철(僧家의 遊行期)에도 나그네길을 떠나지 못한 채 꼼짝 못하고 말았다. 밖에 볼 일이 있어 잠시 비울 때면 환기가 되도록 들창문을 조금 열어 놓아야 했고, 盆을 내놓은 채 나가다가 뒤미처 생각하고는 되돌아와 들여놓고 나간 적도 한두 번이 아니었다. 그것은 정말 지독한 집착이었다.

며칠 후, 난초처럼 말이 없는 친구가 놀러왔기에 선뜻 그의 품에 분을 안겨 주었다. 비로소 나는 얽매임에서 벗어난 것이다. 날을 듯 홀가분한 해방감. 삼년 가까이 함께 지낸 '有情'을 떠나보냈는데도 서운하고 허전함보다 홀가분한 마음이 앞섰다. 이때부터 나는 하루 한 가지씩 버려야겠다고 스스로 다짐을 했다. 난을 통해 無所有의 의미 같은 걸 터득하게 됐다고나 할까.

인간의 역사는 어떻게 보면 所有史처럼 느껴진다. 보다 많은 자기네 몫을 위해 끊임없이 싸우고 있는 것 같다. 所有欲에는 한정도 없고 휴일도 없다. 그저 하나라도 더 많이 갖고자 하는 일념으로 출렁거리고 있는 것이다. 물건만으로는 성에 차질 않아 사람끼리 소유하려 든다. 그 사람이 제 뜻대로 되지 않을 경우는 끔찍한 비극도 不辭하면서, 제 정신도 갖지 못한 처지에 남을 가지려 하는 것이다.

소유욕은 利害와 정비례한다. 그것은 개인뿐 아니라 국가간의 관계도 마찬가지. 어제의 盟邦들이 오늘에는 맞서게 되는가 하면, 으르렁대던 나라끼리 친선 사절을 교환하는 사례를 우리는 얼마든지 보고 있다. 그것은 오로지 所有에 바탕을 둔 이해 관계 때문인 것이다. 만약 인간의 역사가 所有史에서 無所有史로 그 向을 바꾼다면 어떻게 될까. 아마 싸우는 일은 거의 없을 것이다. 주지 못해 싸운다는 말은 듣지 못했다.

간디는 또 이런 말도 하고 있었다. "내게는 소유가 범죄처럼 생각된다.……" 그가 무엇을 갖는다면 같은 물건을 갖고자 하는 사람들이 똑같이 가질수 있을 때 한한다는 것. 그러나 그것은 거의 불가능한 일이므로 자기

소유에 대해서 범죄처럼 자책하지 않을 수 없다는 것이다. 우리들의 所有
觀念이 때로는 우리들의 눈을 멀게 한다. 그래서 자기의 분수까지도 돌볼
새 없이 들뜨게 되는 것이다. 그러나 우리는 언젠가 한 번은 빈 손으로
돌아갈 것이다. 내 이 육신마저 버리고 홀홀히 떠나갈 것이다. 하고 많은
물량일지라도 우리를 어떻게 하지 못할 것이다.

크게 버리는 사람만이 크게 얻을 수 있다는 말이 있다. 물건으로 인해
마음을 상하고 있는 사람들에게는 한번쯤 생각해 볼 말씀이다. 아무 것도
갖지 않을 때 비로소 온 세상을 갖게 된다는 것은 無所有의 逆理이니까.

탐구문제

(1) 이 작품에서 저자가 말하는 '소유'의 개념에 대해 설명해 보자.

(2) '無所有의 逆理'에 대해 토론해 보자.

2. 양잠설

윤오영

어느 村 農家에서 하루 잔 적이 있었다. 달은 훤히 밝은데, 어디서 비 오는 소리가 들린다. 主人더러 물었더니 옆 방에서 누에가 풀 먹는 소리였었다. 여러 누에가 어석어석 다투어서 뽕잎 먹는 소리가 마치 비 오는 소리 같았다. 식욕이 왕성한 까닭이었다. 이때 뽕을 충분히 공급해 주어야 한다. 며칠을 먹고 나면 누에 체내에 지방질이 충만해서 피부가 긴장되고 윤택하며 엿빛을 띠게 된다. 그때부터 식욕이 감퇴된다. 이것을 催眠期라고 한다. 그러다가 아주 斷食을 해버린다. 그러고는 실을 吐해서 제 몸을 固定시키고 고개만 들고 잔다. 이것을 누에가 한잠 잔다고 한다. 얼마 후에 脫皮를 하고 고개를 든다. 이것을 起蠶이라고 한다. 이때에 누에의 체질은 극도로 쇠약해서 보호에 특별히 注意해야 한다. 다시 뽕을 먹기 시작한다. 初蠶때와 같다. 똑같은 과정을 되풀이해서 催眠, 脫皮, 起蠶이 된다. 이것을 一齡 二齡혹은 한잠 두잠 잤다고 한다. 五齡이 되면 집을 짓고 집 속에 들어앉는다. 成家된 것을 고치라고 한다. 이것이 共販場에 가서 特等 一等 二等 三等 等外品으로 評價된다.

나는 이 말을 듣고서, 사람이 글을 쓰는 것과 꼭 같다고 생각했다.

누구나 대개 한때는 文學少年 시절을 거친다. 이때가 가장 讀書熱이 旺盛하다. 모든 것이 淸新하게 머리에 들어온다. 이때 讀書를 많이 해야 한다. 그의 포부는 부풀 대로 부풀고 재주는 빛날 대로 빛난다. 이때 우수

한 作文들을 쓴다. 그러나 얼마 안가서 그는 思索에 잠기고 懷疑에 잠긴
다. 文學書籍에서조차 그렇게 淸新한 맛을 느끼지 못한다. 여기서 혹은
現實에 눈떠서 제각각 제 길을 찾아가기도 하고 哲學이나 宗敎書籍을
읽기 시작한다. 그리고 오직 沈鬱한 思索에 잠긴다. 催眠期에 들어선 것이
다. 한잠 자고 나서 고개를 들 때, 舊穀을 벗는다. 脫皮다. 한 段階 높아
진 것이다. 人生을 탐구하는 境地에 이른다. 그러나 精神的으론 극도로
衰弱期다. 그의 作品은 오직 反抗과 苦悶과 奇癖에 몸부림친다. 이때를
넘기지 못하고 그 벽을 뚫지 못하고 對決하다 부서진 사람들이 있다. 혹
은 그를 夭死한 天才라고 하는 사람들도 있다. 다시 글을 耽讀하기 시작
한다. 전에 읽었던 글에서 새로움을 발견한다. 이제 二齡에 들어선 것이
다. 몇번이고 이 고비를 거듭하는 속에 脫皮에 脫皮를 거듭하며 自己를
完成해 간다. 그 도중에는 무수한 脫落者들이 생긴다. 最後에, 자기의
모든 力量을 뭉치고, 글 때를 벗고, 自己대로의 세계에 안주한다. 누에가
고치를 짓고 들어앉듯 成家한 작가다. 비로소 그의 작품이 그 대소에 따
라 一等品 三等品으로 後世의 評價의 대상이 된다.

　대개 사람의 一生을 六十을 一期로 한다면 二十代가 一齡期요, 三十
代가 二齡期요, 四十代가 三齡期요, 五十代가 四齡期요, 六十代가 되
면 이미 五齡期다. 이제는 크든 작든 고치를 짓고 자기 세계에 안주할
때다. 이때에 비로소 고치에서 명주실은 풀리기 시작한다. 自己가 뽕을
먹고 삭이니만치 자기가 부단히 고무되고 苦楚하고 脫皮해 가며 지어논
고치[境地]만큼, 실을 뽑는 것이다. 七十이든 九十이든 가는 날까지 확고
한 자기의 경지에서 자기의 글을 쓰고 자기의 말을 하다가 가는 것이다.
그러나 여기서 二十代~六十代로 예를 들어 말한 것은 肉體的인 年齡을
말한 것은 물론 아니다. 육체적인 연령에 대비해 보는 것이 알기 쉽기 때
문이다. 우수한 文學家는 生活의 농도와 精力의 神秘가 一般을 초월한
다. 그런 까닭에 이 年齡은 千差萬別로 단축된다. 우리는 남의 글을 읽으

며 다음과 같이 논평하는 수가 가끔 있다.

"그 사람 재주는 비상한데, 밑천이 없어서." 뽕을 덜 먹었다는 말이다. 讀書의 不足을 말함이다.

"그 사람 아는 것은 많은데, 재주가 모자라." 잠을 덜 잤다는 말이다. 思索의 不足과 批判 整理가 안 된 것을 말한다.

"그 사람 읽기는 많이 읽었는데, 어딘가 不足해." 뽕을 한 번만 먹었다는 말이다. 讀書期가 一回에 그쳤다는 이야기다.

"學識과 才質이 다 充分한데, 그릇이 작아." 四齡까지 가지 못했다는 이야기다.

"그 사람 아직 글 때를 못 벗은 것 같애." 五齡期를 못 채웠다는 말이다. 자기를 세우지 못한 것이다.

"그 사람 참 꾸준한 노력이야, 대 원로지, 그런데 별 수 없을 것 같애." 병든 누에다. 집 못 짓는 쭈그렁 밤송이다.

"그 사람이야 大家지, 훌륭한 文章인데, 境地가 높지 못해." 고치를 못 지었다는 말이다. 一家를 完成하지 못한 것이다.

나는 養蠶家에게서 文章論을 배웠다.

탐구문제

(1) 양잠(養蠶)과 독서의 관계를 생각해 보자.
(2) 좋은 글쓰기 방법을 알아보자.

언어와 문화

초 판 발행 | 2009년 3월 31일
개정판 발행 | 2016년 2월 25일

편 저 자 | 엄해영 · 원진숙 · 이재승 · 이병규
          이향근 · 김도남 · 손희연
표지그림 | 한태상
펴 낸 이 | 박찬익
책임편집 | 조은혜

펴낸곳 | (주)박이정
주 소 | 서울시 동대문구 천호대로 16가길 4
전 화 | 02) 922-1192~3
전 송 | 02) 928-4683
홈페이지 | www.pjbook.com
이메일 | pijbook@naver.com
등 록 | 2014년 8월 22일 제305-2014-000028호

ISBN   979-11-5848-105-6 (93370)

* 책값은 뒤표지에 있습니다.